Markenkommunikation und Beziehungsmarketing

Herausgegeben von
C. Zanger, Chemnitz, Deutschland

In den letzten Jahren sind am Lehrstuhl für Marketing und Handelsbetriebslehre an der TU Chemnitz über 30 Dissertationen zu verschiedenen Forschungsgebieten im Marketing entstanden, die zum Teil bei Springer Gabler veröffentlicht werden konnten. Einen Schwerpunkt stellten Studien zu innovativen Fragen der Markenkommunikation wie Eventmarketing, Sponsoring oder Erlebnisstrategien dar. Ein weiteres zentrales Thema waren Arbeiten zum Beziehungsmarketing, die sich beispielsweise mit jungen Zielgruppen, der Entstehung von Vertrauen und mit der Markenbeziehung beschäftigten.

Mit dieser Reihe sollen die Forschungsarbeiten unter einem thematischen Dach zusammengeführt werden, um den Dialog mit Wissenschaft und Praxis auszubauen. Neben Dissertationen, Habilitationen und Konferenzbänden, die am Lehrstuhl der Herausgeberin entstehen, steht die Reihe auch externen Nachwuchswissenschaftlern und etablierten Wissenschaftlern offen, die empirische Arbeiten zu den Themenbereichen Markenkommunikation und Beziehungsmarketing veröffentlichen möchten.

Herausgegeben von
Prof. Dr. Cornelia Zanger
Technische Universität Chemnitz
Deutschland

Weitere Bände in der Reihe http://www.springer.com/series/12687

Cornelia Zanger
(Hrsg.)

Events und Erlebnis

Stand und Perspektiven
der Eventforschung

Herausgeber
Cornelia Zanger
Chemnitz, Deutschland

Markenkommunikation und Beziehungsmarketing
ISBN 978-3-658-19235-8   ISBN 978-3-658-19236-5 (eBook)
DOI 10.1007/978-3-658-19236-5

Die Deutsche Nationalbibliothek verzeichnet diese Publikation in der Deutschen Nationalbibliografie; detaillierte bibliografische Daten sind im Internet über http://dnb.d-nb.de abrufbar.

Springer Gabler
© Springer Fachmedien Wiesbaden GmbH 2017
Das Werk einschließlich aller seiner Teile ist urheberrechtlich geschützt. Jede Verwertung, die nicht ausdrücklich vom Urheberrechtsgesetz zugelassen ist, bedarf der vorherigen Zustimmung des Verlags. Das gilt insbesondere für Vervielfältigungen, Bearbeitungen, Übersetzungen, Mikroverfilmungen und die Einspeicherung und Verarbeitung in elektronischen Systemen.
Die Wiedergabe von Gebrauchsnamen, Handelsnamen, Warenbezeichnungen usw. in diesem Werk berechtigt auch ohne besondere Kennzeichnung nicht zu der Annahme, dass solche Namen im Sinne der Warenzeichen- und Markenschutz-Gesetzgebung als frei zu betrachten wären und daher von jedermann benutzt werden dürften.
Der Verlag, die Autoren und die Herausgeber gehen davon aus, dass die Angaben und Informationen in diesem Werk zum Zeitpunkt der Veröffentlichung vollständig und korrekt sind. Weder der Verlag noch die Autoren oder die Herausgeber übernehmen, ausdrücklich oder implizit, Gewähr für den Inhalt des Werkes, etwaige Fehler oder Äußerungen. Der Verlag bleibt im Hinblick auf geografische Zuordnungen und Gebietsbezeichnungen in veröffentlichten Karten und Institutionsadressen neutral.

Springer Gabler ist Teil von Springer Nature
Die eingetragene Gesellschaft ist Springer Fachmedien Wiesbaden GmbH
Die Anschrift der Gesellschaft ist: Abraham-Lincoln-Str. 46, 65189 Wiesbaden, Germany

Vorwort

Die 8. Wissenschaftliche Konferenz Eventforschung der TU Chemnitz brachte am 28. Oktober 2016 über 200 Wissenschaftler, Lehrende und Professionals zum Schwerpunktthema „Events und Erlebnis" zu spannenden Vorträgen und anregenden Diskussionen zusammen. Ein ganz besonderes „Erlebnis" war für die Teilnehmer das neue Fußballstadion des Chemnitzer Fußballclubs, in dem vor dem Fußballhintergrund ein inspirierender Erlebnisraum für die Konferenz geschaffen wurde.

Jean-Jacques Rousseau, der Philosoph und Aufklärer hat es sehr treffend formuliert: „Nicht der Mensch hat am meisten gelebt, welcher die höchsten Jahre zählt, sondern der, welcher sein Leben am meisten empfunden hat" – Erlebnisse schaffen Lebensqualität. Die Aufgabe des Eventmarketing bzw. der Live Kommunikation ist es, Menschen Angebote zum Erleben zu machen bzw. mit Events Erlebnisse zu vermitteln und damit einen nachhaltigen Beitrag zur Lebensqualität der Eventbesucher zu leisten. Doch wie entstehen unvergessliche Eventerlebnisse? Wie fließen virtuelle und reale Welt bei Eventerlebnissen aktuell zusammen? Oder wie werden Markenerlebnisse z. B. auf Messen in 3D optimal inszeniert? – Das waren Fragestellungen mit denen sich die Referenten und Teilnehmer der 8. Eventkonferenz konstruktiv auseinandersetzten.

Viel Beachtung fanden die zwei Keynotes von renommierten Praxisvertretern. Rudolf Sommer von der EnBW aus Stuttgart setzte sich mit den Zukunftsperspektiven der Live Kommunikation in Zeiten disruptiven Wettbewerbs und conversiver Märkte auseinander. Dabei ging er auf den Einfluss der Digitalisierung der Märkte und Kundenbeziehungen, die Notwendigkeit zur crossmedialen Kommunikation, die Nutzung der Artifical Intelligence zur Erneuerung der Produkt- und Marktpositionierung sowie den Trend zur Individualisierung ein und zog Rückschlüsse für die Erlebnisinszenierung. Die kreative Inszenierung von Eventerlebnissen stand im Fokus des Vortrages von Detlef Wintzen von der Award verwöhnten Live Kommunikationsagentur „insglück" aus Berlin. Vor dem Hintergrund der Agenturaufgabe, eine hohe Erlebnisintensität beim Eventteilnehmer zu erreichen, stellt er anhand von eindrucksvollen Videobeispielen dar, wie individualisierte Erlebnisse im virtuellen Raum Live-Charakter erhalten und mit Live-Erlebnissen verbunden werden.

Professor Ulrich Wünsch von der HdpK Berlin setze sich mit dem Erlebnisbegriff aus soziologischer Sicht auseinander und stellte seine persönlichen Erlebniseindrücke auf

„Karls Erdbeerhof", einer Erlebnisdorfkette in Norddeutschland und Berlin, vor. Professor Jan Drenger von der Hochschule Worms ging in seinem Beitrag ebenfalls auf den Erlebnisbegriff ein. Er betrachtete das Erlebnis aus Sicht des Marketing und nutzte dazu den Ansatz der Service-dominant Logic.

In einem zu intensiver Diskussion anregenden Vortrag stellte die Chemnitzer Eventforscherin Katja Lohmann ein experimentelles Researchprojekt gemeinsam mit dem Geschäftsführer der Internationalen Tourismusbörse (ITB) Berlin, David Ruetz, vor. Mit dem Einsatz von Sensor- und Videotechnik wurde die Erlebniswirkung von Standard- und Individualmesseständen vergleichend getestet. Es konnten Ergebnisse zu Interaktionsmustern und Interaktionszeiten zwischen Messebesuchern und Standbetreuern ebenso analysiert werden wie zur Emotionalisierung und emotionalen Ansteckung. Aus rechtlicher Sicht beschäftigte sich Rechtsanwältin Dr. Mandy Risch-Kerst mit der Markenfähigkeit von 3D-Markeninszenierungen und stellte dazu neue, wegweisende Urteile zum Markenschutz von Flagshipstores dar.

Spiele als Hintergrund der Erlebnisinszenierung wurden in zwei Beiträgen betrachtet. Frau Professorin Ursula Drees von der Hochschule der Medien Stuttgart ging in ihrem Vortrag auf Spielregeln in interaktiven Erlebnisräumen ein und forderte eine spezielle Gestaltung von Interfaces als Übersetzer zwischen Mensch und Maschine, die für den Spieler im Erlebnisraum ein beständiges Feedback geben, einen Interaktionsdialog mit Lernmöglichkeiten eröffnen und eine Wechselseitigkeit wie im persönlichen Gespräch ermöglichen. Professor Jan Drengner stellte vor wie zum Rheinland-Pfalz-Tag Online basierte Spiele als Instrument zur Inszenierung von Veranstaltungserlebnissen genutzt werden sollen.

In mehreren Beiträgen wurde der Einfluss der Digitalisierung der Kommunikation auf die Gestaltung der Live Kommunikation diskutiert. Professor Dirk Hagen von der SRH Hochschule Berlin stellte in seinem Vortrag vor wie Matchmaking als innovatives Interaktionsformat in der Meeting-Industry insbesondere im Businesskontext genutzt werden kann. In der sich anschließenden intensiven Diskussion erörterten die Konferenzteilnehmer vor allem die Chancen und Barrieren für das Matchmaking. Torsten Rietbook von der Agentur Clausecker&Bingel aus Berlin zeigte die Wege zu Cross Media Konzepten auf und präsentierte, wie digitale Tools z. B. der Augmented-Reality innerhalb von Live Events nutzenstiftend eingesetzt werden können. Schließlich führten Ulrike Michalski und Oliver Gehlert von „teambits" aus Darmstadt in die inszenierte digitale Moderation auf Veranstaltungen ein und bezogen die Konferenzteilnehmer interaktiv auf ihren mobilen Endgeräten ein.

Ein besonders inspirierender Vortrag kam von dem österreichischen Kommunikations- und Kulturwissenschaftler Thomas Duschlbauer von der Fachhochschule St. Pölten, der an eindrucksvollen Beispielen seiner Schauspielergruppe zeigte, wie mittels von Eventinszenierungen im städtischen Raum der Gesellschaft kritisch-ironisch der Spiegel vorgehalten werden kann.

Zum zweiten Mal wurde während der Konferenz der durch die TU Chemnitz und den FAMAB Kommunikationsverband e. V. ausgelobte Deutsche Forschungspreis für Live Communication, der LiveComPreis 2016, verliehen. Der LiveComPreis zeichnet talentierte Nachwuchsforscher aus, die mit ihrer Bachelor- oder Masterarbeit eine sowohl wissenschaftlich interessante als auch praktisch relevante Aufgabenstellung aus dem Bereich der Live Communication (Events, Messen, Kongresse, Brandlands u. ä.) herausragend bearbeitet haben. Bewertet wurden die „Neuartigkeit der Fragestellung und der Ergebnisse", die „Theoretische Begründung der Arbeit", die „Qualität der (empirischen) Untersuchung" sowie die „Praxisrelevanz der Handlungsempfehlungen".

In diesem Jahr ging der Preis für die beste Bachelorarbeit an Frau Lisa-Marie Lang von der DHBW in Ravensburg, die sich mit nachhaltigem Lernen im Flipped Congress beschäftigte. Gleichauf lagen die zwei ausgezeichneten Masterarbeiten von Herrn Mathias Scheithauer von der Universität Leipzig, der Corporate Events in der Innovationskommunikation untersuchte und Frau Beatrix Behrend von der TU Chemnitz, die eine Arbeit zu Wertschöpfungseffekten angekündigter Sponsoringverträge bei der FIFA Fußballweltmeisterschaft schrieb. Als Anerkennung erhielten die drei Gewinner Tickets zur Teilnahme an der FAMAB Award Verleihung 2016 in Ludwigsburg.

Auch für den vorliegenden Konferenzband zur 8. Wissenschaftlichen Konferenz Eventforschung ist es uns wiederum gelungen alle wissenschaftlichen Beiträge zusammenzufassen, um sie der interessierten Fachöffentlichkeit zugänglich zu machen. Ganz besonders freue ich mich, dass auch einer der mit dem LiveComPreis 2016 ausgezeichneten Absolventen, namentlich Herr Mathias Scheithauer, die wichtigsten Ergebnisse seiner Mastarbeit im Konferenzband vorstellt. Für ihre Mitwirkung an der Konferenz und ihre anregenden Beiträge zu diesem Konferenzband darf ich mich auch in diesem Jahr ganz herzlich bei allen Autoren bedanken.

Ohne unser Konferenzteam von Mitarbeitern und Studenten des Lehrstuhls für Marketing und Handelsbetriebslehre der TU Chemnitz wäre unsere Konferenz nicht denkbar, deshalb auch an sie alle mein Dank. Besonders hervorheben möchte ich die perfekte Konferenzorganisation unter der bewährten Leitung von Frau Simone Sprunk, die professionelle Programmplanung und große Geduld bei der Zusammenstellung des Konferenzbandes durch Frau Katja Lohmann sowie die exzellente Betreuung von Internet und Social Media Präsenz der Eventkonferenz durch Herrn Thomas Am Ende.

Nun hoffe ich, dass Sie wiederum neugierig auf unseren 8. Sammelband zur Wissenschaftlichen Konferenz Eventforschung geworden sind und möchte Ihnen eine spannende Lektüre sowie viele Anregungen für Ihre eigene Arbeit im Eventbereich wünschen.

Ich würde mich sehr freuen, wenn ich Sie zu unserer 9. Wissenschaftlichen Konferenz Eventforschung am 27. Oktober 2017 begrüßen dürfte. Die Konferenz 2017 wird unter dem Thema „Events und Marken" stehen und ich darf Sie schon heute herzlich nach Chemnitz einladen.

Cornelia Zanger

Inhalt

Events und Erlebnis

Erlebnisse, überall - Ein Streifzug durch die Erlebnispraxis 1
Ulrich Wünsch

Die Bedeutung von Erlebnissen im Prozess der Value Co-Creation bei
Veranstaltungen 37
Jan Drengner

Der Einfluss einer erlebnisorientiert gestalteten Umwelt auf die Empfänglichkeit
für Emotionale Ansteckung - Eine experimentelle Untersuchung am Messestand...... 65
Katja Lohmann, Sebastian Pyka, Cornelia Zanger

Erlebnis am Messestand: Erste Ergebnisse einer multimodalen Studie im Umfeld
der Internationalen Tourismusbörse (ITB) Berlin 97
David Ruetz

Erleben, Spielen und inszenierte Räume des Erlebens 121
Ursula Drees

Stand und Perspektiven der Eventforschung

Erlebnismarketing und Markenschutz - Gewerblicher Rechtsschutz von
Gestaltungskonzepten für Flagship Stores 149
Mandy Risch-Kerst

Innovationsmanagement und innovationsfördernde Unternehmenskultur in
Agenturen für Live-Kommunikation 167
Sören Bär, David Baldig

Corporate Events als Innovationsinstrumente - Einsatz und Bedeutung in
deutschen Innovationskonzernen 195
Mathias Scheithauer

Events im Zeitalter der postmodernen Erlebnisindustrie.. 223

Thomas Duschlbauer

Weitere Forschungsergebnisse und praktische Erfahrungen

Digitalisierung in der Live-Kommunikation 241

Thorsten Rietbrock

Matchmaking: Steuerungsinstrument für Interaktion und Netzwerkbildung -
Ansatz zur Incentivierung und Emotionalisierung 251

Dirk Hagen, Stefan Luppold

Erlebnis Inszenierte Digitale Moderation: Wertschätzende Partizipation in
großen Gruppen 263

Ulrike Michalski, Oliver Gehlert, Peter Tandler, Florian Dieckmann

Ulrich Wünsch
**Erlebnisse, überall -
Ein Streifzug durch die Erlebnispraxis**

1 Zur Einleitung und Einstimmung

   1.1 Ein knapper, aber notwendiger Blick ins Internet

   1.2 Facetten des Erlebnisbegriffs, weitergedacht

2 Feld-Forschung auf Karls Erdbeerhof

   2.1 Methodisches

   2.2 Umsetzung

3 Die Umfrage „Erlebnis Freizeitpark"

   3.1 Die Umfrage: Struktur und Umfeld

   3.2 Deskriptive Auswertung der Umfrage: soziometrische Daten

   3.3 Erlebnisbezogene Items

4 Kurzes Ende

Literaturverzeichnis

Erlebnisse, überall – Ein Streifzug durch die Erlebnispraxis

Man hört nur die Fragen, auf welche man imstande ist, eine Antwort zu finden.
(Friedrich Nietzsche)

1 Zur Einleitung und Einstimmung

Menschen erleben – etwas. Dies schon immer, aber seit etwa zwei Jahrzehnten vermehrt. Dem Begriff oder der Bezeichnung „Erlebnis" begegnen wir im Alltag unverhofft oft, und das, so scheint es mir, seit gut fünf Jahren noch gehäufter als seit 1992 in der von Gerhard Schulze ebendann ausgerufenen „Erlebnisgesellschaft". Wie kann man diesen Befund und diese Zuschreibung noch toppen? Die Steigerungslogik, der die modernen Gesellschaften unterworfen sind[1] versagt hier, da inzwischen auch die DHL am Point of Sale vom „Erlebnis Briefmarke" spricht und damit den marginalen Stand für den Verkauf im Shop ziert; der schleppende Schuhverkauf mit dem „Fuss-Erlebnis-Pfad" im Shop gestützt wird; sich der profane vorstädtische Fahrradladen in einen Erlebnis-Store gewandelt hat, der gescheiterte Berliner-Hauptstadtflughafen mittels einer Tour als „Erlebnis BER" erkundet werden kann und sich die Europäische Gemeinschaft in Berlin Unter den Linden als „Erlebnis Europa" in einem ziemlich nüchternen Ladenlokal zu verkaufen sucht.

Diesem Befund möchte ich mit den folgenden Zeilen ein wenig nachgehen und dabei meine bisherigen Untersuchungen zu Feld und Umfeld des Erlebens im Kontext von Event-Kommunikation und Event-Industrie auf einen aktuelleren Stand bringen[2]. Mir scheint, der Term „Erlebnis" hat inzwischen Allerweltsqualität angenommen in Form eines unspezifischen, gebräuchlichen Gedanken-Umrisses, gern auch der Populärkultur[3], der in immer neuen Zusammenhängen im Alltag auftaucht. Man versucht damit etwas Zeitgeistiges zu fassen und man mag vermuten, dass der Terminus nun in diesem Zustand des Gebrauchs noch eine Weile Bestand haben mag, um dann zu transformieren und so zu verschwinden.

Es stellt sich die Frage, für welches Problem „Erlebnis" die Lösung ist. Die Alltagswelt und ihre Gesellschaft wird zunehmend als beschleunigt, globalisiert, ausdifferen-

---

1   vgl. Schulze 1992; Rosa 2012; Reckwitz 2012.
2   vgl. Wünsch 2007, 2010, 2013, 2014, 2016.
3   vgl. Sibylle Berg, „Popliteratin", die bereits 2004 ironisch von einem „Erlebnishotel" (S. 76) schreibt.

ziert, sinnbefreit, unsicher, kalt, starr, aber auch verflüssigt, vernetzt/abhängig voneinander beschrieben – von Wissenschaft wie Medien wie Alltagsdiskurs. „Erlebnis" antwortet in diesem Kontext auf die Frage „Wer bin ich" / „Wer bin ich überhaupt – noch?" / Wer oder was ist Ich?". Einzig im Erleben, im Erleben des Selbst und in der notwendigen Begegnung mit dem und den Anderen (vordringlich (noch) in Echtzeit und Face-to-Face) entsteht durch das Erlebnis als einem Resultat und Endpunkt des Seins eine Gründung, ein Halt, wächst Sinn-Gemeinschaft. Erleben ist somit soziale Praxis, die Untersuchung fragt nach dem „Was alltäglich so gemacht wird", dies stets vom Nutzer, vom Publikum aus gesehen. Dabei rückt gerade in den sozialen Medien wie etwa Instagram, Facebook, Dubsmash, Periscope der Zeige- und Beglaubigungscharakter des Bildes (Foto oder Video) in den Blick: Das authentische, direkt hergezeigte Beweismaterial der eigenen Existenz im Modus des Erlebens wird zum Signum der aktuellen „Jetztzeit"[4]. Dabei, so möchte man mit dem Soziologen Heinz Bude (2016) meinen, liegt die Gestimmtheit zum „Erlebnis" in der Luft, als eine Art „Gefühl der Welt". Diese Gestimmtheit ist in der Situation, nicht den Personen anwesend. Man befindet sich in ihr, im Erlebensraum mit seiner Präsenzanmutung und Atmosphäre. Dies Externe ermöglicht es erst, dass der Mensch affiziert werden kann und zu sich selbst hin herausgefordert wird, sich seiner in bestimmter Weise inne wird. „In der Gestimmtheit ist immer schon stimmungsmäßig das Dasein als *das* Seiende erschlossen, dem das Dasein in seinem Sein überantwortet wurde als dem Sein, das es existierend zu sein hat." (Martin Heidegger, nach Bude 2016, S. 22f.). Oder auch: *What you experience is what you get.*

Abschließen möchte ich die einleitende Erkundung mit dem Hinweis auf die historische Bedingtheit und Konstruiertheit des Terms „Erlebnis". Verkürzend kann auf die Tradition des Bildungsromans (beginnend mit Goethes „Wilhelm Meister") verwiesen werden, der das Bildungserlebnis in den Mittelpunkt stellt, die Formung an der und in der Praxis, vermittelt aber über forcierte Innenschau. Dieser Strang reicht bis hin zum Besinnungsaufsatz in der Schule: „Mein schönstes Ferienerlebnis". Wilhelm Dilthey grenzt 1906 mit dem Begriff des „Erlebnis" die Geistes- von den Naturwissenschaften ab und weist ihnen eine eigene Erkenntnisart zu. Im Ersten Weltkrieg kommt das for-

---

4 vgl. hierzu den Hinweis „Das Experience-Zeitalter kommt" im Schwerpunkt „Die neuen Social-Media-Stars" des Magazins t3n, aber auch den Artikel zu Selbstbespiegelung, Smartphone und sozialen Medien in der FAZ vom 2.10.2016, der zu dem Schluss kommt: „Ich bin, was ich erlebe. Ich zeige, was ich erlebe. Ich erlebe was ich kaufe".

mende „Kriegserlebnis" hinzu, im Zweiten Weltkrieg darüber hinaus die technische Stimulier-, Potenzier- und Reproduzierbarkeit von Erlebnissen hinzu, samt Speicherung. Die 1960er und 1970er finden spezifische Erlebnisse und vor allem Intensität jenseits der genormten Welt in den Cannabisfeldern, Opiumhöhlen und Drogenlaboren in aller Welt. Der Fokus auf das Ich und sein Erlebnis in der Spätmoderne wird hier zum Allgemeingut jenseits einer künstlerischen Avantgarde. Gekoppelt mit avancierender Digitalisierung scheint der Schritt zum Erlebnis-Mem nicht weit.

Die Untersuchung nimmt die Spuren meiner vorigen Ansätze auf und führt sie weiter. Hinzu kommt die Auswertung einer Umfrage unter Besuchern deutscher Freizeitparks zu ihrem „Erlebnis" mit dem Ziel, erste Dimensionen zu fixieren, die in weiteren Untersuchungen zu einem standardisierten Fragebogen führen können, der versucht, Erlebnisdimensionen und Erlebnistypen festzustellen, um so ein Werkzeug für die Kreation und Steuerung von Erlebniskommunikation zu liefern. Dies wird ergänzt durch den Bericht einer ethnographischen Expedition zu „Karls Erlebnis-Dorf und Erdbeerhof" bei Berlin, einem Familien-Freizeitvergnügen rund um die Erdbeere.

Ich möchte also neueren Tendenzen des Erlebnisdiskurses und der Beachtung wie Nutzung des Begriffes nachgehen, um so den Bedarfen und Präferenzen der nächsten, der digitalisiert-globalen Gesellschaft (vgl. Baecker 2007, 2014) etwas auf den Leib zu rücken. Denn der Leib – und dies wird später Thema – ist der Rezeptor, der Resonanzkörper, eines Erlebnis´. Das Formulierte verstehe ich auch als einen Beitrag zur Publikums- und Konsumentenforschung im Rahmen des Uses-and-Gratifications-Ansatzes, der hier zur Untersuchung der Präferenzen von Erlebnis-Nutzern angewandt wird.

1.1 Ein knapper, aber notwendiger Blick ins Internet

Eine Suche bei Google ergibt 30.800.000 Einträge zu „Erlebnis" (Zugriff 10.8.2016), dabei stehen touristische Angebote mit Abenteuer-Touch ganz weit vorne – nach welchen Kriterien auch immer der Algorithmus von Google diese aussuchte. Die Nachfrage bei Google Scholar ergibt immerhin 137.000 Einträge (Zugriff am 10.8.2016), vorwiegend im Kontext der Psychologie (Stichwort: Flow), der Literatur (Stichwort: Dichtung, Dilthey) angesiedelt (Probe der ersten zehn Aufrufseiten). Gibt man die Begriffskombination „Erlebnis+Event" ein, so werden 20.400 Treffer gezählt, die hauptsächlich in den Kategorien von Betriebswirtschaft, Soziologie, Marketing, Tourismus angesiedelt sind. Der Hashtag „Erlebnis" fördert bei Instagram, dem Privatleute-Fotoalbum im Netz, 16.004 Beiträge (diese können mehr als ein Foto enthalten), die sich bei rascherer Durchsicht der zuerst gezeigten Bildwelten um Sport, Reiseeindrücke, Feste, Natur, Tierbegegnungen, Schönheit im Spiegel, aber auch politische Statements drehen. „Erlebnis", so mag man formulieren, wird hier zum besonderen Augenblick, der ein Foto wert ist und somit zur Erinnerung festgehalten wird. Dies belegt zumindest quantitativ die Vermutung, Erlebnisse stünden hoch im Kurs und der Begriff mache eine eigene Karriere.

Die ad hoc exploratorische Untersuchung einzelner Webauftritte im Bereich der Anbieter käuflicher Erlebnisse ergibt ein klareres Bild dessen, was heute als Erlebnis verkauft werden kann und was allgemein unter Erlebnis verstanden werden kann. Es sind Aktivitäten und Situationen, die bereits auf Instagram unter „Erlebnis" auftauchten: Touristisches, Sportliches, Abenteuerliches, Romantisches. Insgesamt also jene *One-Moments-in-Time* (Whitney Houston), die oft besungen, Höhepunkte im Verlauf eines alltäglichen Lebens darstellen (sollten). In Deutschland führen Jochen Schweizer und *mydays* die Anbieterriege an. Berlin etwa wird bei Schweizer als die „Hauptstadt der Adrenalin-Erlebnisse" vermarktet[5], die Richtung der Angebote über den Hormonausschüttungslevel markierend. Die Kategorien, unter denen Erlebnisse gesucht werden können, lesen sich wie folgt: „Fliegen & Fallen / Motorpower / Abenteuer & Sport / Reisen / Essen & Trinken / Wellness & Gesundheit / Kunst, Kultur & Lifestyle / Wasser & Wind / Erlebnisse mit Tieren / Erlebnisse mit Stars / Exklusiverlebnisse" (a.a.O.). Schließlich gibt es weiterhin „Geschenke für Männer / für Frauen / für Paare / für Senioren / für die beste Freundin / für Unentschlossene / für Kinder / Hochzeitsgeschenke / für Firmen / für Mitarbeiter – und Top-Erlebnisse sowie Kleidung & Zubehör" (a.a.O.). *mydays* bietet Nämliches an; ebenso englische oder us-amerikanische Webseiten und Anbieter. Das ganze Leben in all seinen Facetten und Dimensionen ist abgebildet, kein Moment, keine Situation, die nicht erlebnisoffen oder erlebnisaffin wäre, setzt man nur die passenden Gerätschaften, die passende Ausrüstung, die passende Inszenierung ein. Dieser Befund schließt an den oben angedeuteten hyperinflationären Gebrauch des Begriffes „Erlebnis" an.

1.2 Facetten des Erlebnisbegriffs, weitergedacht

In der Soziologie sind, durchaus in Anbetracht von Gerhart Schulzes „Die Erlebnisgesellschaft", weitere Theorien und Ansätze entstanden, die sich auf das Phänomen „Er-

---

5 www.jochen-schweizer.de, Zugriff am 4.5.2016

Erlebnisse, überall – Ein Streifzug durch die Erlebnispraxis 7

lebnis" beziehen. Dabei stehen meso-soziologische Untersuchungen im Vordergrund, die einerseits den individuellen Aspekt im Kontext des Gesellschaftlichen betrachten (Rosa 2012, 2016) und andererseits gesellschaftliche Rahmungen auf der Ebene der Lebensläufe und institutionellen Formationen (vgl. Reckwitz 2012) beobachten. Die Begriffe „Beschleunigung" und „Resonanz" (Rosa 2012, 2016) sowie „Ästhetisierung", „Atmosphäre" und „Kreativitätsdispositiv" (Reckwitz 2012) kennzeichnen die jeweiligen Untersuchungen, entlang derer ich Bisheriges ergänzen möchte.

1930 definiert ein Jurist und Mediziner, bezugnehmend auf seine Untersuchungen zu Kriegsneurosen, den Unterschied zwischen einem Ereignis oder Geschehnis und einem Erlebnis: Ein Erlebnis ist mit Sinn besetzt oder generiert Sinn, ein Geschehnis nicht (vgl. Strauss 1930, S. 83). Sinn ist mit Luhmann (1971) einer der Grundbegriffe der Soziologie, zudem auf Erlebnis bezogen: „Für das bewusste Erleben ist im Vergleich zu rein organischer Selektion bezeichnend, dass es sich selbst durch Überforderung steuert, indem Komplexität und Kontingenz in genauer angebbarer Weise, nämlich in der Form von Sinn, die selektive Erlebnisverarbeitung regulieren. Dazu ist erforderlich, dass die Komplexität anderer Möglichkeiten im Erleben selbst konstituiert wird und erhalten bleibt." (Luhmann 1971, S. 33).

Die Kategorie des Sinns taucht in den Untersuchungen von Reckwitz und Rosa zentral und doch im Hintergrund wieder auf, ausgehend von dem Befund, das jenes entzauberte stählerne Gehäuse der modernen Gesellschaft (Max Weber) eine Infusion von Sinn benötige, da dieser es den in der dynamischen Ausdifferenzierung der Gesellschaft freigesetzten, bindungslos flottierenden Individuen, ermöglicht, überhaupt zu funktionieren. Bereits 1896 formuliert Georg Simmel (vgl. Simmel 2015, S. 77ff.) jene durch das Geld ausgelöste Distanzerfahrung des modernen Menschen, jenes Zweckbewusstsein, das überschüssige Energie nicht anzapft und befindet, dass „nur noch die abgeklärteste Form und die derbste Nähe, die allerzartesten und die allergröbsten Reize neue Anregungen bringen" (ebd. S. 78). Dies bedeutet einmal die bereits von der Romantik geforderte Wiederverzauberung der Welt (Novalis) zum anderen die Professionalisierung der Erlebniskommunikation, etwa als Event-Design.

Hartmut Rosa knüpft mit seinen Überlegungen zur Beschleunigung als einem zentralen Phänomen der Moderne hier an und definiert: *„Die Sozialformation der Moderne ist strukturell dadurch gekennzeichnet, dass sie sich nur dynamisch zu stabilisieren vermag, während ihr kulturelles Programm auf eine systematische Vergrößerung der* *individuellen und kulturellen Weltreichweite zielt."* (Rosa 2016, S. 518, kursiv im Original). Die Weltbeziehung des Menschen fasst Rosa (a.a.O.) mit dem Begriff der Resonanz zusammen: ein erfülltes, ein gutes Leben ist ein Leben in Resonanz mit der Welt, wobei Resonanz ein antwortendes Verhältnis zwischen Welt und Mensch meint. Hinzu kommen stumme Resonanzverhältnisse, die etwa von Waren im Konsum abgegeben werden. Hier entsteht jedoch gerade kein antwortendes Verhältnis. Rosa konstatiert allerdings, dass die Wahrnehmung, ob ein Verhältnis sich in stummer oder antwortender Resonanz befinde, beim Subjekt angesiedelt ist und dass durchaus auch von der Grundlage her stumme Resonanzen in antwortende übergehen können und umgekehrt. Gelingende, antwortende Resonanz ist dann ein „durch Affekte und Emotionen, intrinsisches Interesse und Selbstverwirklichungserwartung gebildete Form der Weltbeziehung, in der sich Subjekt und Welt gegenseitig berühren und zugleich transformieren." (ebd. S. 298)[6]. Somit rücken Erlebnisse, Ästhetik, Atmosphären ins Zentrum aktueller Wahrnehmung aber auch aktueller gesellschaftlicher Produktion der situativ bestimmten Identitäten der Einzelnen in der Gemeinschaft der Individuen. Die Erlebnisangebote geben Resonanzversprechen ab, die als zentraler Attraktor wirken. Erlebnisse zeigen Resonanz an. Jene situativen Identitäten sind der Verzeitlichung der Zeit (Rosa 2012, S. 226) als Ergebnis der dynamisierenden Beschleunigung geschuldet. Erlebnisse bilden dann Fixpunkte in jenem rasch pulsierenden Zeitstrom, der durch sich in Geschichten kondensierenden Erlebnissen ein wenig – im Sinne einer Identität – stabilisiert werden kann. Diese Identitätsanker (in neuen wie alten Geschichten) müssen immer wieder erzählt werden, ja immer wieder neu gewonnen werden, da sie nicht mehr in Permanenz vorhanden sind.

Mit Reckwitz (2012) kann diese Erlebnisgewinnung im Rahmen situativer Identitäten in das Kreativitätsdispositiv eingeordnet werden. Unter einem Dispositiv versteht er nach Foucault „ein ganzes soziales Netzwerk von gesellschaftlich verstreuten Praktiken, Diskursen, Artefaktsystemen und Subjektivierungsweisen, die nicht völlig homogen, aber doch identifizierbar durch bestimmte Wissensordnungen koordiniert werden. Ein Dispositiv setzt sich aus vier verschiedenen Komponenten des Sozialen zusammen: aus von implizitem Wissen geleiteten Praktiken und Alltagstechniken; Formen der diskursiven Wahrheitsproduktion, des Imaginären und der kulturellen Problemati-

---

6 vgl. auch die Ansätze von Alfred North Whitehead (1928, 1933) zum Thema „Erlebnis" und Resonanz in „Abenteuer der Ideen" und „Prozeß und Realität".

sierung; bestimmten Konstellationen von Artefakten (Instrumente, Architektur, Medientechnologien, Accessoires, Verkehrsmittel, etc.); schließlich aus Subjektivierungsmustern, das heißt Formierungsweisen der Subjekte, die in ihren Kompetenzen und Identitäten, ihren Sensibilitäten und Wünschen ins Dispositiv ‚passen' und es mittragen." (ebd. S. 49). Diese Komponenten können fruchtbringend für eine künftige Hypothesenbildung, Untersuchung und Einordnung von Erlebnissen herangezogen werden, um zu einem Erlebniskommunikations-Dispositiv im Rahmen des Kreativitätsdiskurses zu gelangen. Erlebnisse sind in die ästhetische Ökonomie eingebettet und unterstützen die Produktion neuartiger Zeichen, Sinneseindrücke, Affekte, die jenseits des bloß Technischen für die Gestaltung des Fortschreitens nötig sind. Ästhetik konkretisiert sich und kondensiert im Design. Dieses hat sich damit „in eine exemplarische Praxis zur intelligenten Gestaltung von affektiv befriedigenden Atmosphären insgesamt verwandelt und verzahnt sich immer stärker mit der Sphäre des Managements." (ebd. S 182). Die gesellschaftliche Ästhetisierung als Wegweisung und Hinführung auf die nächste Gesellschaft produziert jene Atmosphären und Stimmungen, die weniger die Konkreta betreffen als das Dazwischen in Netzwerken; Netzwerken aus Akteuren aber auch aus Erlebnissen, um die herum sich Gemeinschaften bilden[7]. Der Konsum von technisch reproduzierbaren Vergnügen und Träumen ist eine genuin moderne Erfahrung, bei der das Publikum den Wert der Ware „identitätsstiftendes Erlebnis" bestimmt. Die Gemeinschaft des Publikums über Kontinente und digitale Plattformen verbunden, ja vernetzt, ist der Selbstbestätigungskreis der Gleichgesinnten und Gleichgestimmten in symbolisch gesicherten Territorien mit festen Zugehörigkeitsmerkmalen und An- wie Ausschlussregeln. Vernetzt zu sein heißt – in diesem, wie in anderen Kontexten – immer auch, sich selbst attraktiv zu halten und im Vergleich mit anderen attraktiver zu erscheinen, somit die eigene, hiermit situative, Identität in sozialen Netzwerken, prinzipiell erlebnisaffin und attraktiv zu halten und besser noch permanent zu steigern (vgl. Baecker 2014, S. 140). Attraktivität wird – unter anderem – über Atmosphären[8] hergestellt, die unspezifische Zugehörigkeit signalisieren können (vgl. Runkel 2016).

---

7   Siehe auch Bruno Latour (2014) „Existenzweisen" für den Bereich der Akteur-Netzwerktheorie.

8   Inzwischen ist der Begriff der Atmosphäre auch in die betriebswirtschaftliche Beschäftigung mit der Live-Kommunikation eingegangen. Ein erstes Resultat liegt als Promotion an der Handelshochschule Leipzig vor: Atmosphäre als Profilierungsfaktor, Wiedemann 2016.

Diese und die weiteren, zuvor genannten Aspekte, gilt es, so meine ich, bei der Betrachtung zeitgenössischen Erlebnisgeschehens in der Erlebenspraxis und der Erlebnistheorie zu berücksichtigen und sie in die Beobachtungen und die weitere Theoriebildung in Bezug auf das Phänomen Erlebnis und Event zu integrieren.

2 Feld-Forschung auf Karls Erdbeerhof

2.1 Methodisches

Die und das Fremde, solange mit kolonialistischem oder sensationslüsternem Blick betrachtet[9], werden in der Volkskunde, der Anthropologie, der Ethnologie im Kontext der frühmodernen Krise des beschreibenden Erfassens von Welt und ihrer Bedeutung[10] problematisch. Der französische Ethnologe Michel Leiris thematisiert so 1931 im Tagebuch einer Expedition nach Afrika den Forscher als Filter: „Soll man alles erzählen? Soll man eine Auswahl treffen? Soll man die Ereignisse verklären? Ich meine, man muss alles erzählen." (Leiris 1985, S. 5.) und problematisiert den Blick der Weißen, die meinen, etwas Fremdes authentisch haben zu können, da es sich doch gerade dem Zugriff widersetzt (vgl. S. 9). Das Echo dieser – schon in der Romantik geäußerten Verdachtsmomente und Zweifel – reicht zurück in die 1970er Jahre, bis zum Scheitern der exotischen Reise des französischen Anthropologen Claude Levy-Strauss zu den Indianern Brasiliens: „.... wie kann denn die Flucht einer Reise etwas anderes sein als eine Begegnung mit den allerunglücklichsten Formen unseres eigenen historischen Daseins?" (Levy-Strauss 1970, S. 13). Schließlich fasst der britische Ethnologe Nigel Barley jene Selbstkritik pragmatisch zusammen und merkt an: „Jeder Ethnologe weiß indes, dass Forschungsprojekte Fiktionen sind. Sie lassen sich fast alle auf das einfache Ansinnen reduzieren: ‚Ich denke, das und das könnte interessant sein. Kriege ich das Geld, hinzufahren und nachzuschauen?'" (Barley 1993, S. 190).[11]

---

9   vgl. etwa Attraktionen wie die große Völkerschau in und von Hagenbecks Hamburger Tierpark im 19. und beginnenden 20. Jahrhundert.

10 Exemplarisch sei genannt: Hofmannsthals Chandos Brief, aber auch die analytische Sprachphilosophie.

11 Weitere Hinweise zur Auseinandersetzung mit diesem Komplex der Selbstreflektion wissenschaftlicher Methodologie in der im weiten Sinn ethnographischen Forschung etwa bei: Eliade (1998), Geertz (1983), Gehlen (1961), Malinowski (1975), Theweleit (1986) – und bei einem ihrer wichtigen Ahnen: Jean-Jacques Rousseaus Bekenntnissen.

Kurz soll der Begriff „Kultur" und das Verständniss derselben für diesen Text geklärt werden, ist doch das begriffliche Begreifen des „Erlebens", um das es hier allgemein, wie auch in der Spezifikation der Umfrage und der Feldforschung geht, ein Phänomen aus dem Komplex der Kultur.

Eine funktionalistische Bestimmung der Kultur, wie sie Bronislaw Malinowski (1975, vgl. S. 21f.) vorgenommen hat, versteht darunter den instrumentellen Apparat, der hilft, die konkreten Probleme der Menschen zu lösen, damit deren Bedürfnisse befriedigt werden. Sie ist ein System aus Gegenständen, Handlungen und Einstellungen, ein Ganzes aus mannigfaltigen Elementen, die in gegenseitiger Abhängigkeit voneinander zu erfassen sind. Die Handlungen wiederum sind, um die vitalen Aufgaben sozialer Existenz zu lösen, als Institutionen organisiert (etwa als Familie, Stamm, Verwaltung, ...). Dinge und Vorgänge könnten niemals isoliert, sondern einzig im sozialen Gefüge in Relation zu den Bedürfnissen und Aufgaben gesehen werden. Biologisch bedingte Bedürfnisse werden stets durch kulturell bedingte Lösungen befriedigt, von daher ist die ständige Erneuerung des Apparates der Kultur eine Bedingung (vgl. S. 41f.). Aus dieser Perspektive kann auch die Dynamik des Wirtschaftsgeschehens als kulturelle Lösung bestimmter Probleme erkannt werden, die unter anderem dazu führt, dass das „Erlebnis" nun in den Vordergrund ökonomischen Handelns rückt[12]. Diese sekundäre, künstliche Umwelt, also die Kultur, muss beständig reproduziert werden und erzeugt so, in ihrer dynamischen Veränderung und Steigerung, neue Lebensstandards, die neue Bedürfnisse zeitigen und dem menschlichen Verhalten neue Imperative und Bedingungen auferlegen, die wiederum in neuen künstlichen Umwelten angegangen werden (vgl. S. 75). Teil des Antriebsgeschehens ist das Vergnügen durch Bedürfnisbefriedigung. Dieses Vergnügen, das als ein wesentlicher Faktor des Befriedigungsapparates „Erlebniswirtschaft" bestimmt werden kann, ist als unmittelbare physische Reaktion des Organismus auf Rhythmus, Ton, Farbe, Linie, Form in allen Kombinationen gegründet, ebenso auf die Lust am Spiel als der Beschäftigung mit reizvollen, kontrollierbaren Situationen, die Lust an manuellen Fertigkeiten und technischen Errungenschaften (vgl. S. 42).

Systemtheoretisch gewendet liest sich dieser Komplex als Definition von Kultur wie folgt: „eine nichtbeliebige Verwicklung von Kontingenz in Komplexität." (Baecker

---

12 vgl. dazu auch Rosa (2012, 2016).

2014, S. 7), evolutionsbiologisch als Zwischenwelten. Diese „sind die sprachlich oder symbolisch codierten intelligenten Interfaces, die als ‚Kulturen' die Vielfalt und Wandelbarkeit menschlicher Umwelten und das vergleichsweise starre evolvierte Nervensystem aufeinander abstimmen." (Eibl 2009, S. 10).

Clifford Geertz deutet Kultur als ein selbstgesponnenes Bedeutungsgewebe (vgl. 1983, S. 9), das einzig interpretierend und nicht experimentell untersucht werden kann: Die elementare Beschreibung von Vorgängen in der Untersuchung muss eine „dichte" (S. 14) sein. Die Aufgabe und Methode des Ethnologen ist es, die relevanten Bedeutungsstrukturen in jener dichten Beschreibung, die den hermeneutischen Horizont abschreitet und sich vor eilfertigen Schlussfolgerungen unter Ausschluss der Eigen- und Zeugenbefragung hüten sollte, herauszuarbeiten. Die „ethnographische Beschreibung ist deutend; das, was sie deutet, ist der Ablauf des sozialen Diskurses; und das Deuten besteht darin, das „Gesagte" eines solchen Diskurses dem vergänglichen Augenblick zu entreißen." (ebd., S. 30).

Jenseits der Verdachtsmomente, die Erklärungs- und Bedeutungskonstruktion kommunikativer Vorgänge betreffend, existieren im Andenken der dichten Beschreibung ethnographischer Erkundungen der Ding- und Alltagswelt, die eher literarisch-historischen Charakters sind und eine Art fröhlich-erweiterter Phänomenologie der Sachen, ihres Nutzens und ihrer Nutzen unternehmen. Wasser und Seife (Vigarello 1992), der Kabeljau (Kurlansky 1997) oder eben die Siebensachen (Selle 1997) geraten so in den Blick[13]. Ich möchte im Zusammenhang mit der Erlebnis-Forschung einen winzigen Beitrag zu dieser Forschungstradition liefern, wohl wissend, dass die Zweifel jener anderen mehr als berechtigt sind und den Besuch in der fremden Welt der Erdbeere ansatzweise „dicht" beschreiben und einige Versuche einer ersten Deutung mit Blick auf das Thema „Erlebnis" inkorporieren.

2.2 Umsetzung

Also brach ich, der Forschungsleiter (im Folgenden Fl(m)) spät an einem leidlich schönen, ein wenig kühlen Samstagmorgen im Sommer zusammen mit meiner Forschungsbegleiterin (im Folgenden Fb(w)) und lieben Frau auf, mit dem Personen-

---

13 Eine Alltagsbetrachtung der Erdbeere steht noch aus; die Wichtigkeit der Frucht für die Kultur und die Unmenge künstlicher Erdbeeraromen, die produziert und konsumiert werden, um den Alltag zu „erdbeerisieren", lässt aber hoffen.

Erlebnisse, überall – Ein Streifzug durch die Erlebnispraxis | 13

kraftwagen zu Karls Erdbeerhof vor den Toren Berlins zu fahren, einem als „Erlebnis-Dorf" ausgewiesenen Freizeitvergnügensort (im Folgenden FvO). In meiner Feldforschung nach Art der teilnehmenden Beobachtung in dichter Beschreibung (Geertz 1983) stütze ich mich auf die fotografische Dokumentation, schriftliche Aufzeichnungen vor Ort notiert, sowie die Befragung der Forscherbegleiterin, die als Resonanztestperson und ganz-teilnehmende Beobachterin fungierte. Die Beobachtungen werden in dieser Form 30 Tage nach dem Besuch verschriftlicht und sind somit durch mehrfache Filterprozesse (Vergessen, Verklärung, Komplexitätsreduktion, Fixierung als identitätsstiftendes Narrativ) gegangen, so dass die Beschreibung des und der Anderen auch immer – wie oben gesehen – eine Eigenbeschreibung ist.

Erste Informationen und Eindrücke hatte Fl(m) aus dem Internetauftritt der Vergnügungsstätte gewonnen, die einen geordneten Überblick über die Erdbeer- und Erlebniskultur verschaffen hilft.

Erdbeerrot und wiesengrün leuchtet die Seite nebst mais- oder strohgelb und verheißt jede Menge Erlebnisse: im Jahresverlauf, im Tagesdurchlauf, drinnen und draußen. Online zu bestellende Erdbeeren, die nicht aus dem in Berlin ubiquitären erdbeerförmigen Verkaufshäuschen in der U-Bahn oder vor dem Supermarkt stammen, ermöglichen einen Vorgeschmack, der sicher die Vorfreude heben hilft. Karten können online bestellt werden, Videos und Fotografien vermitteln Fl(m) und Fb(w) einen guten Überblick und Gesamteindruck vom FvO: der Tag, der wohl häufig im Familienverband begangen wird, kann detailliert geplant werden. Inklusive Essen und Trinken, die Speisestationen mit ihrem Angebot sind online. Insgesamt dreht sich alles, wie sollte es auch anders sein, um die Erdbeere. User Experience, Servicegefühl und Hinführung sind zeitgemäß und zielgruppenaffin, so scheint dem Fl(m): dem Erdbeerfreund und der Erdbeerfreundin wird der Mund wässrig gemacht und glaubhaft sowie nachvollziehbar belegt versichert, dass auch die lieben Kleinen, für diese abenteuerliche Expedition ja schließlich unternommen wird, einen gute Zeit haben werden.

Die Ankunft am FvO vollzieht sich auf einem großzügig angelegten Parkplatz, der bereits ordentlich gefüllt ist: Aha, man schätzt das Erlebnis-Dorf nicht nur in der Ferienzeit und am Nachmittag. Unspektakulär die weite Öde des Asphalts und der Weg zum Eingang, wie ebenso der Eingang selbst. Das Areal des FvO erschließt sich nicht dem Blick. Ein Quergebäude aus rötlichen Ziegeln, versehen mit dem Logo und der magischen Erdbeere wie der Zahl 1921 lockt wenig, auch die Gastronomie nebenan schafft dies nicht, sie ist leer. Einzig am roten Erbeerverkaufshäuschen stehen erdbeerhungrige Menschen an, angelacht vom „Erdbär Karlchen", dem erwartbaren Maskottchen des Erdbeerhofs, einem stehenden, roten, freundlichen Bären mit grünem Hut und gelbem Bauch.

Das unbekannte Land zieht den Fl(m) nicht magisch an, so wie es möglich gewesen wäre. Doch die Fb(w) ist deutlich interessierter wie auch die anderen Menschen, die zum Eingang hin schlendern. Fb(w) macht Fl(m) auf freundliche Schilder aufmerksam, die auffordern, die Kinder zu markieren, damit sie, falls sie verloren gehen, auch beim richtigen „Besitzer" abgegeben werden können, zudem werden Mitarbeiter gesucht, die Teil der Karls-Familie werden können, Quereinsteiger willkommen. Ein anderes Plakat sucht mit dem Slogan „Herzeroberer" für die vielseitigen Jobs bei Karls zu begeistern. Hier wird klar, egal was, es werden Familienmenschen gesucht, Service-Personal, dass den ländlichen Charme (oder das, was dafür gehalten wird oder inszeniert wird) rüberbringt und mit Herzen bei der Sache ist, die Erdbeere an den Mann und die Frau zu bringen. Dies gelingt nicht schlecht, denn der Eingang ist angenehm unspektakulär und zudem ist der Eintritt ins Erdbeer-Paradies kostenlos.

Durch ein Tor gelangen Fl(m) und Fb(w) in die Halle und schon umfängt sie ein Erdbeerduft, der seinesgleichen sucht. Wie kann es auch anders sein, denn wohin der Blick auch fällt, es sind erdbeerförmige oder an Erdbeeren erinnernde Gegenstände und Produkte zu sehen. Es ist im FvO wie Weihnachten: allen Kindern, ob groß oder klein, gehen die Augen über. Die Erdbeermagie, die auch eine Magie der Überfülle ist, funktioniert. Im schummrigen Licht der Halle, die an eine Scheune erinnert, sind ungezählte Kaffeekannen zu sehen, die die Wände dekorieren, angeblich die größte Sammlung der Welt. Wird diese in jedem der sechs Erlebnis-Dörfer reproduziert? Und wo ist sie am größten?, fragt sich der Fl(m) auf der Suche nach quantitativen Daten. Die Inszenierung des Erdbeertraums beeindruckt, befinden Fl(m) und Fb(w), vor allem ist man mit allen Sinnen dabei: Es riecht erdbeerartig, man fasst Erdbeerartiges an, man sieht Erdbeerartiges und schmeckt es in Probierportionen, zudem hört man glückverheißende Kindergeräusche. Die vollkommene sinnliche Umhüllung im Zeichen der Erdbeere am FvO. Mittelgroße Einkaufswagen, die Handgriffe mit Birkenholz umwunden, zeigen die Liebe zum Detail, die für Karls bezeichnend ist. Die Inszenierung ist durchdacht und vollständig: nur so kann das Erlebnis-Gelingen vorbereitet werdend.

Erlebnisse, überall – Ein Streifzug durch die Erlebnispraxis 15

Dem Fl(m) ist die Szenerie zu wuselig und unübersichtlich, andere Besucher mäandern zufrieden durch die Gänge, auch die Fb(w). An Aktivierung ist ebenfalls gedacht: In der Kreativecke, respektive Bastelstube, kann an eigenen Erdbeerkreationen gewerkelt werden. Zwei Ausgänge werden nach und nach sichtbar: der eine an der Konfitüre und den Süßigkeiten vorbei direkt nach draußen, der andere am Restaurationsbereich vorbei zur Indoor-Eiswerkhalle – die, Europas größte Eisfiguren-Ausstellung beinhaltend, zu bezahlen ist. In einer Ecke dann noch der Übergang in den Irrgarten-Klettergerüst für die Besucher bis etwa zehn Jahre: auf mehreren Etagen krabbelt und quietscht es. Während die Kleinen klettern, shoppen die Großen nebenan. Das Familientaugliche und Ländliche bleiben als Eindruck haften, stimmen ein auf das Gesamt-Erlebnis: die Atmosphäre kommt rüber. Das scheinen auch die Gesichter und die Gesprächsfetzen zu signalisieren. Zudem: in der Halle herrscht kaum Hast, klingt wenig genervtes Geschrei.

Das bäuerlich-ostseehafte des Designs am FvO springt dem registrierenden Blick von Fl(m) und Fb(w) entgegen, kaum dass die Tür zum Außen-Bereich durchschritten wurde. Das Boot in der Blickachse mit Misthaufen und oben in der Scheunenwand die Erdbär-Band. Drei mechanisierte Puppen, die diverse Erdbeer- und Erdbär-Songs spielen. Kaum sind Fl(m) und Fb(w) draußen, weht Bier- und Fleischduft heran: „Iss Wurst" steht groß und deutlich über der ersten Restaurationsecke geschrieben. Gut essen und trinken gehören zum Erlebnis Freizeitpark, auch im Falle von Karls Erdbeerhof, unbedingt dazu. Das wird Fl(m) und Fb(w) deutlich. Sich, respektive seinem Bauch, etwas gönnen, das ist ein Höhepunkt für die Erwachsenen, die die Kleinen unbeobachtet-beobachtet auf die Hüpfburgen nebenan entlassen können, oder in den Streicheltierschuppen. Zufrieden sitzen die Besucher in kleinen und großen Gruppen um die Tische, stehen nach Wurst und Bier an, verzehren keine Erdbeeren. „Für Vater ist gesorgt" könnte das Motto der Versorgungsstation sein; mit Bier beglückt, lassen sich die Männer gefügiger werdend durch den FvO lotsen. Über die Pommes hinweg kommen auch Fremde ins Gespräch, die am selben Tisch sitzen, auch das ein Erlebnis – je nachdem. Hier möchte man sitzen und passiv die Aktivität erleben.

Doch weiter ziehen die Menschen zur Kartoffelsack-Rutsche. Fb(w) testet die Rutsche, während Fl(m) teilnehmend beobachtet und stellt fest: der Spaßfaktor ist hoch. Dem stimmen sicher auch die vielen lachenden und quietschenden Kinder zu, die entweder allein oder in den Armen der Eltern nach unten sausen. An dieser Peak-Experience des FvO, die sich durch den Andrang, die Dynamik, den Level der Glücks- und Erregungsschreie, den gelösten Mienen, die Energie des gesamten Settings, der Atmosphäre der Szene als solche bestimmen lässt, drängen sich die Erlebnishungrigen zusammen. Hier verdichtet sich ein Erlebnismoment, der durchaus auch für die Beobachter – die Begleiter, die am Rande der Rutsche stehen und teilnahmsvoll, manchmal aber auch abwesend zuschauen – nicht nur für die Akteure auf der Rutsche, seine Gültigkeit hat[14]. Dieser ist bestimmt durch Gefahr, Enge, Angst-Lust, Dabeisein-Wollen, Sich-selber-erfahren-und-überwinden-Wollen, aber auch durch die Erfahrung von Geborgenheit, Sicherheit und Schutz, da viele Mütter und Väter die Kleinen vor sich auf den alten, löchrigen, faserigen Kartoffelsack setzen und man geborgen in der elterlichen Aufprallzone nach unten gleitet. Dieses, sicher mit Adrenalinschub auch direkt körperlich erfahrene Erlebnis ist ein Höhepunkt der Anlage und sicher berichtenswert und vor allem des Fotografierens wert. Die Nachwelt soll Kunde erhalten vom Erlebnis; auch das steigert noch dasselbe.

Was allerdings fehlt, und dies bemerkt Fb(w) im Nachhinein, das Gesamt-Erlebnis im Kontext und Nachsinnen der Einzel-Erlebnisse reflektierend, ist bei aller sinnlicher Berührung etwa in der Kaufhalle, die Erfahrung eines wirklichen Erdbeerfeldes. In diesem stehend, sich die Erdbeeren selber pflückend und dort dann direkt verzehrend, wäre ein eigenes Erlebnis – das bei Karls nicht vorhanden ist; einzig als abgepackte und gewogene Ware ist die Erdbeere vorhanden. Soviel an wirklicher Wirklichkeit ist bei aller künstlichen Authentizität scheinbar nicht möglich (= sich finanziell tragend, skalierbar, ohne Dreck organisierbar, ...?). Dabei könnte sich ein Erdbeerfeld ohne Weiteres an Karls Maislabyrinth anschließen oder die Besucher könnten auf Stegen durch ein Erdbeerfeld zum Eingang geleitet werden. Doch wäre diese ungefilterte Realität – die allerdings in den leicht historisierenden Fotografien der Pflückerinnen und ihrer Aussagen über das Erdbeerglück, die an diversen Wänden hängen, anklingt – doch ein ganz anderer Freizeitpark; näher noch an nüchternen Zwecken des Alltags, wie dem der Nahrungssuche, die nun in der Überflussgesellschaft nach der Erleichterung und Artifizialisierung mittels Konserve oder Gefrierpackung, in die Lustzone des Zweckfreien geführt wird: Erdbeeren selbst gepflückt, im Schweiße des eigenen Angesichts, dies zuhause erzählt, die Erdbeeren gegessen, wie früher mit Zucker und Milch, und ein Erlebnis kann gestaltet sein. Allerdings, so die Vermutung eines sol-

---

14 vgl. hierzu den Komplex der „Interpassivität" (Wünsch 2014).

chen, das Hartmut Rosa dem Verdacht der stummen Resonanz aussetzen könnte; oder auch nicht (vgl. 2016, S. 619f. und 625f.).

Weitere Stationen des FvO werden von Fl(m) und Fb(w) besucht, um sich einen genauen Eindruck der Anlage, aber im Besonderen einen Eindruck der möglichen Erlebnisse wieder Reaktionen der Besucher auf jene zu verschaffen. Nach der Kartoffelsack-Rutsche spaziert der Besucher hinüber zum „Treckerladen" mit angeschossener kostenpflichtiger Trekkerfahrt. Es zeigt sich – durchaus an eigene Kindheitserlebnisse des Fl(m) anknüpfend, dass die Faszination einer Traktorfahrt ungebrochen ist. Kinder sitzen hinter dem Lenkrad, gerade über dessen Rundung hinwegschauend, während neben ihnen beseelte Großeltern oder Elternteile sitzen. Hier sind es eher die Mütter oder Großeltern, die der nicht selbst fahrenden landwirtschaftlichen Zugmaschine, gezwungen auf einer vorgeschriebenen Bahn, zusprechen. Das mittels einer Schiene geleite Gefährt, das über einen Parcours kriecht und dabei kein sonores Geräusch von sich gibt, scheint die Väter und in ihnen den Mann weniger anzusprechen. Das Erlebnis der Geborgenheit, das auch hier wieder vermittelt wird, eines des Im-Schoße-der-Familie-Aufgehobenseins, das die gemächliche Fahrt zu vermitteln scheint, mag für den Jungmännerteil der Besucher kein Erlebnis darstellen. Sie gehen lieber in den Streichelzoo, um die Kinder vor den wilden Tieren zu schützen oder in das Maislabyrinth, um ihren Orientierungssinn unter Beweis zu stellen.

Vom Hügel des Erdbeer-Cafés Elisabeth lassen sich die weiteren Aktivitäten der Kinder gut beobachten. Hier sitzt man und ruht aus, während die Kleinen rutschen, reiten, schaukeln, klettern. In der Sichtachse befindet sich allerdings auch die Mecklen-Burger-Braterei, ein weiteres Versorgungsangebot für Ess- und Trinkwillige, die sich eine Pause von den Erlebnissen gönnen wollen ohne ihre Lieben aus dem Blick zu verlieren. Die Energie der Kinder scheint ungebrochen, die der Erwachsenen eher. Dies ergibt sich aus der Beobachtung von zwei exemplarisch gewählten Familien, deren Verhalten über den ganzen FvO immer wieder in Augenschein genommen wurde. Durch die Merchandise-Halle, die bereits beim Betreten des FvO durchquert wurde und die zum Kauf eines Erdbär-Maskottchen-Schlüsselanhängers als Geschenk für australische Freunde animierte, gelangen Fl(m) und Fb(w) auf den Vorplatz, erstehen Erdbeeren am Erdbeerhäuschen und streben dem nun fast vollständig gefüllten Parkplatz zu.

Hiermit, auch der Überfülle der Eindrücke die Fl(m) und Fb(w) als teilnehmende Beobachter wie aktive Teilnehmer aufgenommen haben, geschuldet, setzt auch bei den Forschenden eine gewisse Sättigung und Ermattung ein, die zur Beendigung der Expedition führt, ohne das Europas größte Eisfiguren-Ausstellung besichtigt wurde. Jedoch dürfte auch dies Verhalten dem einiger Besucher entsprechen, ja geradezu von Karls beabsichtigt sein, denn die Verheißung weiterer Erlebnisse – die Fülle aller Angebote kann gar nicht abgearbeitet werden – lockt zu erneutem Besuch. Hinzu kommt die Erfülltheit und antwortende Resonanz einiger Peak-Experiences, die möglicherweise zu Wiederholung drängen, was wiederum dem Konzept der Einzigartigkeit jedes Erlebnisses widerspricht. Was also wird wiederholt? Eine Vermutung: wiederholt wird die nervliche Stimulanz, die eher ungerichtet und unspezifisch ist, die in ihrer Valenz aber generell als „Lust" konnotiert ist. Somit wird nicht der Inhalt sondern die Stimulanz der Sensation inklusive erlebter und erneut erhoffter Erfüllung im Erlebnisbereich handlungsanleitend. Damit sei auf ein Suchtpotential verwiesen, das aber dem Menschen eingeboren zu sein scheint: Aus der Unterworfenheit des Menschen unter seine Zeitlichkeit – und der Enttäuschung des „Augenblick verweile doch, du bist so schön" – erwächst der Wunsch „Augenblick-komme-wieder, du warst so schön".

Diese Erlebnis-Stationen, oder eben Erlebnis-Momente, werden bei Karls in Kategorien geordnet angeboten. Hier analog der kartografischen Erschließung des FvO am Eingang derselben inklusive exemplarischer Angebote aufgezeigt:

- Einkaufen (Dorfladen, Karls Bauernmarkt)

- Essen & Trinken (Pfannkuchen-Schmiede, Stockbrot-Backen, NEU: Mecklen-Burger)

- Manufakturen (Holzofen-Bäckerei, Marmeladen-Küche, Bonbon-Manufaktur)

- Tierisches (Ratten-Kartoffelkeller, Bienen-Museum, Gänsewiese, Ziegenstall)

- Attraktionen (NEU: Spiel-Speicher mit Robis rasanter Riesenrutsche, NEU: Mini-Go-Kart-Bahn, NEU: Europas größte Wasserrutsche mit Planschbecken, NEU: Riesen-Wasserschleuder, NEU: Pedal-Go-Kart-Bahn, NEU: Kletter-Silo, Lustiges Stroh-Hopsen, Drahtesel-Hopping, Schatzhöhle, Wasserspielplatz Ferkelsuhle, Abenteuerspielplatz Verrückte Villa, Riesen-Schaukel, ...).

Dabei deuten die als „NEU" im Plan bezeichneten Attraktionen darauf hin, dass die gestaltete ländliche Betulichkeit von Karls Erlebnis-Dorf der Dynamisierungstendenz der Gesellschaft unterworfen ist und sich die Attraktionen jenseits des Nostalgischen, das die heutige Kindergeneration gar nicht mehr als ein solches begreifen kann, durch Steigerung des Gefahrenpotentials, der Abenteuerlichkeit, der Einzigartigkeit und Größe auszeichnen müssen, um weitere und immer wieder neue Besucher anzuziehen.

Den Kern des Erlebnis-Dorfes bildet ein Narrativ, das den Themenkomplex „ländlicher Raum, Bauernhof, Dorf, Familie, Nostalgie" (inklusive der damit verbunden Rituale, Objekte, Gestaltung bis hin zu den Erlebnissen und dem Gesamt-Erlebnis) rahmt. Dieses Narrativ, kurz als Karls Erlebnis-Dorf metaphorisch durch den Anbieter gefasst und in der Figur des Erdbären ergänzend thematisiert, ist, so empfanden es Fl(m) und Fb(w) klar und nachvollziehbar umgesetzt. Die Vielzahl der Besucher und die Mehrzahl ähnlicher Dörfer können einen Erfolg belegen, der sicher auch auf die überzeugende und stringente Umsetzung des Narrativs aufsetzt. Das Gesamt-Erlebnis, das in der Metapher „Kars Erlebnis-Dorf" als FvO versprochen wird, wird in den oben genannten Kategorien realisiert. Diese sind als materielle, objekt- und stationenbezogene Kategorien gefasst – interessant wäre es, ergänzend die entsprechend der Station zu beachtenden und zu beobachtenden Rituale anzuführen. Erst durch diese Handlungserwartung und schließlich Erfüllung gelingt das Erlebnis. Die Eineindeutigkeit der Stationen lässt die Erfüllungserwartung des entsprechenden Erlebnisses leicht in Erlebnis-Realisation umschlagen. So zu sehen bei der Kartoffelsack-Rutsche, aber auch an den kulinarischen Station wie „Iss Wurst" oder dem Ponyreiten. Die Umsetzungs-Prinzipen und -Kategorien, die Steve Brown (2016) für das Event-Design angibt, sind im FvO deutlich erkennbar: „focus; scale; shape; timing; build; authenticity; narrative; emotion; meaning; and surprise" (a.a.O. S. 219). Dies trägt sicher zum Erfolg des FvO bei.

Nach der erlebnisbezogenen Betrachtung eines einzigen Besuchsobjektes sollen generelle, aus der Tourismusforschung gewonnene Aspekte Berücksichtigung finden. Die Besucher-Erwartungen an ein inszeniertes Ereignis, die Horst W. Opaschowski (2000) für touristische Kontexte abfragt, und diesen ist der FvO zuzuordnen, sind einerseits erfüllt, andererseits aber zu unspezifisch und zu generell abgefragt, um spezifisch Bewertbares zu erfassen wie im bisher Geschilderten zu sehen ist. Die Orientierung an den geclusterten Präferenzen und den Nutzen-Erwartungen der Besucher (Wünsch, 2016b, 2014) scheint zielführender. Diese sechs Dimensionen werden in unterschiedlicher Stärke am FvO bedient:

- Sozialer, geselliger Typ / Familien- und Gruppenmensch (Interaktion): Die Fülle der gastronomischen Angebote, die Möglichkeiten zur Geselligkeit und Gemeinschaft, die Überschaubarkeit des Terrains, die Thematisierung von Familie und Gruppe an diversen Stationen, die Angebote zur Interaktion bedienen die Erwartungen und Präferenzen dieses Typs.

- Rationaler, wissbegieriger Typ / Verstandesmensch (Information): Das Generalthema „Erdbeere" wird in allen Facetten durchaus spielerisch in Art eines Infotainment abgehandelt; der rationale Typus dürfte seine Erwartungen erfüllt sehen, speziell da auch weitere Wissensangebote jenseits der „Erdbeere" gemacht werden.

- Neugieriger, experimentierfreudiger Typ / Abenteurer (Attraktion): Dem Familien-Abenteurer wird einiges geboten. Da der Park speziell auf kleinere Kinder ausgerichtet ist, sind die Abenteuer entsprechend klein, vergleicht man sie mit dem technischen Attraktionen etwa eines Parks von der Art „Disneyland". Dem „reinen" Typus des Abenteurers wird der Park nicht gerecht, doch dürfte das begeisterte Schreien der Kinder wie auch deren Angstlust vor der Kartoffelsackrutsche Kompensation bieten.

- Eigensinniger, kritischer Typ / Individualist (Autonomie): Erwartungsgemäß können die Präferenzen eines kritischen Typus nicht ganz befriedigt werden. Jedoch herrscht eine große Wahlfreiheit im Durchlaufen des Parks; die Kontrolle über die Aktionen ist bei Eltern wie Kindern hoch; ein Potential kann sich im Einkaufsbereich entfalten.

- Sensibler, schönheitsliebender Typ / Genießer (Ästhetik): Der Freizeitpark ist ein in sich geschlossener ästhetischer Verweisungsraum und von daher gelungen. Die Ausarbeitung der Details, deren Tiefe und deren Präsentation kann als „liebevoll" bezeichnet werden; diese Qualität ist eindeutig vorhanden und wird von den Besuchern wahrgenommen.

- Strukturierter, orientierter Typ / Gestalter, Organisierer (Identität): Diesem Typus bietet sich über Kartografie, Verteilung des Territoriums, verdeckte Wege in offener Form, Internetpräsenz, Vorabbuchungen, Fotoangebote, Sicherung der Kinder vor Abhandenkommen und anderen Angeboten und Hinweisen ausreichend Gelegenheit zur Identifikation mit dem Park und so der Bestätigung bestimmter Aspekte der eigenen Identität.

Die in der Feldforschung erbrachten Aspekte und Qualitäten müssten durch eine Umfrage, ähnlich der nun beschriebenen, weiter belegt und vertieft werden.

Es zeigt sich, dass das Gesamt-Erlebnis die Summe der Einzel-Erlebnisse ist: die einzelnen Stationen erfüllen die Erwartungen unterschiedlich stark und tun dies bewusst, jedoch alle auf die Rahmung durch das Narrativ einzahlend. Der notwendige thematisch dichte, aber auch von der Gestaltung, dem Erlebnis-Design, her lückenlose und detailreiche Bezug auf jene „Story" gelingt. Anknüpfungen an Bekanntes, auch als Nostalgie besetzbar, verbunden mit Geheimnissen, Gefahrlosigkeit bei aller Abenteuerlichkeit, der Ansprache aller Familienmitglieder und dem nötigen Anteil an „Neuem" erlauben eine passgenaue „User-Experience". Hinzu kommt ein Aspekt, der für die Erlebnis-Sozialisation wichtig ist: Kinder lernen hier im Familienkontext, Erlebnisse zu haben, sich entsprechend zu verhalten, richtig zu reagieren und erlangen eine erste Idee davon, was ein Erlebnis sein könnte. Hier werden entsprechende Rituale eingeübt und bekräftigt.

3 Die Umfrage „Erlebnis Freizeitpark"

Was erlebt Mensch, wenn Mensch geplant Ereignisse durchlebt? Wie sind Erlebnisse zu erklären, zu fassen? Zudem: Wie können Erlebnisse optimal für das Publikum / die Kunden gestaltet werden? Diesen – und anderen Fragen – geht eine Umfrage nach, die zusammen mit dem Verband Deutscher Freizeitparks und Freizeitunternehmen (VDFU) e.V. im Sommer 2016 online durchgeführt wurde. Bevor Format und Ergebnisse vorgestellt werden, einige einleitende, das zuvor Gesagte auf das Feld der Freizeitwirtschaft einengende und spiegelnde, Gedanken zum Thema.

Das Formulierte – und die Umfrage – verstehe ich (auch) als einen Beitrag zur Publikums- und Konsumentenforschung im Rahmen des Uses-and-Gratifications-Ansatzes, der hier zur Untersuchung der Präferenzen von Erlebnis-Nutzern angewandt wird. Die Diskussion der anwendungsbezogenen Kulturmanagementstudien fokussiert in der

Besucherforschung den Begriff des Audience Development. Vorzuziehen ist der Begriff des Audience Engagement, der langsam in die Diskussion eindringt. Schließlich sind die Besucher kein „Entwicklungsland", dem es zu helfen und auf den rechten Pfad zu führen gilt, sondern autonome Individuen, die es zu überzeugen und zu begeistern gilt. Dieser „Audience", auch als Kunde, Publikum, Besucher, Nachfrager, Nutzer, User etc. bekannt, gilt es auf die Spur zu kommen, auch um in einer nachfragegetriebenen Wirtschaft ein besseres Angebot machen zu können.

Die Präferenzen und Nutzen-Bereiche werden für die Umfrage in jenen sechs Dimensionen gegliedert, die nicht-hierarchisch miteinander verbunden sind und die sich wechselseitig beeinflussen. Es sind Dimensionen, die sich gleichzeitig auf Symbole wie Handlungen beziehen. Diese Kategorien sind für die Sinngebung des individuellen Systems relevant und dienen der Existenzversicherung. Narrative, die jene Bereiche formgebend prägen, werden zu „Mythen" und ihre Protagonisten zu „Helden"[15].

Die einzelnen Präferenzen-Cluster sind wie folgt ausgeformt:

- Identität: Gestalt (Abgrenzung, Verbindung, Einordnung, Vernetzung)
- Interaktion: Kontakt und Austausch (emotional, sozial, intellektuell)
- Information: Wissen, Gehalt, Anwendung, relevante Unterschiede
- Ästhetik: sinnliche Qualitäten, Form, Schönheit, Rhythmus, Gefallen
- Autonomie: Eigensteuerung, Kontrolle, Wahlfreiheit, Potential
- Attraktion: Genuss, Lust, Überraschung, Vergnügen, Zerstreuung.

Die Ausformung und Aneignung einer Lebensstilgemeinschaft und die Entwicklung von „Typisierungen" vollziehen sich im Rahmen jener Präferenzen, die zugleich Bereiche darstellen, die für die Sinngebung des Einzelnen und für das Publikum als Versammlung von Einzelnen eine zentrale Rolle spielen. Im Netz jener Präferenzen und ihrer Erscheinungsformen etabliert sich die Kommunikationsgemeinschaft aus sich beobachtenden Beobachtern, mit Kenntnis der relevanten Zeichen für Zugehörigkeit

---

15 Durchaus auch Helden des Alltags und Helden aus TV-Serien, die vorleben, was nachgeahmt werden könnte.

und Passung der emotionalen Atmosphären. Mit ihnen wird die Szene ausgestattet, werden Narrative grundiert, mit ihnen kann das öffentliche Spiel (die Aufführung) für das Publikum, mit dem Publikum und wiederum das Spiel des Publikums über die Bühne gehen.

Der Besuch von Erlebnis-Freizeitparks ist mit hoher Wahrscheinlichkeit nicht nur an objektive Variablen gebunden (z. B. verfügbares Einkommen), sondern ebenfalls an subjektive psycho-soziale Komponenten, die der Person inne liegen und so nicht nur die Motivation zum Besuch mit beeinflussen sondern auch die gewünschte Form bzw. Art des jeweiligen Erlebnis-Freizeitparks. So wird eine Person, die vorwiegend eine sozial-familiäre Orientierung hat Parks bevorzugen, die dieser Motivation gerecht werden (gemeinsame Sitzplätze zum Grillen/Essen, Erlebnisgeräte für mehrere Personen). Andere Personen, z. B. mit einer höheren Erlebnisorientierung (sensation seeking, Extraversion) werden hingegen eher auf Attraktionen und hoch stimulierende Erlebnisgeräte achten. In diesem Zusammenhang wurden zunächst aus jenen Präferenzen-Typen entsprechende Erlebnis-Freizeitpark-Typen abgeleitet (siehe weiter unten), die in einem möglichen Zusammenhang mit der Bewertung und dem Besuch – also den Präferenzen und Nutzen – stehen könnten.

Ziel der vorliegenden explorativen Studie ist, die hier formulierten Typen später einer möglichen ersten Messbarkeit zuzuführen, so dass Verhaltens- und Bewertungsunterschiede sichtbar werden und Hinweise auf eine angemessene Gestaltung eines Freizeitparks geben.

3.1 Die Umfrage: Struktur und Umfeld

Die Umfrage „Erlebnis Freizeitpark" richtete sich über den Verband Deutscher Freizeitparks und Freizeitunternehmen (VDFU) e.V. an die Gesamtheit der Besucher eben jener Einrichtungen und wurde über die Internetseiten wie gedruckte Barcodes vor Ort verbreitet. 20 Mal zwei Eintrittskarten wurden unter den Teilnehmern verlost, um die Antwortrate zu erhöhen. Die Umfrage lief vom 1.7.2016 bis zum 31.8.2016. Insgesamt nahmen an der Umfrage 2162 Personen teil, von denen 981 einen vollen und auswertbaren Datensatz hinterließen. Die Umfrage war auf dem Web-Portal des Verbandes angekündigt und verankert, zudem waren die Mitglieder gebeten worden, auf die Umfrage hinzuweisen. Wie viele diesem Aufruf tatsächlich folgten, ist nicht zu eruieren.

Die Umfrage enthielt inklusive der soziodemografischen Items insgesamt zwölf Themenbereiche. Folgende Fragenbereiche wurden angesprochen:

- Zehn Items zu den Gründen des Besuchs eines Freizeitparks
- Zehn Items zur emotionalen Einschätzung des subjektiven Erlebens eines Freizeitparks
- Neun Items zum Umgang mit positiven Erlebnissen
- Sechs Items zur eigenen Typeneinschätzung (vgl. 3.2).

Folgende Gegensatzpaare wurden für die Frage „Wenn Sie an Ihre letzten Erlebnisse zurückdenken, was für Eindrücke und Gefühle verbinden Sie mit Ihren Erlebnissen?" gewählt: spannend-langweilig / fremd-vertraut / freundlich-abweisend / künstlich-natürlich / gemütlich-ungemütlich / zugehörig-einsam / lustig-trist / attraktiv-uninteressant / Herz-Kopf / Rausch-Alltag.

Nach der typologischen Einordnung (s.o.) wurden folgende Charakterisierungen gewählt:

a) Sozialer, geselliger Typ / Familien- und Gruppenmensch (Interaktion)

b) Rationaler, wissbegieriger Typ / Verstandesmensch (Information)

c) Neugieriger, experimentierfreudiger Typ / Abenteurer (Attraktion)

d) Eigensinniger, kritischer Typ / Individualist (Autonomie)

e) Sensibler, schönheitsliebender Typ / Genießer (Ästhetik)

f) Strukturierter, orientierter Typ / Gestalter, Organisierer (Identität).

Zudem wurde nach den Gründen für den Besuch gefragt. Diese Gründe wurden den jeweiligen Typen zugeordnet. Dabei werden die Bezüge zwischen den Präferenzen und Nutzen / Erlebnistypen und den Aussagen/Angaben wie folgt zugeordnet:

- Sozialer, geselliger Typ / Familien- und Gruppenmensch. Präferenz: **Identität** – Gestalt (Abgrenzung, Verbindung, Einordnung, Vernetzung / *weil ich gerne etwas unternehme, weil ich da lecker essen und trinken kann; freundlich – abweisend; ich nutze tolle Erlebnisse, um anderen zu zeigen wer ich bin und wie ich bin; ein tolles Erlebnis will ich gleich weitererzählen).*

- Rationaler, wissbegieriger Typ / Verstandesmensch. Präferenz: **Interaktion** – Kontakt und Austausch (emotional, sozial, intellektuell / *weil ich gerne mit meinen Freunden/Bekannten etwas zusammen mache; weil ich gerne mit den Kindern / der Familie etwas unternehme; gemütlich – ungemütlich; tolle Erlebnisse helfen mir, mich zu entspannen; für tolle Erlebnisse investiere ich gerne Zeit und Mühe).*

- Neugieriger, experimentierfreudiger Typ / Abenteurer. Präferenz: **Information** – Wissen, Gehalt, Anwendung, relevante Unterschiede / *weil ich dann später was zu erzählen habe; fremd – vertraut; Herz – Kopf; ich weiß vorher schon, ob ein Erlebnis gut oder schlecht wird).*

- Eigensinniger, kritischer Typ / Individualist. Präferenz: **Ästhetik** – sinnliche Qualitäten, Form, Schönheit, Rhythmus, Gefallen / *weil ich die Umgebung und die Natur da schön finde; weil ich da überrascht werde; echt – künstlich; gutes Essen und Trinken gehören zum Erlebnis dazu.*

- Sensibler, schönheitsliebender Typ / Genießer. Präferenz: **Autonomie** – Eigensteuerung, Kontrolle, Wahlfreiheit, Potenzial / *weil ich gerne etwas unternehme; weil ich da Urlaub vom Alltag machen kann; zugehörig – einsam; ich kann jede Menge tolle Erlebnisse vertragen; tolle Erlebnisse helfen mir, eine Weile den Alltagskram zu vergessen).*

- Strukturierter, orientierter Typ / Gestalter, Organisierer. Präferenz: **Attraktion** – Genuss, Lust, Überraschung, Vergnügen, Zerstreuung / *weil ich da neue tolle Sachen ausprobieren kann; spannend – langweilig; attraktiv – uninteressant; Rausch – Alltag; tolle Erlebnisse sind für mich und meinen Alltag immer wichtiger geworden).*

3.2 Deskriptive Auswertung der Umfrage: soziometrische Daten

Die Teilnehmer in Zahlen und Verteilungen: Der überwiegende Teil der Teilnehmer sind Teilnehmerinnen (78,5% weiblich : 21,5% männlich). Man kann nur vermuten, warum dies so ist: vielleicht weil, wie sich später zeigt, die Freizeitparks überwiegend von und mit der Familie besucht werden und Frauen die Kurz-Urlaube planen; vielleicht weil sich Frauen bei der Vorbereitung einer solchen Unternehmung eher auf eine Umfrage im Internet einlassen, bei der etwas zu gewinnen ist.

Die überwiegende Zahl der Teilnehmer als Besucher eines Freizeitparks sind jung und jünger. Der Anteil der Personen über 46 Jahren ist marginal: 10,3%. Dies spiegelt nicht die Besucherstruktur der Umfrage, sondern die derjenigen, die auf eine Umfrage geantwortet haben; erkennbar ist das starke Segment des „Familienalters" (72,9%), der „jungen Erwachsenen" (12%) und der Jugendlichen (4,9%). Der Altersdurchschnitt liegt bei 35 Jahren.

Die Teilnehmer kommen durchaus gleichmäßig verteilt aus dem gesamten Bundesgebiet. Auffällig ist ein Schwerpunkt im Postleitzahlenbereich 2 und 7. Zudem fällt auf, dass 1,3% der Teilnehmer nicht aus Deutschland kommen. Die Vermutung: Besucher aus dem Ausland kommen in grenznahen Regionen oder bei besonderen Attraktionen in deutsche Freizeitparks.

Die Freizeitparks, die besucht wurden, liegen mehrheitlich in Norddeutschland (40,8%) und Süddeutschland (36,4%). Schaut man auf die Verteilung der Besucher, so wird ersichtlich, dass man durchaus eine Anfahrt auf sich zu nehmen scheint, um einen Freizeitpark zu besuchen. Um dies aber sicherer zu sagen, müssten weitere Daten erhoben werden.

Die nächste Frage richtet sich an die Einkommensverteilung der Besucher der Freizeitparks. Hier scheint interessant, dass das einzelne Netto-Einkommen mehrheitlich im unteren bis mittleren Bereich (bis 800€: 23,5% / 801€ bis 1.300€: 24,7% / 1301€ bis 1800€: 17,2%), verglichen mit dem Durchschnitt, liegt[16]. Deutlich über dem Durchschnitt verdienen 19,2% der Teilnehmer. Deutlich unter dem Durchschnitt (was wiederum nichts über das gesamte Haushaltseinkommen besagt) verdienen 23,5%. Allerdings macht diese Verteilung vor dem Hintergrund, dass 78,5% der Teilnehmer Frauen sind, durchaus Sinn: Das Einkommen von Frauen liegt unter dem von Männern in der Bundesrepublik.

Die Besuchshäufigkeit ist eindeutig: Man geht ein bis zwei Mal im Jahr in einen Freizeitpark (68,7%). Drei Mal besuchten 11,9% einen Park und mehr als drei Mal 16,6%. 12,9% hatten in den letzten 12 Monaten keinen Freizeitpark besucht.

---

16 Das durchschnittliche Bruttoeinkommen privater Haushalte (nicht des Einzelnen!) belief sich 2014 auf 4.104€ im Monat (Quelle: Statistisches Bundesamt). Cecu.de, ein Portal für Finanzen und Versicherungen, gibt den Bruttoverdienst des Einzelnen höher an: 2015 mit 34.999€ und 2016 bei 41.000€, umgerechnet etwa 2.000€ netto im Monat.

Erlebnisse, überall – Ein Streifzug durch die Erlebnispraxis

3.3 Erlebnisbezogene Items

Der „Wert" eines Erlebnisses wird der Höhe des Betrags gleichgesetzt, den man beim gemeinschaftlichen Besuch (Familie) eines Freizeitparks ausgeben würde: Hier liegt der Betrag, den man einsetzen würde, mehrheitlich (57%) zwischen 21€ und 50€.

Bis 100€ würden noch 14.2% der Befragten ausgeben, darüber nur 7,4%. Ob dies mit den Preisen in den Freizeitparks korreliert, mag eine andere Untersuchung ergeben. Jedoch scheint die Verteilung des Werts der Verteilung der Einkommen zu ähneln. Der Einsatz an Geldmitteln hängt mit der Höhe des Einkommens zusammen; der Wert bezeichnet die tatsächliche Ausgabe, die ich in Relation zum Einkommen tätige oder getätigt habe. Da man davon ausgehen kann, dass die Teilnehmer der Umfrage dies belastbar tun, wären nun diese Zahlen mit denen zu vergleichen, die die Ausgaben aufzeigen, die für andere Freizeitbereiche eingesetzt werden, um herauszufinden, wie „wertig" der Besuch eines Freizeitparks für den Einzelnen ist.

Zu Beginn des erlebnistypologischen Teils des Fragebogens wurde nach einer Einschätzung der Häufigkeit der Erlebnisse gefragt, die der Besucher in einem bestimmten Zeitraum erinnern kann. Um die Bedeutung des mittlerweile ubiquitären Begriffs „Erlebnis" zu schärfen wurde dieser mit dem Ausdifferenzierung und Wertung „richtig toll" versehen. Ausgegangen wird davon, dass es sich hierbei um ein positives emotionales Erlebnis handelt. Gefragt wurde nach der Erinnerung, nach dem, was nach 12 Monaten noch wichtig und erinnernswert erscheint. Ohne jedes „richtig tolle Erlebnis" waren immerhin 6,4% der Teilnehmer. Die Mehrheit von 67,5% hatte ein bis fünf besondere Erlebnisse. Und deutliche 26,2% konnten sich an über fünf tolle Erlebnisse in den letzten 12 Monaten erinnern. Dieser Befund muss in weiteren Umfragen genauer untersucht werden – etwa, ob sich der Begriff des „Erlebnisses" soweit durchgesetzt hat, dass seine Präsenz die Anzahl erhöht, oder dass die Erlebnisfähigkeit in besonderen Alters- oder Sozialgruppen besonders vorhanden ist, auch geschlechterspezifische Unterschiede könnten betrachtet werden. Zu beachten ist, dass es sich hier bei einem Erlebnis nicht um den Besuch eines Freizeitparks handeln muss. In wie weit der Besuch der Freizeitparks Gegenstand der Anzahl der berichteten positiven Erlebnisse darstellt, ist hier nicht zu klären. Dennoch kann durchaus argumentiert werden, dass das positive Erleben als Verhaltensausrichtung mit dem Besuch von Freizeitparks direkt oder indirekt in Verbindung steht.

Nun werden die Motive für einen Besuch untersucht. Mögliche Gründe waren als Aussagesätze formuliert; es konnten mehrere genannt werden, maximal aber drei. Die Begründungen selber wurden vor dem Hintergrund der bisherigen Forschungen, im Speziellen aber auf der Basis der Präferenzen- und Nutzen-Cluster gebildet. Der Grund „Weil ich gerne mit den Kindern/der Familie etwas unternehme" wurde von über 75% der Teilnehmer angegeben und spiegelt sicher die Struktur der Befragungsteilnehmer. Er zeigt aber auch, dass die Zielgruppe der Freizeitparks die Familien sind, was aus der vorher aufgezeigten Altersstruktur ebenfalls ersichtlich ist. Auf Platz zwei liegt der individuelle Antrieb „Weil ich gerne etwas unternehme", der nicht durch den sozialen (Kinder, Familie) gedeckt ist. Der Nutzen eines „Urlaubs vom Alltag" liegt dicht gefolgt auf Platz drei mit knapp unter 50%. Diese Urlaubs-, Freizeit, Unterhaltungs-Oase, die sich durch etwas Besonderes vom Alltag abhebt ist der Ort, ist der Zustand, den man als Besucher ansteuert und erwartet. Diese Erwartungen müssen erfüllt werden, soll der Besuch gelingen. Das gemeinsame Tun mit Freunden und Bekannten liegt auf Platz vier. Die spiegelt zum einen die vorher festgestellte Altersstruktur (junge Erwachsene), zum anderen die Veränderungen der Gesellschaft (Singlehaushalte und Freundeskreise). Die bisher genannten Gründe zeigen aber auch, dass virtuelle Welten (sei es Facebook oder Gaming) das Bedürfnis nach Zusammensein nicht stillen können. Eher liefert das reale Zusammensein die Anlässe, etwas auf Facebook zu posten und so weitere Kreise (Freunde, Familie aber eher auch Bekannte = weiter entfernte Personen) einzubeziehen, sich zu verbinden und zu vernetzen. Umgebung und Natur, durchaus in Parks ein wichtiger Bestandteil der Angebotsdifferenzierung, spielen auch hier eine deutliche Rolle (über 25%). Die Wichtigkeit eines „Themas" für den Freizeitpark wird hier aufgezeigt. Interessant ist der starke Wert für die „neuen tollen Sachen", die ausprobiert werden können (über 30%). Dies zeigt die Erwartungshaltung an die Unterhaltung an, die durchaus aktiv erfahren werden will („ausprobieren"), zeigt die Wichtigkeit von Innovationen und Erneuerungen in Parks, um der Wiederholung zu entgehen und zeigt die hinreichend ungenaue Erwartung („irgendetwas Tolles"), die die Bereitschaft zeigt, sich unterhalten zu lassen. Allerdings möchte man nicht überrascht werden – das sind nur 10%. Überraschung scheint eher mit Ungewissheit und Unkontrollierbarkeit konnotiert zu sein. Der Antrieb etwas zu tun, weil es andere auch gemacht haben („weil mir Freunde/Verwandte davon erzählt haben") ist nicht stark (etwas über 7%) – man ist heute, wie auch immer, Individualist und informiert. Man zeigt seine Vorlieben, seinen Lifestyle und berichtet anderen, zeigt gerne, jedoch ist der Impuls etwas zu tun, nur weil es andere getan haben, gering. „Essen und

Trinken" spielt als Antrieb für den Besuch keine Rolle, die gastronomische Qualitäten stehen nicht im Vordergrund, obwohl die Versorgungsstätten in Freizeitparks durchaus prominent sind. Finanzielle Motive mögen eine Rolle spielen aber auch Erwartungen, die sich eher an Technik und andere Erlebnisse als an gastronomische richten. Das Erlebnis Essen wird hier eher mit einem Restaurantbesuch gekoppelt oder dem Kochen mit Freunden; es ist kein Anlass.

In Bezug auf die Gründe für den Besuch, sortiert nach Häufigkeit der Nennung, ist zu erkennen, dass die gemeinsame familiäre und soziale Unternehmung im Vordergrund steht. Essen und Trinken als auch der Wunsch das Erlebte später erzählen zu können spielen eher eine untergeordnete Rolle. Das Erleben der Natur, aber auch der Wunsch nach neuen Erlebnissen spielen nur eine untergeordnete Rolle. Somit steht im Mittelpunkt des Besuchs eines Freizeitparks die soziale Komponente des gemeinsamen Erlebens.

Mit einem semantischen Differential wurden Begriffspaare eingeschätzt, die Eindrücke und Gefühle bei der Erinnerung an das Erlebnis im Freizeitpark kennzeichnen. Sie beziehen sich auf die emotionale Bewertung und den Aktivierungsgrad in der Situation[17]. Die deutlichste Bewertung erhält die Einschätzung als „lustig" (im Gegensatz zu „trist"). Dies korreliert mit der Einschätzung der Situation als einer sozialen und dem Alltag enthobenen, besonderen. Gerade die Paarung mit „trist" weist die Wertigkeit (auch in der Dimension der Potenz) dieser Aussage aus. Dieser Item wird gefolgt von der Einschätzung „freundlich" (Gegensatz „abweisend") und „attraktiv" (Gegensatz „uninteressant"). Der Besuch, verbunden mit einem Erlebnis, oder gar als Gesamterlebnis gefasst, ist eindeutig von positiver Valenz. Nun folgen zwei Begriffspaare, die sich auf die positive oder negative Erregungszustände („spannend" vs. „langweilig") und auf die Potenz („gemütlich" vs. „ungemütlich") beziehen. Hier ist das Erlebnis Freizeitpark eindeutig positiv konnotiert (angenehm) und von deutlicher Aktivierungsqualität geprägt. Gleichzeitig fühlt der Besucher sich als „Herr" der Lage, besitzt es die Kontrolle über die Situation. Ein gemischter Zustand wird mit dem Gegensatzpaar

---

17 Diese werden häufig in folgenden Dimensionen erfasst: Valenz: positiv oder auch angenehm vs. negativ oder unangenehm. Potenz: Grad der subjektiv empfundenen Situationskontrolle (häufig auch als „Dominanz" bezeichnet). Erregung: Grad der Aktiviertheit. Ein entsprechendes Konstrukt (siehe Besuchertypologie) bildet den Hintergrund der Interpretation. Emotionen sind Ergebnisse von Erlebnis-Bewertungen und gehen gleichzeitig in einem Regelkreis des immerwährenden Lernens den Erlebnissen voraus und steuern die Erwartungen.

„zugehörig" oder „einsam" angefragt: ausgehend von dem Wissen um die Sozialsituation „Besuch Freizeitpark", die häufig vordergründig eben mit dem Familien- oder Freundesausflug verbunden ist und die zumindest vordergründig positiv gewertet wird, geht es hier um eine Mischung der Dimensionen der Erregung und der Potenz. Ein Erlebnis der Zugehörigkeit ist sicher positiv und wird hier mit dem Wert 1,5 auch entsprechend belegt, die stärkste Resonanz ruft es in Kombination mit „einsam" aber nicht hervor. Liegt es daran, dass ein Erlebnis immer ein ganz eigenes, letztlich nicht zu teilendes ist, oder daran, dass in jeder Sozialsituation auch Momente des Negativen, des Ärgers enthalten sind? Noch passend, aber schon deutlich näher an dem neutralen Wert sind die Paarungen „Herz" und „Kopf" sowie „Rausch" und Alltag". Deutlich wird, dass es um Emotionen geht, dass Erlebnisse emotional besetzt sind, also mit hoher Erregung und Valenz besetzt sind. Dies drückt sich auch in der Zustimmung aus, die der Hintergrund der Nicht-Alltäglichkeit von Erlebnissen im Kontext des Besuchs von Freizeitparks erfährt. Die Paarung „fremd" mit „vertraut", die zum einen die Potenz bezeichnet aber auch auf die Valenzdimension einzahlt, zeigt abschließend, dass das Wohlfühlen (= „Vertrautheit" und die angemessene Auffindung und Anforderung des Neuen (zu viel Neues = fremd) dem Besucher wichtig sind. Ein Freizeitpark ist eine Welt, die man kennt, die man aber auch aufsucht, um von Neuem herausgefordert zu werden. Erst so entstehen Erlebnisse, die man gerne erinnert.

Die folgende Auswertung bezieht sich auf Dimensionen und Gründe für eine Erlebnis-Affinität und die Einordnung der Präferenzen (*a. Tolle Erlebnisse sind für mich und meinen Alltag immer wichtiger geworden / b. Ich weiß vorher schon, ob ein Erlebnis gut oder schlecht wird / c. Ich nutze tolle Erlebnisse, um anderen zu zeigen wer ich bin / d. Ich kann jede Menge tolle Erlebnisse vertragen / e. Tolle Erlebnisse helfen mir, mich zu entspannen / f. Ein tolles Erlebnis will ich gleich weitererzählen / g. Tolle Erlebnisse helfen mir, eine Weile den Alltagskram zu vergessen / h. Für gute Erlebnisse investiere ich gerne Zeit und Mühe / i. Gutes Essen und Trinken gehören zum Erlebnis dazu*).

Das Vergessen des Alltags ist eindeutig die Aussage mit der höchsten Zustimmung. Wobei zu fragen wäre, ob nicht der Alltag bei einem Familienausflug immer anwesend ist. Hier gilt es weiter zu fragen und zu differenzieren. Dicht darauf folgt die positive Wertung der Aussage, dass man für gute Erlebnisse gern Zeit und Mühe investiert. Schließlich gehören die Vorbereitung, die Suche nach dem Passenden, die Anfahrt, aber auch die Finanzmittel zum Erlebnis Freizeitpark. Besondere Erlebnisse helfen bei der Entspannung – hier kann man davon ausgehen, dass der Alltag durchaus als stressig, also belastend und verspannt, empfunden wird, und dass der Ausflug aus dem Alltag, sollte er denn mit positiven Erlebnissen verbunden sein, dem Individuum eine gewisse Gelöstheit vermittelt. Gleichzeitig stimmt man aber deutlich zu, dass man jede Menge tolle Erlebnisse vertragen kann. Auf der einen Seite kann es nicht genug sein, die Spannung steigt, auf der anderen Seite wäre aber auch zu konstatieren, dass im Zuviel dann wiederum eine Überforderung liegt, die dann negativ empfunden wird. Deutliche Zustimmung erfährt auch die Aussage, dass Erlebnisse immer wichtiger werden. Dies bestätigt den „Trend zum Erlebnis" im Gesellschaftlichen wie auch die individuelle Orientierung hin auf diesen Kontext von Welterfahrung. Ob man schon vorher weiß, ob ein Erlebnis gut oder schlecht wird, dieser Aussage stimmen wenige zu, hier herrscht Ambivalenz. Im Hintergrund der Frage steht das Erwartungsmanagement des Individuums und die Reaktion auf das, was gehört wurde, und was etwa die Werbung vermittelte und das die Erwartungen beeinflusste. Die Ungewissheit überwiegt: Man ist sich nicht sicher, wie das Erlebnis werden wird; wahrscheinlich kann man es auch nicht sein. Größere Ablehnung erfährt die Aussage, dass man besondere Erlebnisse nutzen würde, um anderen zu zeigen, wer man ist. Zwar stimmen durchaus 20% zu, 25% sind sich nicht sicher, doch eine Mehrheit scheint die Entspannung in den Vordergrund zu rücken. Die Frage nach dem Wert von Essen und Trinken, die zuvor weniger wichtig eingeschätzt wurde, erfährt hier eine hohe Zustimmung: Über 65% schätzen gutes Essen und Trinken als eine wichtigen Bestandteil des Erlebnis Freizeitpark ein; es ist jedoch nicht der Anlass, das starke Motiv für den Besuch.

Abschließend wird eine Selbst-Charakterisierung der Besucher unternommen, bei der aus sechs Typisierungen drei ausgewählt werden konnten: a) Sozialer, geselliger Typ / Familien- und Gruppenmensch (Interaktion) // b) Rationaler, wissbegieriger Typ / Verstandesmensch (Information) // c) Neugieriger, experimentierfreudiger Typ / Abenteurer (Attraktion) // d) Eigensinniger, kritischer Typ / Individualistin, Individualist (Autonomie) // e) Sensibler, schönheitsliebender Typ / Genießerin, Genießer (Ästhetik) // f) Strukturierter, orientierter Typ / Gestalter (Identität).

Eindeutig liegt Typ a) mit 60% Komplettzustimmung und 28% teilweiser Zustimmung vorn. Die Besucher von Freizeitparks sehen sich als Familien; und als Gruppenmenschen, als soziale, gesellige Typen. Dies entspricht ganz dem zuvor in den Auswertungen gezeichneten Bild. Gefolgt wird diese Aussage von der Zuordnung zum Typ c), dem neugierigen, experimentierfreudigen Typ, dem Abenteurer. Auch das belegt die

Validität der vorigen Einschätzungen. Typ b), der rationale, wissbegierige Typ, der Verstandesmensch belegt den dritten Platz. Dies mag man für Science-Parks und Museen, aber auch für andere Einrichtungen, so interpretieren, dass „etwas Neues Lernen" als Besuchsantrieb durchaus eine Rolle spielt. Hier wäre auch zu vermuten gewesen, dass Typ d) bevorzugt würde, schließlich gilt es, einiges zu organisieren. So belegt der strukturierte, orientierte Typ, der Gestalter und Organisierer den vierten Platz. Dicht gefolgt von Typ e), dem sensiblen, schönheitsliebenden Typ, dem Genießer. Typ f), der eigensinnige, kritische Typ, der Individualist, erfährt deutliche Ablehnung: so sieht sich der Freizeitparkbesucher nicht. Insgesamt reiht sich die Reihenfolge dieser Typisierungen in die Ergebnisse der zuvor betrachten Frage ein und bestätigt diese.

4 Kurzes Ende

Anhand dieser Fragen und der ersten spezifischeren Auswertung der Antworten kann man – differenziert nach Art des Freizeitparks und verbunden mit weiteren Kenntnissen – durchaus Hinweise für die Bewerbung und Ausrichtung wie das Design der einzelnen Einrichtungen treffen. Um dann das Marketing von Freizeiteinrichtungen zu unterstützen, wären noch weitere Ansätze und Fragen möglich und nötig. Schließlich können aus diesen Ergebnissen dann Rückschlüsse auf die Entwicklung des Designs der Freizeitparks und auf die Entwicklung der Gestaltung der Attraktionen und des Angebots, gezogen werden.

Das Erlebnis, so wurde eingangs behauptet, sei im Alltag überall und jederzeit anzutreffen, sei dem Menschen eingeboren und würde ihm anempfohlen als Lebenselixier. Erleben ist ästhetische Praxis, in Kunst, Alltag, Organisationen. Als „Wirtschaftsästhetik" (vgl. Biehl-Missal 2011) oder auch, im Angelsächsischen schon früher benannt, „organizational aesthetics" legen Unternehmen ihr Augenmerk vermehrt auf die emotionale und sinnliche Wahrnehmung ihrer Angebote. Dies meint mehr als Design (verstanden als Formgebung), es meint Inszenierung (umfassende Gestaltung unter Publikums- und Nutzereinbezug). „Ästhetik macht nicht nur die schöne Oberfläche der heutigen Wirtschaft aus, sondern den Kern wirtschaftlichen Handelns. Konsum und Arbeit drehen sich um Inszenierungen, Atmosphären und Erlebnisse, die von Menschen sinnlich wahrgenommen und emotional bewertet werden." (ebd., S. 171)

Aneignung von umgebender Welt (und dies umfasst durchaus auch den Konsum, um eine Haupttätigkeit der Heutigen zu benennen) ist ästhetische, leibliche und ständige Arbeit. Das Erlebnis ist (ein) Ergebnis dieser Arbeit. Es verbindet Tiefe mit Oberfläche, Sein mit Schein – beides einander ebenbürtig und nötig. So wie es die fröhliche Wissenschaft tut: „Sie (die Griechen, der Verf.) verstanden zu leben: dazu tut not, tapfer bei der Oberfläche, der Falte, der Haut stehenzubleiben, den Schein anzubeten, an Formeln, an Töne, an Worte, an den ganzen Olymp des Scheins zu glauben." (Nietzsche 1980, S. 13).

Für Kerstin, der wunderbaren Feldforschungsbegleitung.

Literaturverzeichnis

BAECKER, D. (2007): Studien zur nächsten Gesellschaft, Frankfurt 2007.

BAECKER, D. (2014): Kulturkalkül, Berlin 2014.

BARLEY, N. (1993): Die Raupenplage. Von einem, der auszog, Ethnologie zu betreiben, Stuttgart 1993.

BETHKE, H.; GROSSARTH, J. (2016): Was das Smartphone mit uns macht, Frankfurter Allgemeine Zeitung, online verfügbar unter: http://www.faz.net/aktuell/wirtschaft/gefaehrliche-selbstbespiegelung-was-das-smartphone-mit-uns-macht-14351432.html, zuletzt abgerufen am: 02.10.2016.

BIEHL-MISSAL, B. (2011): Wirtschaftsästhetik. Wie Unternehmen die Kunst als Inspiration und Werkzeug nutzen, Wiesbaden 2011.

BROWN, S. (2016): An Event Design Approach to the Audience Experience, in: Wünsch, U. (Hrsg.): Handbuch Erlebniskommunikation. Grundlagen und Best Practice für erfolgreiche Veranstaltungen, Berlin 2016, S. 213-227.

BUDE, H. (2016): Das Gefühl der Welt. Über die Macht von Stimmungen, München 2016.

DILTHEY, W (1906): Das Erlebnis und die Dichtung, Wiesbaden 1906.

EIBL, K. (2009): Kultur als Zwischenwelt. Eine evolutionsbiologische Perspektive, Frankfurt, 2009.

ELIADE, M. (1998): Indisches Tagebuch. Reise durch einen mythischen Kontinent, Freiburg 1998.

GEERTZ, C. (1983): Dichte Beschreibung. Beiträge zum Verstehen kultureller Systeme, Frankfurt 1983.

GEHLEN, A. (1961): Anthropologische Forschung. Zur Selbstbegegnung und Selbstentdeckung des Menschen, Reinbek 1961.

KURLANSKY, M. (1997): Cod. A biography of the fish that changed the world, New York 1997.

LATOUR, B. (2014): Existenzweisen. Eine Anthropologie der Modernen, Frankfurt 2014.

LEIRIS, M. (1985): Phantom Afrika. Tagebuch einer Expedition von Dakar nach Djibouti 1931-1933, Frankfurt 1985.

LUHMANN, N. (1971): Sinn als Grundbegriff der Soziologie, in: Habermas, J.; Luhmann, N. (Hrsg.): Theorie der Gesellschaft oder Sozialtechnologie: Was leistet die Systemforschung?, Frankfurt 1971, S. 25-100

MALINOWSKI, B. (1975): Eine wissenschaftliche Theorie der Kultur, Frankfurt, 1975.

LEVY-STRAUSS, C. (1970): Traurige Tropen. Indianer in Brasilien, Köln/Berlin 1970.

NIETZSCHE, F. (1980): Werke in sechs Bänden, dritter Band, Die fröhliche Wissenschaft, München-Wien 1980, Hrsg. Karl Schlechta.

OPASCHOWSKI, H. W. (2000): Kathedralen des 21. Jahrhunderts. Erlebniswelten im Zeitalter der Eventkultur, Hamburg 2000.

RECKWITZ, A. (2012): Die Erfindung der Kreativität. Zum Prozess gesellschaftlicher Ästhetisierung, Frankfurt 2012.

ROSA, H. (2016): Resonanz. Eine Soziologie der Weltbeziehung, Frankfurt 2016.

ROSA, H. (2012): Weltbeziehungen im Zeitalter der Beschleunigung. Umrisse einer neuen Gesellschaftskritik, Frankfurt 2012.

RUNKEL, S. (2016): Zur Genealogie des Atmosphären-Begriffes, in: Wünsch, U. (Hrsg.): Atmosphären des Populären II. Perspektiven, Projekte, Protokolle, Performances, Personen, Posen, Berlin 2016, S. 20-40.

SCHULZE, G. (1992): Die Erlebnisgesellschaft. Kultursoziologie der Gegenwart, Frankfurt/New York (1992).

SELLE, G. (1997): Siebensachen. Ein Buch über die Dinge, Frankfurt/New York 1997.

SIMMEL, G. (2015): Soziologische Ästhetik, in: Reckwitz, A.; Prinz, S.; Schafer, H.: Ästhetik und Gesellschaft. Grundlagentexte aus Soziologie und Kulturwissenschaften, Frankfurt 2015, S. 77.

STRAUSS, E. (1930): Geschehnis und Erlebnis, Berlin 1930.

t3n, digital pioneers, Magazin Nr. 45, Schwerpunkt: Die neuen Social Media Stars und was Unternehmen von ihnen lernen können, Hannover 2016.

THEWELEIT, K. (1986): Männerphantasien 1 & 2, Reinbek 1986.

VIGARELLO, G. (1992): Wasser und Seife, Puder und Parfum, Frankfurt/New York 1992.

WHITEHEAD, A. N. (2000): Abenteuer der Ideen, Frankfurt 2000 (Original 1933).

WHITEHEAD, A. N. (1987): Prozess und Realität. Entwurf einer Kosmologie, Frankfurt 1987 (Original 1928).

WIEDEMANN, M. (2016): Live Communication – Atmosphäre als Profilierungsfaktor. Eine multimethodische Untersuchung der Wahrnehmung von Atmosphäre auf Publikumsmessen, Wiesbaden 2016.

WÜNSCH, U. (2014): Gute Unterhaltung! Medienwissenschaftliche Anmerkungen zu Entertainment, Bedarfen und Stimmungsgestaltung, in: Zanger, C. (Hrsg.): Events und Messen. Stand und Perspektiven der Eventforschung, Wiesbaden 2014, S. 195-219.

WÜNSCH, U. (HRSG.) (2016A): Handbuch Erlebniskommunikation. Grundlagen und Best Practice für erfolgreiche Veranstaltungen, Berlin 2016.

WÜNSCH, U. (2016B): Das Publikum. Beitrag zu einer Verständigung über ein wesentliches Element jeder Erlebnis-Kommunikation, in: Wünsch, U. (Hrsg.): Handbuch Erlebniskommunikation. Grundlagen und Best Practice für erfolgreiche Veranstaltungen, Berlin 2016, S. 27-53.

Jan Drengner
Die Bedeutung von Erlebnissen im Prozess der Value Co-Creation bei Veranstaltungen

1 Einleitung

2 Value Co-Creation und Erlebnisse

3 Ressourcen und Erlebnisse

4 Praktiken und Erlebnisse

5 Handlungsempfehlungen

6 Zusammenfassung

Literaturverzeichnis

1 Einleitung

In praxisorientierten Publikationen (vgl. z. B. Eisermann/Dodt/Roßbach 2014; Müller 2014, S. 1ff.; Thinius/Untiedt 2013) sowie in wissenschaftlichen Texten (vgl. z. B. Drengner 2014; Quinn 2013, S. 42ff.; Drengner/Jahn 2012; Weinberg/Nickel 2007) besteht Einigkeit darüber, dass Erlebnisse sowohl als wichtige Determinante des Erfolgs von Events aufzufassen sind als auch einen wertvollen Beitrag zur Analyse der Wirkungen von Veranstaltungen leisten. Die wissenschaftliche Bedeutung von Erlebnissen als Konzept zur Erklärung des Verhaltens von Konsumenten geht dabei hauptsächlich auf die Arbeiten von Holbrook und Hirschman (vgl. 1982; Hirschman/Holbrook 1982) zurück. Demnach resultieren Konsumhandlungen nicht ausschließlich aus rationalen Entscheidungen von Personen, um durch die gezielte Inanspruchnahme einer Sach- oder Dienstleistung ein bestimmtes, der Konsumhandlung übergeordnetes Ziel zu erreichen. Vielmehr bilden bei bestimmten Leistungen auch die während des Konsumprozesses auftretenden Erlebnisse – in Form von „Fantasies, Feelings, and Fun" (Holbrook/Hirschman 1982, S. 152) – einen Grund für die Konsumhandlung. Dies ist auch bei Konzerten, Festspielen, Festivals, Sportveranstaltungen etc. der Fall, da diese zumeist aufgrund der während des Veranstaltungsbesuchs auftretenden positiven Emotionen nachgefragt werden. Mit ihrer Sichtweise verorten die Autoren das Erlebnis-Konzept vor allem im Bereich des **hedonistischen Konsums** (vgl. Hirschman/Holbrook 1982).

Ein breiteres Verständnis von Erlebnissen bietet das von Vargo und Lusch (2016, 2008, 2004) entwickelte Konzept der Service-Dominant Logic sowie die darauf aufbauenden Forschungen (vgl. z. B. Akaka/Vargo/Schau 2015; Helkkula/Kelleher/ Philström 2012a; Helkkula/Kelleher/ Philström 2012b; Sandström et al. 2008). Erlebnisse gelten demnach als zentrales Konzept, um zu verstehen, wie Konsumenten – im Rahmen sog. Value Co-Creation-Prozesse – für sich Wert aus dem Konsum einer Leistung generieren. Dabei wird davon ausgegangen, dass Erlebnisse bei **jedweder Konsumaktivität** auftreten. Übertragen auf Veranstaltungen bedeutet dies, dass sich mit dem Erlebnis-Konzept nicht nur die Wirkungen hedonistisch geprägter Veranstaltungen erklären lassen, wie es eine Vielzahl von Studien bereits nachgewiesen haben (vgl. z. B. Lohmann/Pyka/Zanger 2015; Drengner/Jahn 2012; Drengner/Gaus/Jahn 2008; Lee et al. 2008; Schlesinger 2008; Martensen et al. 2007; Madrigal 2003). Vielmehr erscheint es auch für die Analyse solcher Veranstaltungsformen geeignet, mit deren Besuch die

Konsumenten hauptsächlich einen übergeordneten Zweck verfolgen (z. B. berufliche Weiterbildung auf einer Tagung).

Aufbauend auf diesem Begriffsverständnis zielt der vorliegende Beitrag darauf ab, den bisherigen Wissenstand zum Erlebnis-Konzept im Veranstaltungskontext um Erkenntnisse der Service-Dominant Logic zu erweitern. Zu diesem Zweck reflektiert das folgende Kapitel den aktuellen Stand der Eventforschung zum Phänomen des Erlebnisses, wobei es insbesondere den Zusammenhang zwischen dem Erleben einer Veranstaltung und dem daraus entstehenden Wert seitens des Konsumenten thematisiert. Im Anschluss wird analysiert, wie Erlebnisse entstehen. Dazu diskutiert der Beitrag zunächst verschiedene Arten von Ressourcen, die Veranstaltungsbesucher miteinander verknüpfen, um daraus Erlebnisse und Wert zu generieren. Unter Rückgriff auf das Konzept der Praktik wird danach gezeigt, wie dieser Prozess abläuft. Anschließend stehen Handlungsempfehlungen im Zentrum der Diskussion. Der Aufsatz schließt mit einer Zusammenfassung und einem Forschungsausblick.

2 Value Co-Creation und Erlebnisse

Konsumhandlungen, wie der Besuch einer Veranstaltung, lassen sich aus der Perspektive der Service-Dominant Logic als **Value Co-Creation** (vgl. Vargo/Lusch 2008, S. 8) bzw. Wertschaffung (vgl. Weiber/Ferreira 2015) konzeptualisieren. Beide – im Folgenden synonym genutzten – Begriffe beschreiben einen Prozess, in dessen Verlauf eine Person die ihr verfügbaren Ressourcen mit Hilfe von Praktiken miteinander verknüpft, um für sich daraus Wert zu generieren (vgl. Drengner/König 2017; Wetter-Edman et al. 2014, S. 109; McColl-Kennedy et al. 2012, S. 375). Ihr Ziel der Generierung von **Wert** hat die Person erreicht, wenn sie durch ihre Konsumhandlung besser gestellt bzw. ihr Wohlbefinden gesteigert wurde (vgl. Akaka/Vargo/Schau 2015, S. 217; Grönroos/Voima 2013, S. 136).

Gemäß Holbrook (2006, S. 715; 1994, S. 39ff.) lässt sich das Konzept des Werts anhand von zwei Dimensionen ausführlicher beschreiben. Auf der ersten Dimension unterscheidet der Autor zwischen ex- und intrinsischem Wert. **Extrinsischer Wert** tritt auf, wenn eine Person durch den Prozess der Value Co-Creation einen übergeordneten Zweck erreicht. Dies ist beispielsweise bei geschäftlichen Veranstaltungen (z. B. Tagungen, Kongresse) der Fall, bei denen die Besucher neues Wissen erwerben oder Kontakte zu potentiellen Geschäftspartnern knüpfen können, um damit ihren zukünftigen beruflichen Erfolg zu beeinflussen. Andererseits zielen Konsumhandlungen auf

intrinsischen Wert ab. Dieser basiert auf den unmittelbar durch den Wertschaffungsprozess ausgelösten, als positiv und belohnend empfundenen Erlebnissen, ohne dass die Person damit eine übergeordnete Konsequenz verfolgt. So liegt der Wert eines Festivalbesuchs vor allem in den erlebten positiven Emotionen, wie Spaß an der Musik oder Freude an den Interaktionen mit anderen Konsumenten.

Auf einer zweiten Dimension können selbst-, fremd- und kollektivorientierter Wert unterschieden werden (vgl. Jahn 2013; Holbrook 1994, S. 42f.). **Selbstorientierter Wert** tritt auf, wenn die aus der Konsumhandlung resultierende Besserstellung einer Person ausschließlich ihr Selbst betrifft (z. B. Erweiterung des eigenen Wissensstandes auf einer Tagung). Wird eine Leistung hingegen aufgrund ihrer Wirkungen konsumiert, die sie bei anderen Menschen entfaltet, entsteht **fremdorientierter Wert**. Dies gilt beispielsweise für Veranstaltungen, durch deren Besuch der Status eines Menschen in seinem sozialen Umfeld steigt. **Kollektivorientierter Wert** ist schließlich für den Einzelnen gegeben, wenn er sich einer Gruppe zugehörig fühlt und die Konsumhandlung die Gruppe besser stellt (vgl. Jahn 2013, S. 108ff.). Dabei äußert sich dies zum Beispiel in Form eines Verbundenheitsgefühls, welches zwischen den im Stadion anwesenden Fans eines Sportlers oder Vereins entsteht.

Aus der Kombination der beiden Dimensionen resultieren in Anlehnung an Holbrook (2006, S. 715) sowie Jahn (2013, S. 110) die in Tab. 1 aufgeführten **Werttypen**[1]. Diese können bei einer Veranstaltung auch in Kombination auftreten.

---

1 Durch Berücksichtigung einer weiteren Dimension (aktiver vs. reaktiver Wert) lassen sich die hier aufgeführten 6 Haupt-Typen in insgesamt 12 untergeordnete Werttypen unterteilen (vgl. Jahn 2013, S. 110ff.).

Tab. 1: Werttypen und Beispiele für ihre Ausprägung bei Veranstaltungen

	Extrinsisch	Intrinsisch
Selbstorientiert	ÖKONOMISCHER WERT Der Prozess der Value Co-Creation ermöglicht es dem Konsumenten, ein von ihm gesetztes, ausschließlich auf die eigene Person gerichtetes Ziel zu erreichen. Bsp.: kostengünstige und schnelle Gewinnung von Informationen durch den Besuch einer Tagung	HEDONISTISCHER WERT Der Prozess der Value Co-Creation ruft unmittelbar beim Konsumenten Vergnügen und Genuss hervor. Bsp.: Genuss des kulinarischen Angebots bei einem Food-Truck-Festival
Fremdorientiert	SOZIALER WERT Der Prozess der Value Co-Creation führt zu positiven Reaktionen anderer Personen auf das eigene Verhalten des Konsumenten und dient damit der Erreichung übergeordneter Ziele des Konsumenten. Bsp.: Stärkung des eigenen Status im sozialen Umfeld als „außerordentlicher Sportler" durch die Teilnahme an einem Triathlon	ALTRUISTISCHER WERT Aus dem Prozess der Value Co-Creation resultieren Wirkungen auf andere Personen, wobei der Konsument diese Wirkungen positiv empfindet. Bsp.: Gefühl innerer Befriedigung aufgrund der Teilnahme an einer Wohltätigkeitsveranstaltung
Kollektivorientiert	GRUPPENSTÄRKENDER WERT Der Prozess der Value Co-Creation steigert den Status und das Ansehen der Gruppe, zu der sich der Konsument zugehörig fühlt. Bsp.: Steigerung des Status als die „besten" und „engagiertesten" Fans eines Fußballclubs durch aufwendige Choreographien für Fangesänge und andere Rituale während eines Fußballspiels	SOZIAL-INTERAKTIVER WERT Die Integration anderer Menschen in den Prozess der Value Co-Creation empfindet der Konsument positiv. Bsp.: Aufbau eines Gefühls der Verbundenheit zu den anderen Besuchern eines Festivals durch gemeinsames Singen und Tanzen

Quelle: eigene Erstellung

Der Wert einer Leistung (z. B. Veranstaltung) wohnt dieser nicht per se inne, sondern entsteht erst aufgrund der individuellen Bewertung der während des Wertschaffungsprozesses auftretenden Erlebnisse (vgl. Akaka/Vargo/Schau 2015, S. 211; Helkkula/ Kelleher/Philström 2012a; Sandström et al. 2008; Gentile/Spiller/Noci 2007; Holbrook 1994, S. 37f.). Ein **Erlebnis** beschreibt dabei die bei einer Person ablaufenden psychischen Phänomene, wie Wahrnehmen, Denken, Fühlen oder Imaginieren (vgl. Bruhn/ Hadwich 2012, S. 9; Gupta/Vajic 2000, S. 35). Damit lässt sich der Begriff des Erlebnisses als generisches Konzept zur Bündelung einer Vielzahl psychischer Prozesse auffassen, die im Rahmen der Value Co-Creation auftreten. Ähnlich den in Tab. 1 aufgeführten Werttypen können Erlebnisse im Veranstaltungskontext anhand verschiedener Komponenten beschrieben werden (vgl. Drengner 2014; Drengner/Jahn 2012).

Die **emotionale Erlebniskomponente** umfasst die durch den Wertschaffungsprozess ausgelösten affektiven Reaktionen in Form von Emotionen (z. B. Freude, Begeisterung, Ärger). Gemäß Holbrook und Hirschman (vgl. 1982; Hirschman/Holbrook 1982) gilt diese Komponente als zentraler Bestandteil von Erlebnissen, weil die im Rahmen der Wertschaffung auftretenden Emotionen den hedonistischen Wert prägen.

Die **sensorische Erlebniskomponente** beruht auf den im Rahmen der Wertschaffung entstehenden visuellen, auditiven, haptischen, olfaktorischen, gustatorischen, thermalen oder kinästhetischen Sinneseindrücken des Konsumenten. Da der Mensch seine Umwelt mittels seiner Sinnesorgane erfasst, bildet die Wahrnehmung der beim Konsum einer Veranstaltung auftretenden vielfältigen Reize per se eine Voraussetzung für das Erleben. Darüber hinaus können bestimmte Stimuli ein Erlebnis nicht nur induzieren, sondern in Form einer „sinnlichen Erfüllung" auch dessen zentraler Bestanteil sein. Dies gilt zunächst für körperlich empfundene Sinneseindrücke, wie sie beispielsweise bei sportlichen Aktivitäten (z. B. Wildwasserrafting, Mountainbiking, Kartfahren) sowie der Nutzung von Fahrgeschäften, Flugsimulatoren oder Virtual Reality-Brillen auftreten. Weiterhin prägen solche visuellen, auditiven, haptischen etc. Reize das Erleben, die Konsumenten als besonders ästhetisch empfinden (z. B. auditive Reize bei einem Konzert; visuelle Reize bei einer Ballettaufführung; gustatorische, olfaktorische, visuelle sowie haptische Reize bei einem Food-Festival). Da diese sensorisch geprägten Erlebnisse zumeist intrinsisch motiviert sind und das Wohlbefinden steigern (vgl. Holbrook 1999, S. 20; Wagner 1999, S. 135), resultiert aus ihnen hedonistischer Wert.

Die **kompetenzbezogene Erlebniskomponente** beschreibt psychische Phänomene, die während des Prozesses der Value Co-Creation sowohl mit dem Erwerb von Wissen, Fähigkeiten und Fertigkeiten als auch mit der Auseinandersetzung mit intellektuell stimulierenden Reizen (z. B. Produktinformationen, Rätsel) einhergehen (z. B. Verstehen, Lernen, Problemlösen, Urteilen). Dienen diese Prozesse einem höheren Zweck, wie dem Erwerb von beruflich relevantem Wissen bzw. Fähigkeiten oder dem Erlernen einer Sportart zur Stärkung der eigenen Fitness, so entsteht daraus ökonomischer Wert. Erfolgt der Konsum hingegen aus intrinsischen Gründen, zum Beispiel weil die intellektuelle Auseinandersetzung mit einem Problem Vergnügen bereitet (vgl. Drengner/Jahn 2012, S. 232f.), führt dies zu hedonistischem Wert.

Die **symbolische Erlebniskomponente** betrifft Reaktionen in der Psyche einer Person, die aus der symbolischen Bedeutung des Prozesses der Wertschaffung resultieren. Die Komponente basiert auf der Erkenntnis, dass Menschen durch Konsumhandlungen – wie dem Besuch einer Veranstaltung – ihr Fremd- und Selbstbild beeinflussen können (vgl. McCracken 1986; Solomon 1983). Ein solches „Identitätsmanagement" (Allen/Fournier/Miller, 2008, S. 797) resultiert zunächst in sozialem Wert, beispielsweise wenn ein Konsument bei einer Sportveranstaltung an seine Leistungsgrenzen geht und ihn dies mit Stolz erfüllt. Dies wiederum stärkt nicht nur sein Selbstbild, sondern auch sein Image im sozialen Umfeld als „leistungsstarker Sportler". Ist eine Gruppe von Konsumenten durch eine Veranstaltung betroffen, kann sich dies auch auf den gruppenstärkenden Wert auswirken. Dies war beispielsweise beim Gewinn der Fußball WM 2014 durch das deutsche Fußballteam der Fall, den Teile der deutschen Bevölkerung auch als „ihren" Sieg feierten („Wir sind Weltmeister").

Die **relationale Erlebniskomponente** betrifft die während der Wertschaffung ausgelösten psychischen Reaktionen, die sich aus den individuellen Kontakten einer Person mit anderen Menschen ergeben. Empfindet sie den Prozess des sozialen Austauschs (z. B. Interaktionen mit Freunden auf einem Festival) als intrinsisch belohnend, entsteht für sie hedonistischer Wert. Verfolgt sie hingegen einen höheren Zweck, wie etwa den Ausbau des eigenen beruflichen Netzwerkes auf einer Tagung, dann führt das relationale Erlebnis zu ökonomischen Wert.

Die **transzendente Erlebniskomponente** kennzeichnet eine im Rahmen der Value Co-Creation stattfindende, als angenehm empfundene, temporäre Entkopplung des Individuums von Zeit und Alltag. Konzeptualisiert wird dieses Phänomen in verschiedenen Wissenschaftsdisziplinen anhand von Konstrukten, wie dem Flow-Erleben (vgl. Csikszentmihalyi 1975), der Peak-Experience bzw. -Performance (vgl. Privette 1983), dem Engrossment (vgl. Mainemelis 2001) oder der Transportation (vgl. Green/Brock 2000). Gemeinsam ist diesen Konzepten, dass Menschen das damit beschriebene Erlebnis als intrinsisch belohnend empfinden (hedonistischer Wert). Insbesondere das Auftreten von Flow konnten mehrere Studien im Veranstaltungskontext bereits nachweisen (vgl. Jahn/Drengner 2012; Gaus/Müller 2012; Drengner/Gaus/Jahn 2008; McGinnis/Gentry/Gao 2008; Schouten/McAlexander/Koenig 2007).

Bedeutung von Erlebnissen im Prozess der Value Co-Creation bei Veranstaltungen 45

Da immer mehrere Personen eine Veranstaltung konsumieren, lassen sich Veranstaltungen als soziale Systeme auffassen (vgl. Schlesinger 2008, S. 28ff.). Aufgrund der zwischen den Konsumenten stattfindenden Interaktionen und Kommunikationsprozessen können in diesen Systemen kollektive Emotionen entstehen (vgl. Stieler/Germelmann 2016; Lohmann/Pyka/Zanger 2015; Drengner/Jahn 2012, S. 234; Schlesinger 2008, S. 87). Dabei bleibt das einzelne Individuum weiterhin der „Träger" der Emotionen, jedoch erlebt es gemeinsam mit den anderen Veranstaltungsbesuchern ähnliche affektive Zustände und äußert diese in übereinstimmenden Ausdrucks- und Verhaltensweisen (z. B. Gesänge, La-Ola-Wellen). Bei besonders starker Ausprägung beeinflussen diese Vorgänge die Atmosphäre der Veranstaltung, wie es beispielsweise häufig bei Sportveranstaltungen der Fall ist (vgl. Uhrich/Benkenstein 2010). Diese Phänomene werden mit der **kollektiv-emotionalen Erlebniskomponente** abgebildet. Im Sinne einer Kombination aus emotionaler und relationaler Komponente umfasst diese Komponente die durch den Wertschaffungsprozess ausgelösten, sozial geteilten affektiven Reaktionen, die auf gemeinsamen (zumeist rituellen) Handlungen mit anderen Veranstaltungsteilnehmern basieren. Kollektiv-emotional geprägte Erlebnisse können in sozial-interaktivem Wert resultieren (vgl. Jahn 2013, S. 115f.).

Zusammenfassend ist darauf hinzuweisen, dass zwischen den Erlebniskomponenten vielfältige Interdependenzen bestehen. Insbesondere die emotionale Komponente wird von den anderen o.g. Komponenten beeinflusst (vgl. Drengner 2014, S. 123f.; Drengner/Jahn 2012, S. 238ff.). So können sensorisch oder relational geprägte Erlebnisse sowohl positive als auch negative Emotionen nach sich ziehen (z. B. Freude über eine visuell ansprechende Bühnengestaltung; Angst aufgrund aggressiven Verhaltens anderer Veranstaltungsbesucher). Gleiches gilt für transzendente Erlebnisse, wie das Flow-Erleben, welches mit positiven affektiven Reaktionen einhergeht (vgl. Wu/Liang 2011; Drengner/Gaus/Jahn 2008). Aus der Konsumentenperspektive tritt ein Erlebnis deshalb als **holistisches Phänomen** auf, welches eine oder mehrere der o. g. Komponenten umfasst. Weiterhin sind Erlebnisse gemäß der hier vorgestellten Konzeptualisierung nicht ausschließlich als beeindruckendes, die Alltagsroutinen durchbrechendes, lange in Erinnerung bleibendes Geschehen zu verstehen, wie es in der Alltagssprache häufig geschieht (vgl. Mayer-Vorfelder 2011, S. 16) (vgl. hierzu auch die Argumentation von Carù/Cova 2003). Vielmehr treten sie bei **jedweden Wertschaffungsprozess** auf (vgl. Helkkula/Kelleher/Philström 2012a; Sandström et al. 2008; Gentile/Spiller/Noci 2007; Holbrook 1994, S. 37f.) und können somit sowohl als gewöhnlich als auch als außergewöhnlich empfunden werden. Weiterhin verdeutlichen die Ausführungen zu den Erlebniskomponenten, dass Erlebnisse nicht nur für die intrinsischen Werttypen relevant sind, sondern vielmehr auch die Entstehung extrinsischer Werttypen prägen.

3 Ressourcen und Erlebnisse

Die im Rahmen der Value Co-Creation auftretenden Erlebnisse und der daraus resultierende Wert hängen davon ab, welche Ressourcen ein Konsument in seinen Wertschaffungsprozess integriert bzw. einbindet (vgl. Vargo/Maglio/Akaka 2008). Als **Ressourcen** gelten sämtliche Entitäten, über die eine Person zur Sicherung ihrer Existenz und/oder Verbesserung ihrer Lebenssituation verfügt (vgl. Lusch/Vargo 2014, S. 121), wobei sich kommerzielle, öffentliche und individuelle Ressourcen unterscheiden lassen (vgl. Lusch/Vargo 2014, S. 127f.).

Kommerzielle Ressourcen umfassen die von Unternehmen auf Märkten angebotenen Leistungen. Im Veranstaltungskontext gilt dabei, dass Veranstaltungen zumeist eine bestimmte Kernleistung (z. B. Vermittlung von Wissen durch Fachvorträge auf einem Kongress) mit einer Vielzahl von Nebenleistungen (z. B. Infrastruktur der Veranstaltungsstätte, Catering) kombinieren. Aus der Konsumentenperspektive handelt es sich bei einer Veranstaltung somit um ein Bündel von kommerziellen Ressourcen, die der einzelne Besucher in seine Wertschaffung integrieren kann. Durch die bewusste Gestaltung dieses Ressourcenbündels beeinflusst der Veranstalter, welche Erlebnisse bei der Zielgruppe auftreten und welchen Wert sie aus ihrem Veranstaltungsbesuch generiert. Darüber hinaus können auch solche kommerziellen Ressourcen das Erleben von Veranstaltungsbesuchern prägen, die Unternehmen (z. B. Hotels, Verkehrsdienstleister) im mittelbaren Umfeld einer Veranstaltung anbieten (vgl. Tab. 2).

Tab. 2: Ressourcenausstattung am Beispiel eines Musikfestivals

kommerzielle Ressourcen	öffentliche Ressourcen	individuelle Ressourcen
Bühnenprogramm Infrastruktur der Veranstaltungsstätte (z. B. Toiletten, Sitzgelegenheiten, WLAN, Parkplätze) Catering digitale Angebote (z. B. Veranstaltungs-App) Sicherheit durch private Sicherheitsdienste kommerzielle Angebote im Umfeld der Veranstaltung (z. B. Tankstellen, Hotels) etc.	Verkehrsinfrastruktur (z. B. Zufahrtsstraßen) rechtliche Regelungen Sicherheit durch Polizeikontrollen Kulisse aufgrund der natürlichen Gegebenheit der Veranstaltungsdestination (z. B. See, Wald, Bergpanorama) etc.	materielle Ressourcen: finanzielle Mittel, Smartphone, Bekleidung, Campingausrüstung etc. psychische und physische Ressourcen (z. B. persönliche Konstitution) kulturelles Kapital: Kenntnis der Texte der auftretenden Künstler („Textsicherheit"), Wissen über festivalspezifische Rituale und Regeln, Kenntnis des Veranstaltungsgeländes etc. soziales Kapital: soziale Kontakte zu Freunden und anderen Fans etc.

Quelle: eigene Erstellung

Öffentliche Ressourcen umfassen alle Leistungen, die der öffentliche Sektor bereitstellt, wie Rechtswesen, Verwaltung, Sicherheit (z. B. Polizei, Feuerwehr), Verkehrsnetze oder Bildung (z. B. Schulen, Universitäten). Zu den im Veranstaltungskontext relevanten öffentlichen Ressourcen gehören nicht nur materielle Leistungen, wie die zur Anreise genutzten Straßen, sondern auch die durch Behörden erlassenen Vorschriften (z. B. Musterversammlungsstättenverordnung, Technische Anleitung zum Schutz gegen Lärm), die einen sicheren Ablauf der Veranstaltung garantieren sollen (vgl. Tab. 2). Diese Regelungen "materialisieren" sich beispielsweise in der Anwesenheit von Sicherheitspersonal und Polizei vor Ort oder in bestimmten baulichen Maßnahmen auf dem Veranstaltungsgelände (z. B. Rettungswege). In Abhängigkeit von der Art der Veranstaltung können weitere öffentliche Ressourcen, beispielsweise in Form von Veranstaltungssubventionen oder infrastrukturellen Investitionen (z. B. in Veranstaltungsstätten, Straßen, Parkplätze), die Wertschaffung der Konsumenten beeinflussen. Schließlich fallen solche Güter in die Kategorie der öffentlichen Ressourcen, die in der natürlichen Umwelt (noch) in „unerschöpflicher" Menge vorhanden sind (sog. freie Güter; vgl. Piekenbrock/Henning 2013, S. 13). Dies gilt beispielsweise für die Luft zum Atmen oder für den Anblick einer pittoresken Landschaft, welche als Kulisse für eine Veranstaltung dient.

Individuelle Ressourcen beziehen sich schließlich auf die materiellen und immateriellen Ressourcen, über die ein Mensch auf privater Ebene verfügt (vgl. Tab. 2). Zu den **individuellen materiellen Ressourcen** zählen Objekte, die eine Person in Austauschprozessen mit anderen Akteuren erworben hat, wie beispielsweise durch Kaufhandlungen erworbene Produkte (im Sinne „internalisierter" kommerzieller Ressourcen) oder mittels Arbeit generierte finanzielle Mittel (Lohn). Auch materielle Geschenke, geerbte Besitztümer, selbst erstellte Dinge (z. B. durch Heimwerken) oder Fundsachen gehören in diese Kategorie. Im Veranstaltungskontext sind hierbei vor allem solche Objekte von Interesse, welche die Wertschaffung der Besucher unmittelbar prägen, wie beispielsweise Smartphones (z. B. als Informations- und Kommunikationsmedium während der Veranstaltung), Bekleidung (z. B. Regenbekleidung bei Open Air-Veranstaltungen) oder Sportgeräte (z. B. bei einem Mountainbiking-Event).

Die **individuellen immateriellen Ressourcen** umfassen die psychischen und physischen Fähigkeiten und Fertigkeiten einer Person (z. B. Intelligenz, Geschicklichkeit, körperliche Konstitution) sowie ihr kulturelles und soziales Kapital (vgl. Drengner 2016, S. 107ff.; Arnould/Price/Malshe 2006). Das kulturelle Kapital beschreibt die auf Lern- und Erfahrungsprozessen beruhende individuelle Akkumulation von Kultur in Form der Bildung eines Menschen (vgl. Bourdieu 1983, S. 187). Das soziale Kapital betrifft hingegen Ressourcen, „die mit dem Besitz eines dauerhaften Netzes von mehr oder weniger institutionalisierten Beziehungen gegenseitigen Kennens oder Anerkennens verbunden sind" (Bourdieu 1983, S. 191). Erkenntnisse der Marketingtheorie (vgl. Akaka/Vargo/Schau 2015; Holttinen 2010, S. 97f.; Arnould/Price/Malshe 2006) sowie empirische Studien (vgl. für einen Überblick Arnould/Thompson 2005) belegen, dass die individuellen Ausprägungen dieser Ressourcen das Konsumerleben und den daraus resultierenden Wert beeinflussen. Wie folgende Beispiele zeigen, gilt das auch für Veranstaltungen:

- Bei Bildungsveranstaltungen (z. B. Kongressen, Tagungen) hängen die kompetenzbezogenen Erlebnisse (z. B. Verstehen, Lernen) vom Vorwissen des Veranstaltungsbesuchers bezüglich des Veranstaltungsthemas ab.

- Gleiches gilt für Veranstaltungen, deren Wert aus ästhetischen Reizen erwächst (z. B. Gourmet-Festival, Ballettaufführung). Hier prägt das kulturelle Kapital der Besucher – z. B. in Form kulinarischer Erfahrungen – das Erleben auf sensorischer Ebene.

- Kollektiv-emotional geprägte Erlebnisse, wie sie etwa bei Zuschauern von Festivals oder Sportveranstaltungen auftreten, entstehen unter anderem durch das gemeinsame Ausüben von veranstaltungsspezifischen Ritualen. Dies setzt entsprechendes kulturelles Kapital (z. B. Kenntnis der Rituale, Textsicherheit bei Fangesängen) sowie soziales Kapital (Kontakte zu gleichgesinnten Konsumenten) voraus.

Die Beispiele verdeutlichen, dass zwischen den in Tabelle 2 aufgeführten Ressourcen **Interdependenzen** bestehen. So beeinflussen die individuellen immateriellen Ressourcen einerseits, in welchem Umfang und in welcher Qualität eine Person aus der Nutzung einer kommerziellen Ressource (z. B. Veranstaltung) für sich Wert generiert. Andererseits baut das Individuum aufgrund von Lernprozessen bei der Nutzung der kommerziellen Ressource neue individuelle immaterielle Ressourcen auf (z. B. Erwerb von Kenntnissen über veranstaltungsspezifische Rituale, Knüpfen von Kontakten zu anderen Konsumenten).

Schließlich lassen sich Ressourcen nicht per se als kommerziell, öffentlich oder individuell kennzeichnen (vgl. Lusch/Vargo 2014, S. 127f.). Vielmehr hängt ihre Einordnung in eine dieser drei Kategorien vom jeweiligen **Kontext** ab. So können beispielsweise Veranstalter zur Gewährleistung der Veranstaltungssicherheit sowohl auf die Polizei (öffentliche Ressource) als auch auf private Sicherheitsdienstleister (kommerzielle Ressource) zurückgreifen.

4 Praktiken und Erlebnisse

Indem eine Person im Rahmen ihrer Wertschaffung nicht nur auf ihre individuellen Ressourcen, sondern auch auf Ressourcen externer Akteure (Unternehmen, öffentlicher Sektor, andere Konsumenten) zurückgreift, übt sie die Rolle eines „**Ressourcenintegrators**" bzw. des „Co-Creators of Value" (vgl. Vargo/Lusch 2008) aus. Ein besseres Verständnis für die im Rahmen der Ressourcenintegration ablaufenden Prozesse lässt sich mit Hilfe des Konzeptes der Praktik gewinnen (vgl. McColl-Kenedy et al. 2012; Holttinen 2010; Korkman/Storbacka/Harald 2010).

Das Konzept basiert auf der Idee, dass sich die kontinuierlich aufeinanderfolgenden Aktivitäten eines Menschen aufgrund der zwischen ihnen bestehenden Interdependenzen zu einer Entität zusammenfassen lassen. Diese Entität wird als Praktik bezeichnet. So konstituieren beispielsweise Aktivitäten, wie das Aufsteigen auf ein Fahrrad, das Treten in die Pedale, das Lenken des Rades etc. die Praktik des Radfahrens. Formal beschreibt eine **Praktik** das Muster einer a) routinisiert ablaufenden, b) auf praktischem Wissen basierenden Handlung, c) die sowohl körperliche als auch mentale Aktivitäten umfasst und d) die durch Objekte sowie deren Nutzung geprägt wird (vgl. Wulf 2009, S. 213; Reckwitz 2002, S. 249):

a) Praktiken als routinisierte Handlungen

Nicht jedes menschliche Tun ist schon eine Praktik. Erst durch regelmäßiges Ausführen gleicher Aktivitäten durch mehrere Personen verdichten sich diese zu einem kollektiven Handlungsmuster. Praktiken besitzen somit sozialen Charakter. Das Soziale besteht dabei „...in der – durch ein kollektiv inkorporiertes praktisches Wissen ermöglichten – Repetitivität gleichartiger Aktivitäten über zeitliche und räumliche Grenzen hinweg" (Reckwitz 2003, S. 292). Eine Folge von Aktivitäten wird somit zur Praktik „X" (z. B. Radfahren), wenn diese Aktivitäten durch größere Gruppen von Menschen als „X" versteh- und identifizierbar sind.

b) Praktiken als wissensbasierte Tätigkeiten

Praktiken beruhen auf dem praktischen Wissen einer Person. Dieses Know-How umfasst die drei folgenden Elemente, welche die zu einer Praktik gehörenden Aktivitäten strukturieren und organisieren (vgl. Warde 2005; Reckwitz 2003, S. 292; Schatzki 2001, S. 59ff.):

- Das **praktische Verständnis** eines Menschen beschreibt dessen Sinn dafür, wie man eine Reihe von Aktivitäten im Rahmen der Praktik kompetent hervorbringt. Hierbei handelt es sich um implizites, durch Erfahrung erworbenes Wissen (z. B. Wissen, wie man auf einem Fahrrad das Gleichgewicht hält)[2].

- **Regeln** betreffen die expliziten Prinzipien, Richtlinien, Vorschriften, Gebote, Gesetze und Rechtsverordnungen, „Daumenregeln" etc., die es bei der Ausführung der Praktik einzuhalten gilt (z. B. die Straßenverkehrsordnung beim Radfahren).

---

2 Im Gegensatz zu expliziten Wissen, lässt sich implizites Wissen nur schwer verbalisieren und an andere Personen vermitteln.

- Das **motivational-emotionale Wissen** (vgl. Reckwitz 2003, S. 292) bzw. die teleo-affektive Struktur (vgl. Schatzki 2001, S. 60) gibt der Praktik aus Sicht des Individuums einen tieferen Sinn. Es umfasst implizite Ideen darüber, für was die Praktik gut ist bzw. welchem Zweck sie dient (z. B. Radfahren als Praktik zur Stärkung der Gesundheit oder zur schnellen Überwindung kürzerer Distanzen), welche Probleme mit ihrer Ausführung einhergehen (z. B. Verletzungsgefahren durch Unfälle) oder welche Emotionen sie (typischerweise) auslöst (z. B. Freude an einem Radausflug mit der Familie). Damit beschreibt diese Komponente das Wissen einer Person über die Erlebnisse und Werttypen, die aus der Durchführung einer bestimmten Praktik resultieren können.

c) Praktiken als körperliche und mentale Aktivitäten

Praktiken sind als ‚gekonnte' Bewegungen und Aktivitäten des Körpers zu verstehen. Dies schließt motorisch geprägte Aktivitäten (z. B. Gehen, Springen, Greifen), intellektuelle Aktivitäten (z. B. Reden, Lesen, Schreiben) sowie nicht unmittelbar sichtbare mentale Aktivitäten, wie die für die jeweilige Praktik typischen Muster des Fühlens oder Denkens, ein (vgl. Reckwitz 2003, S. 290; Reckwitz 2002, S. 251).

d) Integration von Objekten

Ein Großteil menschlicher Praktiken entsteht im Umgang mit materiellen Objekten, wobei sich diese in i) Menschen, ii) Artefakte (z. B. Produkte), iii) andere Organismen (z. B. Pflanzen, Tiere) sowie iv) Dinge (z. B. unbelebte natürliche Gegebenheiten, wie Berge, Flussläufe, Steine) unterteilen lassen (vgl. Schatzki 2005, S. 472; Reckwitz 2003, S. 290f.). So umfasst die Praktik des Radfahrens verschiedene Artefakte, wie die dafür notwendige Ausrüstung (z. B. Fahrrad, Bekleidung) oder die dabei genutzte Infrastruktur (z. B. Straßen, Wege), bestehende natürliche Gegebenheiten (z. B. Berge) sowie Personen (z. B. Familie, Freunde), mit denen der Einzelne die Praktik eventuell gemeinsam ausübt. Letzteres verdeutlicht, dass Praktiken sowohl auf individueller Ebene als auch im Rahmen von Interaktionen mit anderen Konsumenten auftreten können.

Die in den Punkten b) bis d) genannten Elemente zur Definition des Konzeptes der Praktik lassen sich als **Ressourcen** einer Person auffassen. So gehören das praktische Verständnis eines Menschen, seine Kenntnisse über zu beachtende Regeln, sein motivational-emotionales Wissen, sein Körper, seine sozialen Kontakte zu anderen Personen sowie seine persönlichen materiellen Entitäten (z. B. in Form von Besitztümern) zu den individuellen Ressourcen. Die von anderen Akteuren (z. B. Unternehmen, Öffentlichkeit) zumeist gegen Entgelt für die erfolgreiche Durchführung einer Praktik zur Verfügung gestellten materiellen Objekte lassen sich hingegen den kommerziellen bzw. öffentlichen Ressourcen zuordnen. Zusammenfassend beschreiben Praktiken somit die konkreten Aktivitäten und Interaktionen im Rahmen der Value Co-Creation bzw. Wertschaffung, mit deren Hilfe eine Person die ihr verfügbaren Ressourcen miteinander verknüpft, um daraus die von ihr gewünschten Erlebnisse und Wert zu generieren (vgl. McColl-Kenedy et al. 2012; Holttinen 2010; Korkman/Storbacka/Harald 2010).

Praktiken können sich gegenseitig ergänzen (z. B. Praktik des Einkaufens als Voraussetzung für die Praktik des Kochens), ersetzen (z. B. Praktik des Autofahrens als Ersatz zur Praktik des Radfahrens) sowie zu **thematischen Clustern zusammengefasst** werden (vgl. Røpke 2009, S. 2492). Letzteres verdeutlichen empirische Studien, indem sie für verschiedene Kontexte (z. B. Einkaufen, Sportkonsum, Engagement in Brand Communities) belegen, dass Konsumvorgänge zumeist aus mehreren Praktiken bestehen (vgl. z. B. Dalichau 2016; Uhrich 2014; McColl-Kenedy et al. 2012; Korkman/Storbacka/Harald 2010; Schau/Muniz/Arnould 2009). Dies gilt auch für den Besuch bzw. die Teilnahme an Veranstaltungen. Für diesen Kontext identifiziert Holt (1995) am Beispiel eines Baseballspiels eine Vielzahl von Praktiken, von denen einige im Folgenden beispielhaft vorgestellt werden:

- Die Praktik des **Anerkennens** (Appreciating) umfasst die positiv sowie negativ konnotierten emotionalen Verhaltensreaktionen eines Konsumenten. Bei einer Sportveranstaltung zählen hierzu beispielsweise seine anerkennenden Worte über besondere Leistungen der Sportler, ironische Kommentare zu Ereignissen auf dem Spielfeld oder Wutausbrüche aufgrund vermeintlicher Fehlentscheidungen von Schiedsrichtern.

- Die Praktik des **Assimilierens** (Assimilating) betrifft Aktivitäten, mit deren Hilfe sich Veranstaltungsbesucher in das soziale System einer Veranstaltung integrieren. Dies geschieht zum Beispiel indem sie veranstaltungstypische Formen und Regeln der Interaktion und Kommunikation verinnerlichen und ausführen. Hierzu zählen unter anderem das

Tragen bestimmter Bekleidung während der Veranstaltung (z. B. Kutten von Fußballfans, Kostüme im Karneval) oder die Beteiligung an veranstaltungsspezifischen Ritualen.

- Das Ausüben von Ritualen ist darüber hinaus eng mit der Praktik des **kollektiven Kommunizierens** (Communing) verknüpft, welche sich auf die kollektiv-emotionalen Interaktionen zwischen den Besuchern bezieht. Bei Sportveranstaltungen gehören zu dieser Praktik das gemeinsame Singen von Hymnen, das gemeinschaftliche Hochreißen der Arme zum Jubeln oder Umarmungen zwischen Zuschauern nach dem Sieg der eigenen Mannschaft. Ein weiteres Beispiel für Aktivitäten des kollektiven Kommunizierens ist das auf Rockfestivals praktizierte Ritual des „Helga!-Rufes", bei dem die Festivalbesucher plötzlich laut nach einer fiktiven Person namens „Helga!" rufen und andere Besucher in die Rufe einstimmen (vgl. Uschmann 2012)[3].

- Während die Praktik des kollektiven Kommunizierens auf die gemeinschaftlichen, eher rituellen Interaktionen zwischen mehreren Konsumenten abstellt, betrifft die Praktik des **Sozialisierens** (Socializing) den wechselseitigen Austausch zwischen einzelnen Personen. Hierzu zählen bei einer Sportveranstaltung beispielsweise Gespräche über die Ereignisse auf dem Spielfeld oder bei einem Kongress die fachspezifischen Diskussionen zwischen Kongressteilnehmern.

- Die Praktik des **Klassifizierens** umfasst Aktivitäten, mit denen sich Personen gegenüber Dritten positionieren. Hierzu gehören bei Sportveranstaltungen vereinstypische Rituale oder das Tragen von Fanbekleidung als Symbol der Abgrenzung von anderen Besuchern. Darüber hinaus besitzt die Teilnahme an Veranstaltungen per se das Potential, sich von anderen Konsumenten zu differenzieren. Insbesondere moderne Kommunikationstechnologien (z. B. Smartphones, soziale Netzwerke) bieten dem Einzelnen mittlerweile vielfältige Möglichkeiten, andere

---

3 Dieses Ritual ist mittlerweile so populär, dass Unternehmen es für kommerzielle Zwecke nutzen: z. B. „Helgaa" als Markenname für einen Versandhändler für Festivalbedarf (https://www.helgaafestival.de/); „Der Helga!®" als Festival-Award (http://www.festivalguide.de/storys/so-war-der-helga-2016)

Menschen permanent über die eigenen Erlebnisse auf einer Veranstaltung auf dem Laufenden zu halten und so entsprechende Reaktionen zu generieren (z. B. in Form von Likes und Kommentaren).

Die durch das Konzept der Praktik beschriebenen Aktivitäten und Interaktionen einer Person bilden einen **Teil ihres Konsumerlebnisses** (vgl. Helkkula/Kelleher/Philström 2012b, S. 563). So lässt sich bezüglich des Assimilierens, des kollektiven Kommunizierens oder des Sozialisierens vermuten, dass diese Praktiken vor allem das Erleben bezüglich der relationalen, der transzendenten, der emotionalen sowie der kollektiv-emotionalen Erlebniskomponente prägen. Die Praktik des Klassifizierens scheint hingegen vor allem dazu geeignet, Erlebnisse symbolischer Natur zu generieren.

Die bisherigen Ausführungen zusammenfassend, verknüpfen Konsumenten mittels der von ihnen im Kontext der Veranstaltung durchgeführten Praktiken ihre individuellen Ressourcen mit Ressourcen, die verschiedene Akteure (z. B. Veranstalter, andere Veranstaltungsbesucher, Caterer, Hotels, Verkehrsdienstleister) während und im Umfeld der Veranstaltung zur Verfügung stellen. Diese Ressourcenintegration führt zu psychischen Reaktionen seitens der Konsumenten, die sich anhand von Erlebniskomponenten inhaltlich beschreiben lassen. Aus der Bewertung dieser Erlebnisse resultiert schließlich der Wert, den der Veranstaltungsbesuch stiftet.

5 Handlungsempfehlungen

Aus der Perspektive sowohl des Veranstalters als auch des Veranstaltungsbesuchers lassen sich Veranstaltungen als **Plattformen zur Wertgenerierung** auffassen. Für Veranstalter entsteht dann Wert, wenn sie ihre Ziele (z. B. Gewinn, Kommunikationsziele) erreichen. Diese Zielerreichung hängt dabei wesentlich davon ab, inwieweit bei den Veranstaltungsbesuchern positiv bewertete Konsumerlebnisse auftreten, die wiederum zur Besserstellung in Form ex- oder intrinsischen Werts führen. Empfinden die Konsumenten ihre Erlebnisse als wertstiftend, so resultiert daraus beispielsweise Zufriedenheit, welche sich auf verschiedene, für den Veranstalter erfolgsrelevante Konzepte auswirken kann. Beispiele hierfür sind eine verstärkte Kundenbindung und Weiterempfehlungsbereitschaft, eine höhere Zahlungsbereitschaft für zukünftige Veranstaltungen oder im Fall von Marketing-Events positive Kommunikationswirkungen hinsichtlich der im Mittelpunkt der Veranstaltung stehenden Marke (z. B. Imagetransfer, Aufbau von Vertrauen).

Um die Veranstaltungsbesucher möglichst optimal bei ihrer Value Co-Creation zu unterstützen und somit die gesetzten Veranstaltungsziele zu erreichen, sollten Veranstalter entsprechendes **Wissen** über die im Rahmen der Wertschaffung ablaufenden Prozesse aufbauen. Dies betrifft insbesondere Kenntnisse über a) die der Zielgruppe zur Verfügung stehenden Ressourcen, b) die zielgruppentypischen veranstaltungsbezogenen Praktiken, c) die für die Zielgruppe relevanten Erlebniskomponenten sowie d) die daraus resultierenden Werttypen. Generieren lässt sich dieses Wissen mittels **Marktforschung**. Dies kann zunächst durch die Auswertung von Sekundärstudien geschehen, wobei insbesondere Lebensstilanalysen (z. B. Sinus- oder Sigma-Milieus) Einblicke in die Ressourcenausstattung von Konsumenten geben. Darüber hinaus bietet es sich an, selbständig Daten bei den Zielgruppen zu erheben. Aufgrund der Komplexität und des phänomenologischen Charakters der im Rahmen der Value Co-Creation ablaufenden Prozesse sollten dabei vor allem qualitative Methoden zum Einsatz kommen, wie zum Beispiel teilnehmende Beobachtungen, Gruppendiskussionen oder narrative Interviews (vgl. Price/Wrigley/Straker 2015; Thompson/Locander/Pollio 1989).

Die so gewonnenen Informationen können helfen, **Potentiale zur Verbesserung der Wertschaffungsprozesse** aufzudecken. Kennt der Veranstalter beispielsweise die typischen veranstaltungsbezogenen Praktiken seiner Zielgruppe einschließlich der dabei integrierten Ressourcen, so kann er durch zusätzliche Ressourcen die bestehenden Praktiken gezielter unterstützen. Vielfältige Möglichkeiten bieten hierzu gegenwärtig vor allem moderne Informations- und Kommunikationstechnologien (vgl. Lusch/Vargo 2014, S. 141f.). So lassen sich mit Software-Apps verschiedene veranstaltungsbezogene Informationen (z. B. über die Veranstaltungsstätte, das Programm, veranstaltungsspezifische Rituale) ortsgebunden, zeitnah und bedarfsabhängig an Veranstaltungsbesucher vermitteln. Der daraus resultierende schnellere Zugang zu Informationen ermöglicht den Konsumenten eine effizientere Wertschaffung im Rahmen der Veranstaltung. Weiterhin können die o. g. Systematisierungen von Werttypen und Erlebniskomponenten als Suchfelder für zusätzliche Wertschaffungs- bzw. Erlebnispotentiale fungieren. So zielen zum Beispiel bildungsorientierte Veranstaltungen, wie Tagungen, Kongresse oder firmeninterne Weiterbildungsveranstaltungen, hauptsächlich auf kompetenzorientierte Erlebnisse bzw. auf ökonomischen Wert. In diesen Fällen können Unternehmen durch neue Ressourcen – zum Beispiel in Form neuer Technologien (z. B. Virtual Reality-Brillen) oder innovativer Ansätze der Informationsvermittlung (z. B. Gamification) – die Konsumerlebnisse ihrer Zielgruppe um weitere

Erlebniskomponenten erweitern (z. B. um die transzendente Erlebniskomponente aufgrund von Flow-Erlebnissen in virtuellen Räumen; um relationale und emotionale Erlebniskomponente durch interaktive Spiele) und somit zusätzlichen Wert generieren (z. B. hedonistischer Wert).

Letztlich sollten Veranstalter beachten, dass nicht nur die von ihnen zur Verfügung gestellten Ressourcen für die Wertschaffung eines Konsumenten relevant sind, sondern auch die Ressourcen bzw. das Verhalten weiterer Akteure. Hierzu gehören vor allem die anderen Besucher der Veranstaltung, die durch ihre Praktiken einerseits die Wertschaffung des Einzelnen fördern (z. B. durch kollektives Kommunizieren oder durch Sozialisieren) sowie anderseits aber auch eine **Wertzerstörung** (vgl. Crowther/Donlan 2011, S. 1450; Plé/Cáceres 2010) anstoßen können. Letzteres tritt beispielsweise bei Verhaltensweisen auf, welche die Veranstaltungssicherheit gefährden (z. B. aggressives Verhalten, Abbrennen von Feuerwerkskörpern). In diesen Fällen gilt es entsprechende Maßnahmen zu ergreifen, die das Ausüben solcher Praktiken erschweren bzw. verhindern. Gemeinsame Praktiken die sich hingegen positiv auf die Wertschaffung auswirken, sind entsprechend zu unterstützen (vgl. Stieler/Germelmann 2016, S. 403f.; Drengner/Jahn/Gaus 2012, S. 72f.).

6 Zusammenfassung

Das Ziel dieses Beitrages bestand darin, den bisherigen Stand der Eventforschung zum Erlebnis-Konzept um Erkenntnisse der Service-Dominant Logic zu erweitern. Es wurde dargestellt, dass sich das Erlebnis-Konzept nicht nur zur Analyse hedonistisch geprägter und damit auf die Generierung intrinsischen Werts abzielender Veranstaltungen eignet. Vielmehr handelt es sich um ein zentrales Konzept, um die Wertschaffung von Besuchern **jedweder Veranstaltung** besser verstehen und erklären zu können.

Durch die Berücksichtigung von Ressourcen und Praktiken wurde außerdem erörtert, **wie** Erlebnisse entstehen. So lenkt das Konzept der Ressourcen die Aufmerksamkeit darauf, welche Leistungsbestandteile von Veranstaltungen die Erlebnisse von Konsumenten beeinflussen. Das Konzept der Praktik verdeutlicht hingegen, anhand welcher Aktivitäten und Interaktionen Veranstaltungsbesucher aus den ihnen zur Verfügung stehenden Ressourcen Erlebnisse und Wert generieren. Veranstalter können dieses Wissen nutzen, um das von ihnen im Rahmen einer Veranstaltung angebotene Bündel an Ressourcen zu optimieren sowie ihren Zielgruppen eventuell zusätzliche Ressourcen für deren Value Co-Creation zur Verfügung zu stellen.

Zukünftiger **Forschungsbedarf** besteht hauptsächlich in der konzeptionellen Weiterentwicklung und der empirischen Analyse der in diesem Beitrag diskutierten Phänomene sowie der zwischen ihnen auftretenden Interdependenzen. Ähnlich der Unterscheidung verschiedener Werttypen und Erlebniskomponenten erscheint es sinnvoll, entsprechende Systematisierungen für veranstaltungsrelevante Ressourcen und Praktiken (in Erweiterung der Erkenntnisse von Holt 1995) zu entwickeln und diese anhand von Daten zu prüfen. Darauf aufbauend sollten zukünftige Studien die hier zumeist beispielhaft postulierten Zusammenhänge zwischen Ressourcen, Praktiken, Erlebniskomponenten und Werttypen ausführlicher analysieren, theoretisch fundieren sowie empirisch validieren. Gelingt es, stabile Zusammenhänge zwischen diesen Konzepten aufzudecken, so lassen sich daraus entsprechende Handlungsempfehlungen für die Veranstaltungspraxis ableiten.

Literaturverzeichnis

AKAKA, M. A.; VARGO, S. L.; SCHAU, H. J. (2015): The Context of Experience, in: Journal of Service Management, Vol. 26, 2015, No. 2, pp. 206-223.

ALLEN, C. T.; FOURNIER, S.; MILLER, F. (2008): Brands and Their Meaning Makers, in: Haugtvedt, C.; Herr, P.; Kardes, F. (Eds..): Handbook of Consumer Psychology, New York 2008, pp. 781-822.

ARNOULD, E. J.; PRICE, L. L.; MALSHE, A. (2006): Toward A Cultural Resource-Based Theory of the Customer, in: Lusch, R.; Vargo, S. (Eds.): The Service-Dominant Logic of Marketing: Dialog, Debate, and Directions, Armonk 2006, pp. 91-104.

ARNOULD, E. J.; THOMPSON, C. J. (2005): Consumer Culture Theory (CCT): Twenty Years of Research, in: Journal of Consumer Research, Vol. 31, 2005, No. 4, pp. 868-882.

BOURDIEU, P. (1983): Ökonomisches Kapital, kulturelles Kapital, soziales Kapital, in: Kreckel, R. (Hrsg.): Soziale Ungleichheiten, Göttingen 1983, S. 183-198.

BRUHN, M.; HADWICH, K. (2012): Customer Experience – Eine Einführung in die theoretischen und praktischen Problemstellungen, in: Bruhn, M.; Hadwich, K. (Hrsg.): Customer Experience: Forum Dienstleistungsmanagement, Wiesbaden 2012, S. 3-36.

CARÙ, A.; COVA, B. (2003): Revisiting Consumption Experience - A More Humble But Complete View of the Concept, in: Marketing Theory, Vol. 3, 2003, No. 2, pp. 267-286.

CROWTHER, P.; DONLAN, L. (2011): Value-Creation Space: The Role of Events in a Service-Dominant Marketing Paradigm, in: Journal of Marketing Management, Vol. 27, 2011, No. 13-14, pp. 1444-1463.

CSIKSZENTMIHALYI, M. (1975): Beyond Boredom and Anxiety, San Francisco 1975.

DALICHAU, D. (2016): Rationalisierung im Konsum - Eine ethnographische Studie von Einkaufspraktiken am Beispiel von Frankfurt am Main, Wiesbaden 2016.

DRENGNER, J. (2016): Service Dominant-Logic und Markenführung – Die Bedeutung soziokultureller Ressourcen für die Wertschöpfung der Konsumenten, in: Posselt, E. (Hrsg.): Marke neu denken, Wiesbaden 2016; S. 105-114.

DRENGNER, J. (2014): Events als Quelle inszenierter außergewöhnlicher und wertstiftender Konsumerlebnisse – Versuch einer Definition des Eventbegriffes, in: Zanger, C. (Hrsg.): Events und Messen, Wiesbaden 2014, S. 113-140.

DRENGNER, J.; GAUS, H.; JAHN, S. (2008): Does Flow Influence the Brand Image?, in: Journal of Advertising Research, Vol. 47, 2008, No. 1, pp. 138-147.

DRENGNER, J.; JAHN, S. (2012): Konsumerlebnisse im Dienstleistungssektor: Die Konzeptualisierung des Erlebniskonstrukts am Beispiel kollektiv-hedonistischer Dienstleistungen, in: Bruhn, M.; Hadwich, K. (Hrsg.): Customer Experience (Forum Dienstleistungsmanagement), Wiesbaden 2012, S. 227-249.

DRENGNER, J.; JAHN, S.; GAUS, H. (2012): Creating Loyalty in Collective Hedonic Services – The Role of Satisfaction and Psychological Sense of Community, in: Schmalenbach Business Review, Vol. 64, 2012, No. 1, pp. 59-76.

DRENGNER, J.; KÖNIG, W. (2017): Erlebniszentriertes Design von E-Services am Beispiel einer Storytelling-App für touristische Attraktionen, erscheint in: Bruhn, M.; Hadwich, K. (Hrsg.): Dienstleistungen 4.0 (Forum Dienstleistungsmanagement), Wiesbaden 2017.

EISERMANN, U.; DODT, M.; ROßBACH, T. (2014): Grundlagen des Eventmarkeing, in: Eisermann, U.; Winnen, L.; Wrobel, A. (Hrsg.): Praxisorientiertes Eventmanagement: Events erfolgreich planen, umsetzen und bewerten, Wiesbaden 2014, S. 15-44.

GAUS, H.; MÜLLER, E. (2012): Eventaufklärung zum Klima schonenden Mobilitätsverhalten, in: Zanger, C. (Hrsg.): Erfolg mit nachhaltigen Eventkonzepten, Wiesbaden 2012, S. 181-195.

GENTILE, C.; SPILLER, N.; NOCI, G. (2007): How to Sustain the Customer Experience: An Overview of Experience Components that Co-Create Value With the Customer, in: European Management Journal, Vol. 25, 2007, No. 5, pp. 395-410.

GREEN, M. C.; BROCK, T. C. (2000): The Role of Transportation in the Persuasiveness of Public Narratives, in: Journal of Personality and Social Psychology, Vol. 79, 2000, No. 5, pp. 701-721.

GRÖNROOS, C.; VOIMA, P. (2013): Critical Service Logic: Making Sense of Value Creation and Co-Creation, in: Journal of the Academy of Marketing Science, Vol. 41, 2013, No. 2, pp. 133-150.

GUPTA, S.; VAJIC, M. (2000): The Contextual and Dialectical Nature of Experiences, in: Fitzsimmons, J.; Fitzsimmons, M. (Eds.): New Service Development – Creating Memorable Experiences, Thousand Oaks 2000, pp. 33-51.

HELKKULA, A.; KELLEHER, C.; PIHLSTRÖM, M. (2012a): Characterizing Value as an Experience: Implications for Service Researchers and Managers, in: Journal of Service Research, Vol. 15, 2012, No. 1, pp. 59-75.

HELKKULA, A.; KELLEHER, C.; PHILSTRÖM, M. (2012b): Practices and Experiences: Challenges and Opportunities for Value Research, in: Journal of Service Management, Vol. 23, 2012, No. 4, pp. 554-570.

HIRSCHMAN, E. C.; HOLBROOK, M. B. (1982): Hedonic Consumption: Emerging Concepts, Methods and Propositions, in: Journal of Marketing, Vol. 46, 1982, No. 3, pp. 92-101.

HOLBROOK, M. B. (2006): Consumption Experience, Customer Value, and Subjective Personal Introspection: An Illustrative Photographic Essay, in: Journal of Business Research, Vol. 59, 2006, No. 6, pp. 714-725.

HOLBROOK, M. B. (1994): The Nature of Customer Value: An Axiology of Services in the Consumption Experience, in: Rust, R.; Oliver, R. (Eds.): Service Quality: New Directions in Theory and Practice, Thousand Oaks 1994, pp. 21-71.

HOLBROOK, M. B. (1999): Introduction to Consumer Value, in: Holbrook, M. (Ed.): Consumer Value: A Framework for Analysis and Research, London 1999, pp. 1-28.

HOLBROOK, M. B.; HIRSCHMAN, E. C. (1982): The Experiential Aspects of Consumption: Consumer Fantasies, Feelings, and Fun, in: Journal of Consumer Research, Vol. 9, 1982, No. 2, pp. 132-140.

HOLT, D. B. (1995): How Consumers Consume: A Typology of Consumption Practices, in: Journal of Consumer Research, Vol. 22, 1995, No. 1, pp. 1-16.

HOLTTINEN, H. (2010): Social Practices as Units of Value Creation: Theoretical Underpinnings and Implications, in: International Journal of Quality and Service Sciences, Vol. 2, 2010, No. 1, pp. 95-112.

JAHN, S. (2013): Konsumentenwert: Konzeptualisierung und Analyse der Wirkungen auf Zufriedenheit und Loyalität am Beispiel eines Festivals, Wiesbaden 2013.

KORKMAN, O.; STORBACKA, K.; HARALD, B. (2010): Practices as Markets: Value Co-Creation in E-Invoicing, in: Australasian Marketing Journal, Vol. 18, 2010, No. 4, pp. 236-247.

LEE, Y.-K.; LEE, C.-K.; LEE, S.-K.; BABIN, B. J. (2008): Festivalscapes and Patrons' Emotions, Satisfaction, and Loyalty, in: Journal of Business Research, Vol. 61, 2008, No. 1, pp. 56-64.

LOHMANN, K.; PYKA, S.; ZANGER, C. (2015): Emotion gleich Emotion? – Emotionale Ansteckung als Mediator der Wirkung individueller Emotionen auf das relationale und atmosphärische Eventerleben, in: Zanger, C. (Hrsg.): Events und Emotionen, Wiesbaden 2015, S. 59-86.

LUSCH, R. F.; VARGO, S. L. (2014): Service-Dominant Logic – Premises, Perspectives, Possibilities, Cambridge 2014.

MADRIGAL, R. (2003): Investigating an Evolving Leisure Experience: Antecedents and Consequences of Spectator Affect During a Live Sporting Event, in: Journal of Leisure Research, Vol. 35, 2003, No. 1, pp. 23-48.

MAINEMELIS, C. (2001): When the Muse Takes it All: A Model for the Experience of Timelessness in Organizations, in: Academy of Management Review, Vol. 26, 2001, No. 4, pp. 548-565.

MARTENSEN, A.; GRONHOLDT, L.; BENDTSEN, L.; JENSEN, M. J. (2007): Application of a Model for the Effectivenss of Event Marketing, in: Journal of Advertising Research, Vol. 47, 2007, No. 3, pp. 283-301.

MAYER-VORFELDER, M. (2011): Kundenerfahrung im Dienstleistungsprozess: Eine theoretische und empirische Analyse, Wiesbaden 2011.

MCCOLL-KENNEDY, J. R.; VARGO, S. L.; DAGGER, T. S.; SWEENEY, J. C.; VAN KASTEREN, Y. (2012): Health Care Customers Value Cocreation Practice Styles, in: Journal of Service Research, Vol. 15., 2012, No. 4, pp. 370-389.

MCCRACKEN, G. (1986): Culture and Consumption: A Theoretical Account of the Structure and Movement of the Cultural Meaning of Consumer Goods, in: Journal of Consumer Research, Vo. 13, 1986, No. 1, pp. 71-84.

MCGINNIS, L. O.; GENTRY, J. W.; GAO, T. (2008): The Impact of Flow and Communitas on Enduring Involvement in Extended Service Encounters, in: Journal of Service Research, Vol. 11, 2008, No. 1, pp. 74-90.

MÜLLER, S. (2014): Kundenkommunikation bei Events: Interaktionen planen und erfolgreich umsetzen, Wiesbaden 2014.

PIEKENBROCK, D.; HENNING, A. (2013): Einführung in die Volkswirtschaftslehre und Mikroökonomie, 2. Aufl., Wiesbaden 2013.

PLÉ, L.; CÁCERES, R. C. (2010): Not Always Co-Creation: Introducing Interactional Co-Destruction of Value in Service-Dominant Logic, in: Journal of Services Marketing, Vol. 24, 2010, No. 6, pp. 430-437.

PRICE, R. A.; WRIGLEY, C.; STRAKER, K. (2015): Not Just What They Want, But Why They Want It - Traditional Market Research to Deep Customer Insights, in: Qualitative Market Research: An International Journal, Vol. 18, 2015, No. 2, pp. 230-248.

PRIVETTE, G. (1983): Peak Experience, Peak Performance, and Flow: A Comparative Analysis of Positive Human Experiences, in: Journal of Personality and Social Psychology, Vol. 45, 1983, No. 6, pp. 1361-1368.

QUINN, B. (2013): Key Concepts in Event Management, London 2013.

RECKWITZ, A. (2003): Grundelemente einer Theorie sozialer Praktiken – Eine sozialtheoretische Perspektiv, in: Zeitschrift für Soziologie, 32. Jg., 2003, Nr. 4, S. 282-301.

RECKWITZ, A. (2002): Toward a Theory of Social Practices – A Development in Culturalist Theorizing, in: European Journal of Social Theory, Vol. 5, 2002, No. 2, pp. 243-262.

RØPKE, I. (2009): Theories of Practice - New Inspiration for Ecological Economic Studies on Consumption, in: Ecological Economics, Vol. 68, 2009, No. 10, pp. 2490-2497.

SANDSTRÖM, S.; EDVARDSSON, B.; KRISTENSSON, P.; MAGNUSSON, P. (2008): Value in Use Through Service Experience, in: Managing Service Quality, Vol. 18, 2008, No. 2, pp. 112-126.

SCHATZKI, T. R. (2005): The Sites of Organizations, in: Organization Studies, Vol. 26, 2005, No. 3, pp. 465-484.

SCHATZKI, T. R. (2001): Practice Mind-ed Orders, in: Schatzki, T.; Knorr-Cetina, K.; Savigny, E. (Eds.): The Practice Turn in Contemporary Theory, New York 2011, pp. 50-63.

SCHAU, H. J.; MUNIZ, A. M.; ARNOULD, E. J. (2009): How Brand Community Practices Create Value, in: Journal of Marketing, Vol. 73, 2009, No. 5, pp. 30-51.

SCHLESINGER, T. (2008): Emotionen im Kontext sportbezogener Marketing-Events, Hamburg 2008.

SCHOUTEN, J. W.; MCALEXANDER, J. H.; KOENIG, H. F. (2007): Transcendent Customer Experience and Brand Community, in: Journal of the Academy of Marketing Science, Vol. 35, 2007, No. 3, pp. 357-368.

SOLOMON, M. R. (1983). The Role of Products as Social Stimuli: A Symbolic Interactionism Perspective, in: Journal of Consumer Research, Vol. 10, 1983, No. 3, pp. 319-329.

STIELER, M.; GERMELMANN, C. C. (2016): The Ties that Bind Us: Feelings of Social Connectedness in Socio-Emotional Experiences, in: Journal of Consumer Marketing, Vol. 33, 2016, No. 6, pp. 397-407.

THINIUS, J.; UNTIEDT, J. (2013): Events – Erlebnismarketing für alle Sinne: Mit neuronaler Markenkommunikation Lebensstile inszenieren, Wiesbaden 2013.

THOMPSON, C. J.; LOCANDER, W. B.; POLLIO, H. R. (1989): Putting Consumer Experience Back into Consumer Research: The Philosophy and Method of Existential-Phenomenology, in: Journal of Consumer Research, Vol. 16, 1989, No. 2, pp. 133-146.

UHRICH, S. (2014): Exploring Customer-to-Customer Value Co-Creation Platforms and Practices in Team Sports, in: European Sport Management Quarterly, Vol. 14, No. 1, pp. 25-49.

UHRICH, S.; BENKENSTEIN, M. (2010): Sport Stadium Atmosphere: Formative and Reflective Indicators for Operationalizing the Construct, in: Journal of Sport Management, Vol. 24, 2010, No. 2, pp. 211-237.

USCHMANN, O. (2012): Rituale auf Festivals, in: Spiegel Online, http://www.spiegel.de/lebenundlernen/uni/festival-rituale-oliver-uschmann-ueber-crowdsurfing-und-helga-rufe-a-828387-4.html, abgerufen am 28.02.2017.

VARGO, S. L.; LUSCH, R. F. (2016): Institutions and Axioms: An Extension and Update of Service-Dominant Logic, in: Journal of the Academy of Marketing Science, Vol. 44, 2016, No. 1, pp. 5-23.

VARGO, S. L.; LUSCH, R. F. (2008): Service-Dominant Logic: Continuing the Evolution, in: Journal of the Academy of Marketing Science, Vol. 36, 2008, No. 1, pp. 1-10.

VARGO, S. L.; LUSCH, R. F. (2004): Evolving to a New Dominant Logic for Marketing, in: Journal of Marketing, Vol. 68, 2004, No. 1, pp. 1-17.

VARGO, S. L.; MAGLIO, P. P.; AKAKA, M. A. (2008): On Value and Value Co-Creation: A Services Systems and Service Logic Perspective, in: European Management Journal, Vol. 26, 2008, No. 3, pp. 145-152.

WAGNER, J. (1999): Aesthetic Value – Beauty in Art and Fashion, in: Holbrook, M. (Ed.): Consumer Value: A Framework for Analysis and Research, London 1999, pp. 124-146.

WARDE, A. (2005): Consumption and Theories of Practice, in: Journal of Consumer Culture, Vol. 5, 2005, No. 2, pp. 131-153.

WEIBER, R.; FERREIRA, K. (2015): Von der interaktiven Wertschöpfung zur interaktiven Wertschaffung, in: Bruhn, M./Hadwich, K. (Hrsg.): Interaktive Wertschöpfung durch Dienstleistungen, Wiesbaden 2015, S. 30-55.

WEINBERG, P.; NICKEL, O. (2007): Grundlagen für die Erlebniswirkung von Marketingevents, in: Nickel, O. (Hrsg.): Eventmarketing: Grundlagen und Erfolgsbeispiele, München 2007, S. 37-50.

WETTER-EDMAN, K.; SANGIORGO, D.; EDVARDSSON, B.; HOLMLID, S.; GRÖNROOS, C.; MATTELMÄKI, T. (2014): Design for Value Co-Creation: Exploring Synergies Between Design for Service and Service Logic, in: Service Science, Vol. 6, 2014, No. 2, pp. 106-121.

WU, C.H.-J. AND LIANG, R.-D. (2011): The Relationship Between White-Water Rafting Experience Formation and Customer Reaction: A Flow Theory Perspective, in: Tourism Management, Vol. 32, 2011, No. 2, pp. 317-325.

WULF, V. (2009): Theorien sozialer Praktiken zur Fundierung der Wirtschaftsinformatik, in: Becker, J.; Krcmar, H.; Niehaves, B. (Hrsg.): Wissenschaftstheorie und gestaltungsorientierte Wirtschaftsinformatik, Heidelberg 2009, S. 211-224.

Katja Lohmann, Sebastian Pyka, Cornelia Zanger
Der Einfluss einer erlebnisorientiert gestalteten Umwelt auf die Empfänglichkeit für Emotionale Ansteckung –
Eine experimentelle Untersuchung am Messestand

1 Einleitung

2 Emotionale Ansteckung im Messekontext

3 Einfluss der physischen Umwelt auf die Empfänglichkeit für Emotionale Ansteckung im Messekontext

   3.1 Determinanten der Empfänglichkeit für Emotionale Ansteckung

   3.2 Messestandgestaltung als Umweltdeterminante

   3.3 Personenanzahl als Umweltdeterminante

4 Experimentelle Untersuchung

   4.1 Zielstellung

   4.2 Methodik

   4.3 Ergebnisse und Interpretation

   4.4 Implikationen

5 Fazit und Ausblick

Literaturverzeichnis

Die Daten für den vorliegenden Beitrag wurden im Rahmen eines Kooperationsprojektes der ITB Berlin unter der Leitung von David Ruetz sowie den folgenden drei Professuren der Technischen Universität Chemnitz: Professur Allgemeine und Biopsychologie unter der Leitung von Prof. Dr. Udo Rudolph, der Professur Organisations- und Wirtschaftspsychologie unter der Leitung von Prof. Dr. Berthold Meyer, der Professur Marketing und Handelsbetriebslehre unter der Leitung von Prof. Dr. Cornelia Zanger erhoben. Ein herzlicher Dank gebührt allen Mitwirkenden dieses Projektes.

1 Einleitung

Der Ansatz des Customer Experience Management veranschaulicht, dass bei jeder Interaktion, die zwischen einem Konsumenten und einem Unternehmen bzw. dessen Leistungsangebot stattfindet, Erlebnisse erzeugt werden (vgl. Schmitt 2009, S. 699). Diese Erlebnisse beeinflussen nicht nur die mit einem Unternehmen oder einer Marke verbundenen Assoziationen, sondern auch verhaltensrelevante Konstrukte, wie die Einstellung gegenüber einer Marke, die Zufriedenheit oder die Kundenbindung (vgl. Brakus/Schmitt/Zarantonello 2009). Die Marketingkommunikation zielt daher in den letzten Jahren verstärkt darauf ab, spezifische Erlebnisse zu kreieren und mit dem Leistungsangebot eines Unternehmens zu verknüpfen (vgl. Carù/Cova 2007, S. 271; Schmitt 2000, S. 60). In diesem Zusammenhang kommt den Instrumenten der Live-Kommunikation, wie der Messe, eine hohe Bedeutung zu. Dies begründet sich in der Möglichkeit, das Leistungsangebot eines Unternehmens persönlich und direkt zu präsentieren und damit das zu vermittelnde Erlebnis für die Besucher real erfahrbar zu machen (vgl. Kirchgeorg/Springer/Brühe 2009, S. 21).

Im Hinblick auf die Vermittlung eines positiven Erlebnisses während eines Messeauftritts, ist neben der Standgestaltung und dem Rahmenprogramm (z. B. Standpartys) vor allem die Interaktion eines Besuchers mit dem Standpersonal als ein kritischer Erfolgsfaktor zu bewerten (vgl. Kirchgeorg/Springer/Brühe 2009, S. 113). Neben fachlichen Aspekten werden diese Interaktionen stets von sozialen Faktoren beeinflusst, weshalb insbesondere interpersonelle Prozesse zu berücksichtigen sind (vgl. Sarmento/Farhangmehr/Simões 2015, S. 585). Die Verkaufs- und Serviceforschung betrachtet daher in den letzten Jahren verstärkt den Prozess der Emotionalen Ansteckung und dessen positive Wirkung auf den Verlauf und das Ergebnis einer Interaktion (vgl. u. a. Grandey/Goldberg/Pugh 2011; Brexendorf et al. 2010; Netemeyer/Maxham/Lichtenstein 2010; Barger/Grandey 2006; Hennig-Thurau et al. 2006; Howard/Gengler 2001; Pugh 2001; Verbeke 1997). Durch die Emotionale Ansteckung werden unbewusst Emotionen zwischen Interaktionspartnern geteilt und folglich ein besseres gegenseitiges Verständnis geschaffen und harmonische Interaktionen gefördert (vgl. Hennig-Thurau et al. 2006; Hatfield/Cacioppo/Rapson 1994, S. 29). Dabei bestimmt der individuelle Grad der Empfänglichkeit für Emotionale Ansteckung, ob und in welcher Intensität die Emotionen in einer Interaktion übertragen werden und inwieweit sich die positive Wirkung der Emotionalen Ansteckung entfaltet (vgl. Hatfield/Cacioppo/Rapson 1994, S. 182). Bestehende Untersuchungen zur Identifikation der Einflussfaktoren auf die Empfänglichkeit für Emotionale Ansteckung fokussieren sich dabei vorwiegend auf die interagierenden Personen sowie deren Beziehung zueinander (vgl. Vijayalakshmi/Bhattacharyya 2012) und vernachlässigen damit die Analyse der Umwelt, in der interagiert wird. Da die physische Umwelt aber affektive Reaktionen im Individuum erzeugt (vgl. u. a. Frijda 1993, S. 225; Smith/Ellsworth 1985, S. 831; Mehrabian/Russell 1974; Arnold 1960), besitzt auch diese einen Einfluss auf zwischenmenschliche Prozesse und damit auf die Interaktion (vgl. Rusbult/Van Lange 2003). In diesem Zusammenhang nimmt die in Abhängigkeit der konkreten Situation vorherrschende Stimmung des Individuums eine zentrale Rolle ein und ist als ein Indikator für die wahrgenommene Gewogenheit der Umwelt zu beurteilen. Die Stimmung determiniert deshalb das Ausmaß der Aufmerksamkeit, das ein Individuum seinem eigenen Verhalten widmet und dadurch die Empfänglichkeit für unbewusste Einflüsse, wie die Emotionale Ansteckung (vgl. Van Baaren et al. 2006, S. 427; Kelly/Barsade 2001; Jacobsen et al. 1957).

Um den Einfluss der physischen Umwelt auf die Emotionale Ansteckung zu bestimmen und die bestehende Forschungslücke zu schließen, werden im vorliegenden Beitrag die Gestaltung eines Messestandes sowie die Besucheranzahl am Messestand als Umweltdeterminanten berücksichtigt und in einem Laborexperiment untersucht.

2 Emotionale Ansteckung im Messekontext

Die hohe Bedeutung der direkten Wirtschaftskommunikation (u. a. Messe) in deutschen Unternehmen wird durch die Kommunikationsstudie des FAMAB zur Zukunft des Marketing veranschaulicht. So wurden 24.3 % des Gesamtetats für Kommunikation im Jahr 2015 in Maßnahmen der direkten Wirtschaftskommunikation investiert und damit im Vergleich der Kommunikationsinstrumente der zweitgrößte Anteil des Kommunikationsbudgets aufgebracht (vgl. FAMAB Research 2016, S. 13). Des Weiteren attestierten 59.2 % der befragten Marketingverantwortlichen der direkten Wirtschaftskommunikation eine gleichbleibende (hohe) Bedeutung und 27.9 % eine zunehmende Bedeutung in den nächsten Jahren (vgl. FAMAB Research 2016, S. 11).

Eine Messebeteiligung kann vom Unternehmen dabei zum einen genutzt werden, um Verkaufsabschlüsse zu erzielen, neue Leads zu generieren oder bestehende Leads zu qualifizieren (vgl. Blythe 2002, S. 627). Darüber hinaus erfüllt der Messeauftritt in Zeiten eines hinsichtlich Preis und Qualität austauschbaren Leistungsangebots neben der Verkaufsfunktion vor allem eine Kommunikationsfunktion (vgl. Sarmento/Farhangmehr/Simões 2015, S. 587). Die Messe als Live-Kommunikationsinstrument dient im Rahmen der Marketingkommunikation dabei zum Beispiel der Pflege von Beziehungen zu wichtigen Anspruchsgruppen (z. B. Kunden, Lieferanten, Händlern) (vgl. Blythe 2002, S. 627). Das durch den Messeauftritt erzeugte Erlebnis und die damit verbundenen Emotionen begünstigen darüber hinaus die Verarbeitung und Speicherung der am Messestand vermittelten Informationen, die Bildung einer positiven Einstellung, den Aufbau eines spezifischen Images sowie das Entstehen von Handlungsabsichten (Kaufabsicht, Weiterempfehlungsabsicht) (vgl. Bruhn 2010, S. 194f.). Das Standdesign und die damit verbundene Inszenierung der Erlebniswelt erzeugen die dafür notwendige Aufmerksamkeit des Messebesuchers (vgl. Zanger 2014, S. 17). Da die Messe vor allem einen Ort der persönlichen Kommunikation und des Informationsaustausches darstellt, wird das Erlebnis des Messebesuchers neben der Gestaltung des Messestandes vor allem durch den Dialog mit den anwesenden Unternehmensrepräsentanten geprägt (vgl. Kirchgeorg/Springer/Brühe 2009, S. 21). Die Interaktion mit dem Standbetreuer und die dabei von ihm gezeigten Emotionen können die Emotionen des Besuchers und damit den Verlauf der Interaktion sowie den Erfolg des Messeauftritts beeinflussen. Der Ansatz der Emotionalen Ansteckung erklärt hierbei, wie Emotionen vom Unternehmensrepräsentanten auf den Messebesucher übertragen werden können (vgl. Hatfield/Cacioppo/Rapson 1994). Die Emotionale Ansteckung führt zu einer emotionalen Abstimmung der interagierenden Personen und fördert durch ein besseres Verständnis des Gegenübers eine reibungslose und harmonische Interaktion (vgl. Hennig-Thurau et al. 2006; Hatfield/Cacioppo/Rapson 1994, S. 29). Dabei werden zeitgleich die Sympathie und die Zuneigung zwischen den Interaktionspartnern gestärkt (vgl. Van Baaren et al. 2003, S. 394; Chartrand/Bargh 1999, S. 903), weshalb die Emotionale Ansteckung in allen Bereichen der persönlichen Kommunikation einen hohen Stellenwert einnimmt. Studien aus dem Service- und Verkaufskontext zeigen, dass die Übertragung von positiven Emotionen vom Mitarbeiter auf den Kunden zudem einen positiven Einfluss auf die Bewertung der Servicequalität sowie die Kundenzufriedenheit besitzt (vgl. u. a. Grandey/Goldberg/Pugh 2011; Netemeyer/Maxham/Lichtenstein 2010; Barger/Grandey 2006; Pugh 2001). Darüber hinaus fördert die Emotionale Ansteckung die Bildung von Loyalitätsabsichten (vgl. Brexendorf et al. 2010; Hennig-Thurau et al. 2006) und wirkt sich positiv auf die Einstellung gegenüber einem Produkt aus (vgl. Howard/Gengler 2001). Diesbezüglich zeigen Untersuchungsergebnisse, dass Verkäufer, die fähig sind, andere mit ihren positiven Emotionen anzustecken, eine höhere Verkaufsleistung erzielen (vgl. Verbeke 1997).

Die einfache oder unbewusste Form der Emotionale Ansteckung wird von Hatfield, Cacioppo und Rapson (1994, S. 5) als ein automatisch ablaufender Prozess charakterisiert, der die Neigung einer Person beschreibt, automatisch Gesichtsausdrücke, Sprachmuster, Körperhaltungen und Bewegungen von (einer) anderen Person(en) zu imitieren und sich infolgedessen emotional anzugleichen. Somit beschreibt der zweistufige Prozess der Emotionalen Ansteckung, wie Emotionen von einem oder mehreren Sender(n) auf einen oder mehrere Empfänger übertragen werden (vgl. Hatfield/Cacioppo/Rapson 1994, S. 5).

Für den Prozess der Emotionalen Ansteckung ist die Verknüpfung der einzelnen Emotionskomponenten von grundlegender Bedeutung. Eine Emotion umfasst eine subjektiv erfahrbare (Emotionserleben) und zwei objektiv erfassbare Komponenten (physiologische Reaktion und Ausdrucksverhalten) (siehe Abb. 1). Diese drei Komponenten sind eng miteinander verbunden und bedingen sich gegenseitig (vgl. Brandstätter et al. 2013, S. 133f.).

Abb. 1: Drei Komponenten einer Emotion

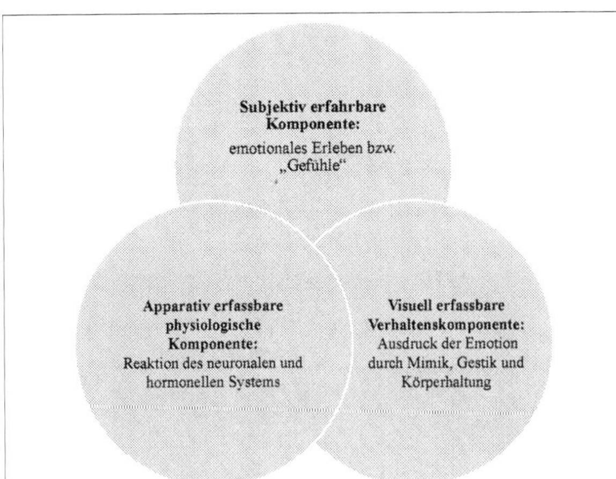

Quelle: eigene Erstellung, basierend auf den Ausführungen von Brandstätter et al. (2013, S. 133f.)

In einer dyadischen Interaktion wird der Prozess der Emotionalen Ansteckung initiiert, wenn der Sender eine empfundene Emotion durch seine Mimik, Gestik oder Körperhaltung zum Ausdruck bringt und der Empfänger dieses Ausdrucksverhalten wahrnimmt (vgl. Hatfield/Cacioppo/Rapson 1994, S. 3). Durch die Wahrnehmung des Emotionsausdrucks wird beim Empfänger Mimikry ausgelöst, wodurch dieser den

Emotionsausdruck des Senders instinktiv spiegelt (vgl. Lakin et al. 2003, S. 145; Chartrand/Bargh 1999, S. 893). Das unbewusste Übernehmen von Verhaltensweisen wird durch den sogenannten Perception-Behavior Link, d. h. die Verbindung von Wahrnehmung und Verhalten erklärt. Hierbei werden durch die Wahrnehmung des Verhaltens im Gehirn zur gleichen Zeit Schemata aktiviert, die zur Interpretation eines beobachteten Verhaltens dienen, als auch Schemata angesprochen, die für das Ausführen des gleichen Verhaltens stehen. So steigt allein durch die Wahrnehmung des Emotionsausdrucks des Senders die Wahrscheinlichkeit, dass der Empfänger denselben Emotionsausdruck zeigt (vgl. Bargh/Chen/Burrows 1996, S. 232ff.). Durch die enge Verbindung der drei Emotionskomponenten führt das Annehmen des Emotionsausdrucks (Verhaltenskomponente) über eine Feedbackreaktion dazu, dass der Empfänger dieselbe Emotion empfindet (Emotionserleben), die der Sender ausgedrückt hat (vgl. Hatfield/Cacioppo/Rapson 1994, S. 48ff.). Abbildung 2 veranschaulicht den Prozess der Emotionalen Ansteckung in einer dyadischen Interaktion und weist die einzelnen Prozessphasen sowie die angesprochenen Emotionskomponenten aus. Da eine Interaktion stets zweiseitiger Natur ist und sich die Interaktionspartner gegenseitig beeinflussen, kann der Empfänger auch die Rolle des Senders einnehmen (vgl. Dimberg 1982, S. 643).

Abb. 2: Prozess der Emotionalen Ansteckung in einer dyadischen Interaktion

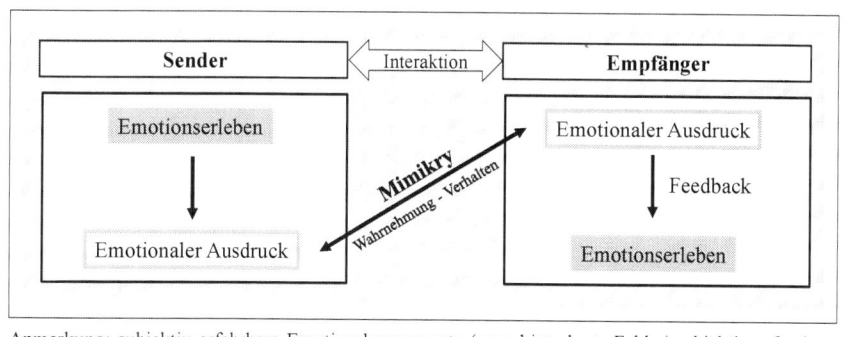

Anmerkung: subjektiv erfahrbare Emotionskomponente (grau hinterlegte Felder), objektiv erfassbare Emotionskomponente (grau umrahmte Felder)
Quelle: eigene Erstellung, basierend auf den Ausführungen von Hatfield/Cacioppo/Rapson (1994), Chartrand/Bargh (1999) und Brandstätter et al. (2013, S. 133f.)

Hatfield, Cacioppo und Rapson (1994) betonen, dass die Wahrscheinlichkeit des Auftretens der Emotionalen Ansteckung und die damit einhergehende Intensität der Übertragung von Emotionen von dem individuellen Grad der Empfänglichkeit für die Emotionen anderer bestimmt werden. In Bezug darauf beschreibt Doherty (1997, S. 123) die Empfänglichkeit für Emotionale Ansteckung als die Wahrscheinlichkeit, dass ein Individuum die Emotionen eines anderen „einfängt". Diese ist bei Personen hoch ausgeprägt, die anderen in ihrem Umfeld Aufmerksamkeit schenken, interpersonelle Beziehung wertschätzen und in der Lage sind, die emotionalen Ausdrücke anderer zu lesen sowie die eigenen emotionalen Reaktionen zu deuten (vgl. Hatfield/Cacioppo/Rapson 1994, S. 182).

3 Einfluss der physischen Umwelt auf die Empfänglichkeit für Emotionale Ansteckung im Messekontext

3.1 Determinanten der Empfänglichkeit für Emotionale Ansteckung

Vijayalakshmi und Bhattacharyya (2012) beschreiben, dass die Empfänglichkeit für Emotionale Ansteckung von individuellen (z. B. Geschlecht, Persönlichkeit, Selbstachtsamkeit, Sensitivität ggü. anderen, Stress, Empathie), interpersonellen (z. B. Zusammengehörigkeitsgefühl, gegenseitiges Vertrauen, interpersonelle Kongruenz) und kontextbezogenen Faktoren (z. B. Macht und Status, Zusammensetzung und Diversität der Gruppe) bestimmt wird (siehe Abb. 3). Die Einteilung der Einflussfaktoren orientiert sich hierbei an den Elementen einer Interaktion und schließt die interagierenden Personen sowie deren Beziehung zueinander ein.

Abb. 3: Übersicht über Einflussfaktoren auf die Empfänglichkeit für Emotionale Ansteckung

Individuelle Faktoren des Senders		Individuelle Faktoren des Empfängers
Sender	Interpersonelle Faktoren	Empfänger
	Kontextbezogene Faktoren	

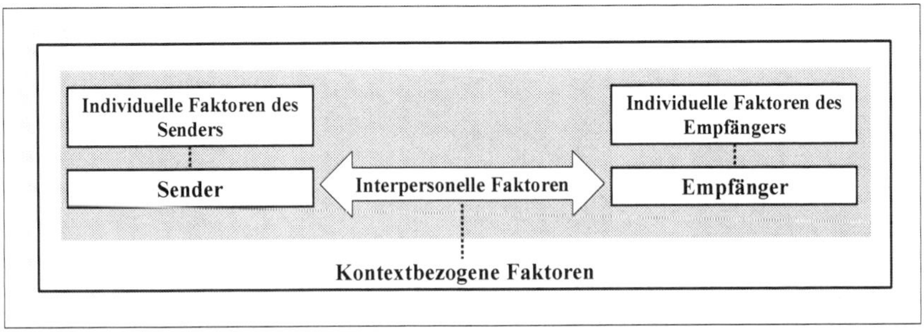

Quelle: eigene Erstellung, basierend auf den Ausführungen von Vijayalakshmi/Bhattacharyya (2012, S. 371)

Rusbult und Van Lange (2003) konstatieren jedoch auf der Basis der Feldtheorie (vgl. Lewin 1963), dass neben personenbezogenen Faktoren ebenso situative Determinanten die Interaktion beeinflussen. Hierbei wirken situative Determinanten, wie die physischen Merkmale der Umwelt, in der interagiert wird, auf das Individuum und beeinflussen somit die Interaktion. Vor diesem Hintergrund zeigt sich zunächst, dass die allgemeine Klassifikation der individuellen Einflussfaktoren der Emotionalen Ansteckung zu kurz greift, da die einbezogenen Faktoren aufgrund ihrer zeitlichen Stabilität im Hinblick auf situative Einflüsse unterschiedlich variieren. Zum Beispiel handelt es sich beim Geschlecht oder der Persönlichkeit um individuelle Einflussfaktoren der Empfänglichkeit für Emotionalen Ansteckung (vgl. Rueff-Lopes/Caetano 2012, S. 898; Lin/Huang/Chiang 2008; Lundqvist 2008; Papousek/Freudenthaler/Schulter 2008; Doherty et al. 1995), die zeitlich stabil und damit nicht oder nur sehr schwer veränderbar sind. Hingegen sind Faktoren, wie das empfundene Stresslevel oder die Stimmung (vgl. Van Baaren et al. 2006; Kelly/Barsade 2001) situationsabhängig und zeitlich weniger stabil.

Die Wirkung der physischen Merkmale der Umwelt in der jeweiligen Interaktionssituation auf die individuellen, zeitlich veränderbaren Einflussfaktoren der Empfänglichkeit für Emotionale Ansteckung kann mittels der Appraisal-Theorien (vgl. u. a. Clore/Ortony 2010; Frijda 1993, S. 225; Smith/Ellsworth 1985, S. 831; Arnold 1960) sowie mit dem umweltpsychologischen ‚approach-avoidance model' von Mehrabian und Russell (1974) erklärt werden. Demnach werden die durch Umweltreize in der jeweiligen Situation ausgelösten sensorischen Erfahrungen automatisch und unmittelbar beurteilt. Diese Beurteilung resultiert in einer affektiven Reaktion des Individuums, die sich auf dessen Emotionen und Stimmung auswirkt. Während sich Emotionen auf bestimmte Objekte oder Ereignisse richten (z. B. Freude über eine aufschlussreiche Beratung am Messestand) und als kurzfristiger und intensiver gelten, werden Stimmungen als ungerichtet und andauernder charakterisiert. Aufgrund dieser Eigenschaften und einer im Vergleich zur Emotion geringeren Intensität, bildet die Stimmung damit den Hintergrund des Erlebten und wird durch die kurzfristigen reizspezifischen Emotionen beeinflusst (vgl. Brandstätter et al. 2013, S. 130). Jacobsen et al. (1957) charakterisieren die Stimmung daher als ein Barometer über das wahrgenommene Wohlwollen bzw. die Gewogenheit der Umwelt. Basierend auf dieser Sichtweise beschreiben Van Baaren et al. (2006, S. 427), dass eine positive Stimmung ein Signal für eine sichere und unproblematische Umwelt ist, wohingegen eine negative Stimmung als Indikator für mögliche Probleme gilt. Infolgedessen widmet ein Individuum mit negativer Stimmung seinem Verhalten mehr Aufmerksamkeit, wodurch die Empfänglichkeit für unbewusste Einflüsse, wie die Emotionale Ansteckung, sinkt. Dagegen sind Personen mit einer positiven Stimmung weniger auf ihre eigenen Handlungen sowie ihr Umfeld bedacht und sind daher anfälliger für unbewusste Einflüsse. Da die Empfänglichkeit für unbewusste Einflüsse von der Wahrnehmung der aktuellen Umwelt und der daraus resultierenden Stimmung des Individuums beeinflusst wird (vgl. Van Baaren et al. 2006; Kelly/Barsade 2001), sind die Umweltmerkmale als indirekte Determinanten der Empfänglichkeit für Emotionale Ansteckung zu berücksichtigen.

Zusammenfassend veranschaulichen diese theoretischen Überlegungen, dass die Empfänglichkeit für Emotionale Ansteckung nicht konstant ist, sondern in Abhängigkeit des Interaktionspartners sowie der Umwelt, in der interagiert wird, variiert (siehe Abb. 4). Das allgemeine Level der Empfänglichkeit für Emotionale Ansteckung, welches vor allem durch die zeitlich stabilen individuellen Faktoren festgelegt wird, bildet demnach gemeinsam mit den situationsspezifischen Einflussfaktoren, d. h. den zeitlich veränderbaren individuellen Faktoren, den interpersonellen Faktoren und den kontextbezogenen Faktoren, das situationsspezifische Level der Empfänglichkeit für die Emotionale Ansteckung. Dieses beschreibt in Anlehnung an die Definition von Doherty (1997, S. 123) die situationsbedingte Wahrscheinlichkeit, dass ein Individuum die Emotionen eines anderen „einfängt".

Abb. 4: Einflussfaktoren auf das situationsspezifische Level der Emotionalen Ansteckung

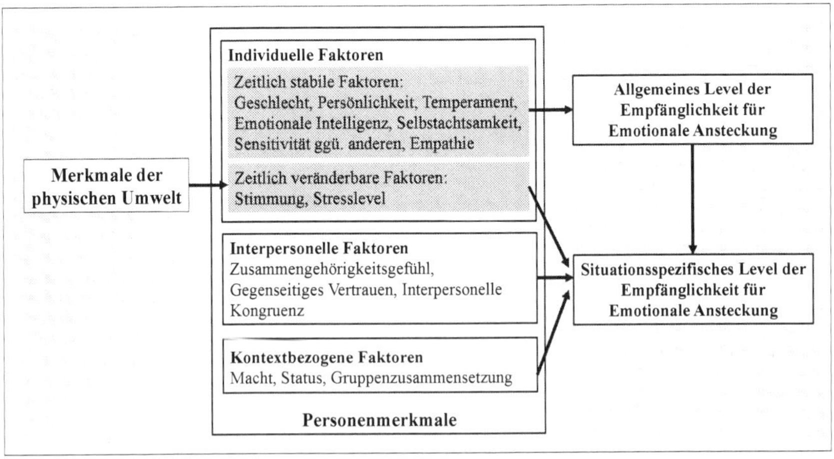

Quelle: eigene Erstellung auf Basis der Ausführungen von u. a. Vijayalakshmi/Bhattacharyya 2012; Van Baaren et al. 2006; Kelly/Barsade 2001; Frijda 1993; Mehrabian/Russell 1974 und Jacobsen et al. 1957

3.2 Messestandgestaltung als Umweltdeterminante

Im Hinblick auf die Umweltmerkmale, mit denen ein Besucher einer Messe konfrontiert wird, ist zunächst der Messestand zu betrachten. Die Konzeption und Gestaltung des Messestandes bildet den physischen Rahmen für die Begegnung von Unternehmensrepräsentanten und Messebesucher (vgl. Kirchgeorg/Springer/Brühe 2009, S. 111). In Anlehnung an den Überblicksartikel von Turley und Milliman (2000), der die Forschungsergebnisse zum Einfluss der Umwelt auf das Verhalten am Point-of-Sale (z. B. Verweildauer) und das Kaufverhalten aus dem Handels- und Dienstleistungsbereich zusammenfasst, können dabei die in Tabelle 1 aufgeführten Gestaltungselemente für einen Messestand unterschieden werden.

Tab. 1: Übersicht über Umweltstimuli im Messeumfeld

Umweltstimuli	Beispiele der Gestaltungsmittel
Externe Variablen	Messegestaltung und Gelände im Gesamten (z. B. auch Parkmöglichkeiten, Außenbereich) Platzierung des Stands in der Messe Größe und Höhe des Standes Form des Standes
Allgemeine Variablen zur Inneneinrichtung	Wandgestaltung, Bodenbelag, Temperatur, Beleuchtung, Musik, Geruch, Farbschema
Layout	Möblierung, Anordnung im Raum, Funktionsbereiche (Empfangsbereich, Cateringbereich, Besprechungszone, Wartebereiche, Laufwege, tote Ecken)
Point of Purchase oder Interaction (POI)	Platzierung der „Exponate" und Informationen Funktionen bzw. Interaktionsmöglichkeiten bzgl. der Exponate
Humane Variablen	Charakteristika des Standpersonals (Uniformen, Auftreten und andere Personenmerkmale) Charakteristika der anderen anwesenden Besucher

Quelle: eigene Erstellung auf Basis von Turley/Milliman 2000 und Gilliam 2015

Mit der Gestaltung der einzelnen Elemente eines Messestandes werden die Reize bestimmt, denen der Besucher des Messestandes ausgesetzt ist und die, wie im vorhergehenden Kapitel beschrieben, durch die sensorischen Erfahrungen und deren Bewertung eine emotionale Reaktion bei ihm auslösen. Darüber hinaus wird das emotionale Erleben des Messestandbesuchers auch von anderen Erfahrungen, welche die relationale, atmosphärische, transzendente, intellektuelle sowie symbolische Erlebnisfacette ansprechen, beeinflusst (vgl. Drengner 2014, S. 124). Die Intensität der emotionalen Reaktion auf diese einzelnen Erfahrungen wird dabei durch das Ausmaß der positiven oder negativen Diskrepanz zwischen den Erwartungen des Besuchers und dem von ihm wahrgenommenen Leistungsniveau bestimmt. Des Weiteren beeinflusst die Wahrscheinlichkeit des Auftretens einer solchen Diskrepanz die emotionale Reaktion. Je höher und unerwarteter diese Diskrepanz ist, desto intensiver ist die daraus resultierende Emotion (vgl. Schlesinger 2008, S. 75f.).

Das Erlebnis des Besuchers während des Aufenthalts am Messestand und die damit verbundene affektive Reaktion entstehen dabei aus dem Gesamtbild der Reizsituation und deren Bewertung (vgl. Gilliam 2015, S. 1880; Rayburn/Voss 2013). Daher sind in diesem Kontext nicht primär einzelne Gestaltungselemente relevant, sondern deren Zusammenwirken und das dadurch beim Besucher entstehende Gesamtbild des Messestandbesuchs. Die außergewöhnliche Standgestaltung, die mit einem hohen Erlebnispotential einhergeht, beeinflusst somit das Erlebnis des Besuchers positiv. Die mit dem positiven Erlebnis verbundene positive affektive Reaktion führt dazu, dass sich der Messebesucher wohl und sicher fühlt und somit seinem eigenen Verhalten weniger Aufmerksamkeit widmet. Dies erhöht die Empfänglichkeit für unbewusste Einflüsse wie die Emotionale Ansteckung (vgl. Van Baaren et. al. 2006; Jacobsen et al. 1957). Zusammenfassend wird demnach angenommen, dass eine neuartige und erlebnisreiche Messestandgestaltung die Empfänglichkeit für die Emotionale Ansteckung erhöht.

3.3 Personenanzahl als Umweltdeterminante

Neben der Gestaltung des Messestandes wird der affektive Zustand und folglich das Verhalten eines Messestandbesuchers auch von der Anwesenheit anderer Personen beeinflusst. Dieser Zusammenhang ist anhand der Social Impact Theory (Latanè 1981) zu erklären. Laut Latanè (1981) bestimmt sich der Einfluss anderer Personen auf ein Individuum als Funktion aus den folgenden drei sozialen Kräften: der Anzahl anwesender Personen, deren räumliche Nähe sowie deren Bedeutung für das Individuum. Da es sich um die Präsenz von Personen handelt, mit denen keine direkte Interaktion stattfindet (vgl. Argo/Dahl/Manchanda 2005, S. 207), kann die Anzahl anwesender Personen als weitere human-physische Umweltvariable definiert und eingeordnet werden (vgl. Turley/Milliman 2000).

Forschungsergebnisse aus dem Handelsbereich (vgl. u. a. Uhrich/Tombs 2014; He/Chen/Alden 2012; Uhrich/Luck 2012, S. 290; Van Rompay et al. 2012) können in diesem Zusammenhang herangezogen werden, um den Einfluss der Personenzahl bzw. der daraus entstehenden Personendichte auf den Messebesucher zu erläutern.

Eroglu, Machleit und Barr (2005, S. 1151) zeigen mit ihrer Untersuchung, dass eine zu hohe Anzahl von Personen negativ auf den situationsbezogenen affektiven Zustand eines Individuums wirkt. So nehmen Individuen das mit einer hohen Personendichte einhergehende Crowding als einen Stresszustand wahr, wenn das Gefühl von räumlicher Enge entsteht. Dieser als unangenehm erlebte psychische Zustand tritt ein, wenn die Anzahl der Personen, Objekte oder beides in einem begrenzten Raum das Individuum am Ausführen einer Handlung oder dem Erreichen eines Ziels hindern (vgl. Eroglu/Machleit 1990, S. 202). Das Crowding umfasst dabei die beiden Dimensionen wahrgenommene menschliche und räumliche Dichte, wobei in Bezug auf die Anzahl der Personen als humane Umweltstimuli vor allem das „Human Crowding" von besonderer Bedeutung ist (vgl. Machleit/Eroglu/Mantel 2000, S. 30).

Uhrich und Luck (2012) verdeutlichen darüber hinaus, dass sich ebenfalls eine zu geringe Anzahl von Personen negativ auf das Verhalten der Konsumenten auswirken kann. Eine geringe Anzahl anderer Besucher am Messestand führt beim Standbesucher zu einem gesteigerten Bewusstsein seiner selbst. Die sogenannte „Public Self-Awareness" ist damit verbunden, dass der Besucher darauf bedacht ist, welchen Eindruck er auf die Standbetreuer und/oder andere Standbesucher macht und ob er mit seinem Verhalten den Erwartungen der anderen Anwesenden entspricht (vgl. Scheir/Carver 1985, S. 687). Diese Bedenken führen zu einem Gefühl von Unbehagen und einem gehemmten Verhalten (vgl. Uhrich/Tombs 2014, S. 1440; Buss 1980, S. 36). Nach der Deindividuation Theory (vgl. Diener 1980) kann die Anwesenheit von anderen Messestandbesuchern als Schutz vor der ungewollten Beurteilung des Individuums durch die Standbetreuer (oder anderen Besucher) dienen. Die Deindividuation beschreibt demnach einen Effekt, bei dem mit zunehmender Anzahl der anwesenden Personen die Anonymität steigt, wodurch der Standbesucher in einem geringeren Maße die Notwendigkeit empfindet, den Erwartungen anderer Personen gerecht zu werden.

Die dargestellten Erkenntnisse zu einer hohen Public Self-Awareness in Situationen mit wenig anderen anwesenden Standbesuchern führen zu der Annahme, dass sowohl die damit einhergehende hohe Aufmerksamkeit gegenüber dem eigenen Verhalten als auch das Unbehagen in der Situation die Empfänglichkeit für die Emotionale Ansteckung hemmt (vgl. Jacobsen et al. 1957; Van Baaren et al. 2006). Im Vergleich zu Situationen, in denen der Deindividuation Effekt auftritt, ist die Empfänglichkeit für Emotionale Ansteckung entsprechend geringer. Ebenso führt die negative affektive

Reaktion, die mit einer zu hohen wahrgenommenen Personendichte einhergeht (vgl. Argo/Dahl/Manchanda 2005, S. 208; Eroglu/Machleit/Barr 2005, S. 1151) über eine gesteigerte Aufmerksamkeit gegenüber dem eigenen Verhalten zu einer verringerten Empfänglichkeit für unbewusste Einflüsse.

Zusammenfassend wird angenommen, dass sowohl bei einer zu geringen Anzahl an Personen am Messestand durch die erhöhte Public Self-Awareness sowie bei einer zu hohen Personenanzahl am Messestand durch das wahrgenommene Human Crowding die Empfänglichkeit für Emotionale Ansteckung geringer ist als bei einer mittleren/optimalen Personenanzahl. Die vermuteten Zusammenhänge werden in Abbildung 5 veranschaulicht.

Abb. 5: Vermuteter Einfluss der Anzahl der Personen auf die Empfänglichkeit für Emotionale Ansteckung

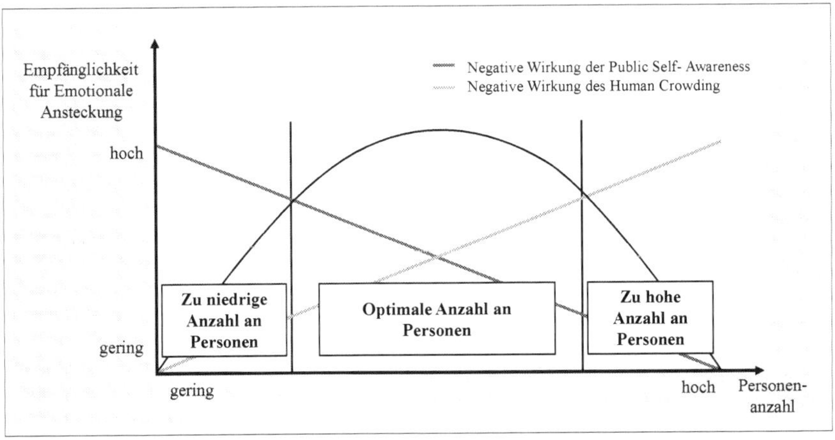

Quelle: eigene Erstellung in Anlehnung an Uhrich/Luck 2012, S. 291

4 Experimentelle Untersuchung

4.1 Zielstellung

Mit Hilfe einer experimentellen Vorstudie im Messekontext sollen erste Hinweise zum Einfluss der physischen Umwelt auf die Empfänglichkeit für Emotionale Ansteckung gewonnen werden. Dabei sind die theoretisch postulierten Wirkungszusammenhänge zu beachten und der Einfluss von zwei typischen Umweltdeterminanten einer Messesituation (Messestandgestaltung und Besucherzahl am Messestand) auf die Empfänglichkeit für Emotionale Ansteckung zu untersuchen.

Die Umweltdeterminante Messestandgestaltung bezieht sich auf das Gesamtbild der Stimuli, mit der eine Person während des Besuchs des Messestandes konfrontiert wird. Eine solche ganzheitliche Betrachtung ist notwendig, da ein Messestandbesucher stets mit diversen Stimuli konfrontiert wird, die in ihrer Gesamtheit seinen Eindruck vom Messestand determinieren. In diesem Zusammenhang ist anzunehmen, dass eine außergewöhnliche Standgestaltung mit einem hohen Erlebnispotential einhergeht und damit positive Emotionen sowie eine positive Stimmung beim Standbesucher erzeugt. Diese positive Stimmung begünstigt dabei die Empfänglichkeit für Emotionale Ansteckung.

Als zweite Umweltdeterminante wird die Anzahl der Personen am Messestand und damit humane Umweltstimuli in der Versuchsanordnung berücksichtigt. Dabei veranschaulichen die theoretischen Erklärungsansätze des Human Crowding und der Public Self-Awareness, dass eine zu geringe als auch eine zu hohe Anzahl an Personen am Messestand zu einer negativen affektiven Reaktion des Standbesuchers führen. Daher besteht die Vermutung, dass die Empfänglichkeit für Emotionale Ansteckung am höchsten ausgeprägt ist, wenn die Anzahl an Personen am Messestand in einem mittleren und damit in einem optimalen Bereich liegt.

4.2 Methodik

Zur Beurteilung der postulierten Zusammenhänge wurde im Juli 2015 ein Laborexperiment durchgeführt. Dabei wurde eine B2B-Messesituation simuliert. Hierfür wurden zwei Messestände von fiktiven Hotelketten aufgebaut und sechs professionelle Standbetreuer sowie 22 Probanden als Messebesucher akquiriert. Die Probanden wurden gebeten, sich in die Rolle eines Einkäufers eines Reiseveranstalters zu versetzen. Weiterhin bekamen sie die Anweisung in ihrer Rolle das Angebot der Hotelkette für eine mögliche Buchung eines Zimmerkontingentes für die nächste Saison zu ergründen und zu bewerten.

Das Experiment folgte dabei einem 2x3-Design, wobei die Standgestaltung sowie die Anzahl der Besucher als unabhängige Variablen gezielt manipuliert wurden. Die Standgestaltung, als erste Experimentalvariable, wurde mithilfe von zwei unterschiedlichen Messeständen variiert. Die Gestaltung von Stand 1 entsprach mit einem zurückhaltenden Design einem klassischen Systemstand. Stand 2 hingegen stellte einen individuellen und erlebnisorientiert gestalteten Stand dar, der neben außergewöhnlichen

Standelementen (z. B. einem Bett) auch über zusätzliche Funktionen und Aktionen verfügte (z. B. großer Flatscreen, Möglichkeit Erinnerungsfotos aufzunehmen).

Die zweite Experimentalvariable, die Anzahl der Standbesucher, wurde in Relation zur konstanten Anzahl von sechs anwesenden Standbetreuern bewusst variiert, wobei die drei Ausprägungen ‚geringe Anzahl an Besuchern (4 Besucher)', ‚ausgewogene Anzahl an Besuchern (6 Besucher)' und ‚hohe Anzahl an Besuchern (12 Besucher)' unterschieden wurden. Die Probanden wurden vor der Durchführung des Experiments randomisiert einer dieser drei Ausprägungen zugeordnet. So wurden anhand der Besucherzahl drei Gruppen gebildet, die in gleicher Zusammensetzung nacheinander beide Stände besuchten. Abbildung 6 veranschaulicht das Design der experimentellen Untersuchung und verdeutlicht die Ausprägungen der beiden Experimentalvariablen sowie die aus ihrer Kombination resultierenden 6 Experimentalbedingungen.

Abb. 6: Experimentelles 2x3-Design

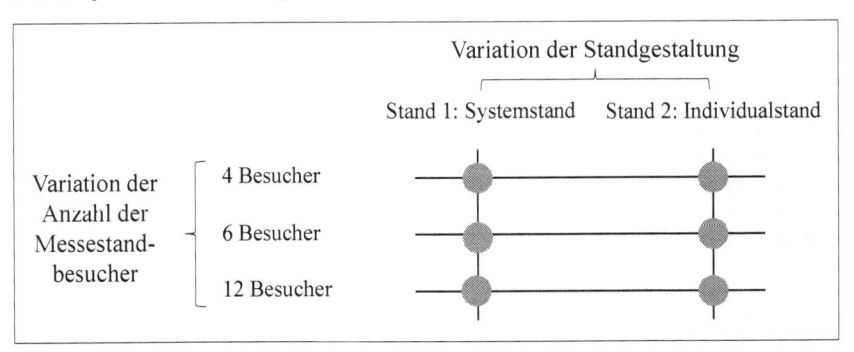

		Variation der Standgestaltung	
		Stand 1: Systemstand	Stand 2: Individualstand
Variation der Anzahl der Messestandbesucher	4 Besucher	●	●
	6 Besucher	●	●
	12 Besucher	●	●

Quelle: eigene Erstellung

Die Häufigkeit der Emotionalen Ansteckung wurde als abhängige Variable berücksichtigt und mittels Videotechnik erfasst. Da im Messekontext und im Hinblick auf die Vermittlung eines positiven Erlebnisses vor allem die positiven Emotionen von Interesse sind, konzentrierte sich die Auswertung auf die Ansteckung der Emotion Freude, ausgedrückt durch ein gemeinsames Lächeln von Standbetreuer und Standbesucher. Ein gemeinsames Lächeln wurde dann als Fall von Emotionaler Ansteckung gewertet, wenn zunächst ein Interaktionspartner lächelte und der andere daraufhin zeitversetzt zu Lächeln begann. Zwei Beobachter kodierten unabhängig voneinander das gewonnene Videomaterial hinsichtlich des Lächelns mithilfe der Software ELAN. Die doppelte Kodierung wurde hierbei vorgenommen, um die Intercoderreliabilität und somit die

Zuverlässigkeit der ermittelten Ergebnisse sicherzustellen. Dabei liegt die Intercoderreliabilität dann vor, wenn eine ausreichende Übereinstimmung der Kodierungen beider Beobachter gegeben ist. Als Maß für die Übereinstimmung wurde die Größe ‚Cohen's Kappa' (vgl. Cohen 1960, S. 42f.) für die einzelnen Experimentalbedingungen bestimmt (siehe Tab. 2). Da laut Landis und Koch (1977, S. 165) die Werte von Cohen's Kappa im Bereich von ‚.41 - .60' als mittlere Übereinstimmung, im Bereich von ‚.61 - .81' als starke Übereinstimmung und ‚ab .81' als (fast) vollkommene Übereinstimmung interpretiert werden, ist die Intercoderreliabilität der erzielten Ergebnisse für alle Experimentalbedingungen gegeben.

Tab. 2: Cohen's Kappa als Maß der Intercoderreliabilität

	Stand 1: Systemstand	Stand 2: Individualstand
4 Besucher	.71	.89
6 Besucher	.63	.43
12 Besucher	.65	.67

Quelle: eigene Erstellung

Neben der Bestimmung der Häufigkeit der Emotionalen Ansteckung ist auch die Manipulation von beiden Experimentalvariablen zu überprüfen. Zum Manipulations-Check der Standgestaltung schätzten die Probanden diese auf einer fünfstufigen bipolaren Ratingskala ein. Hierzu dienten die Eigenschaftspaare: ‚gewöhnlich-außergewöhnlich', ‚konservativ-innovativ', ‚einfach-vielfältig', ‚eintönig-erlebnisreich' und ‚konventionell-originell'. Zur Beurteilung der Manipulation der Anzahl der Personen am Messestand kamen existierende und mehrfach auf ihre psychometrische Güte hin geprüfte Messinstrumente zum Einsatz. Die Indikatoren dieser Messinstrumente wurden mit fünfstufigen Ratingskalen gemessen, wobei der Wert 5 für die Antwortkategorie ‚trifft voll und ganz zu' und der Wert 1 für die Antwortkategorie ‚trifft überhaupt nicht zu' steht. Dabei wurde die wahrgenommene Personendichte (CA = .91, DEV = .78, KR = .94) mittels 4 Items der Subskala zur Messung des Human Crowding nach Machleit, Kellaris und Eroglu (1994) erfasst. Mit Aussagen wie „Es waren sehr viele Besucher am Messestand." oder „Der Stand erschien mir sehr überfüllt." kann abgebildet werden, ob die Probanden die Personendichte in der Situation am Stand als zu hoch empfanden. Die Messung der Public Self-Awareness (CA = .72, DEV = .64, KR = .84) erfolgte mit 3 Items der von Scheier und Carver (1985) entwickelten Skala. Mittels Aussagen, wie „Während meines Besuches am Messestand war ich auf die Art und Weise meines Verhaltens bedacht." oder „Während meines Besuches am Messestand habe ich mir Sorgen gemacht, ob ich einen guten Eindruck hinterlasse.", wurde die erhöhte Aufmerksamkeit gegenüber dem eigenen Verhalten abgefragt.

4.3 Ergebnisse und Interpretation

22 Studierende der Psychologie und Wirtschaftswissenschaften der Technischen Universität Chemnitz (64 % weiblich) mit einem Durchschnittsalter von 23 Jahren nahmen an dem Laborexperiment teil. Aufgrund der Komplexität der interpersonellen Prozesse, die mit steigender Anzahl involvierter Interaktionspartner zunimmt, werden zur Untersuchung der Annahmen ausschließlich dyadische Interaktionen zwischen Standbetreuer und Besucher berücksichtigt. Daher basiert die Datenauswertung auf den Angaben von insgesamt 16 Personen. Die restlichen sechs Probanden beteiligten sich während ihres Aufenthalts am Messestand ausschließlich in Gruppeninteraktionen und sind daher von der Analyse auszuschließen. Damit werden insgesamt 28 dyadische Interaktionen in die Datenauswertung einbezogen.

Aufgrund des explorativen Charakters dieser Vorstudie ist die geringe Fallzahl dennoch geeignet, um erste Hinweise auf die zugrundeliegende Fragestellung zu gewinnen. Da in jeder Experimentalbedingung die Stichprobe kleiner als 20 Probanden ist, werden mit der vorliegenden Studie keine normalverteilten Ergebnisse erzielt (vgl. Kohn 2005, S. 322ff.), so dass eine Signifikanzprüfung der Ergebnisse bzw. ein Test auf signifikante Unterschiede zwischen den Experimentalbedingungen nicht sinnvoll und zielführend ist. Dennoch erlauben die erzielten Ergebnisse erste Rückschlüsse auf bestehende Effekte zwischen den Untersuchungsvariablen.

Bevor der Einfluss der Determinanten der physischen Umwelt auf die Emotionale Ansteckung bestimmt wird, ist zunächst die Eignung der Manipulation von beiden Experimentalvariablen (Standgestaltung & Besucheranzahl) zu beurteilen. Im Hinblick auf die Wirkung der Manipulation der Standgestaltung, zeigen die Ergebnisse, dass die Standbesucher beide Stände unterschiedlich wahrnehmen. Wie Abbildung 7 veranschaulicht, stufen die Probanden den klassischen Systemstand (Stand 1) als gewöhnlich, konservativ, einfach, eintönig und vor allem sehr konventionell ein. Der Individualstand (Stand 2) wird hingegen eher als außergewöhnlich, innovativ, vielfältig, erlebnisreich und originell bewertet. Anhand dieser Einschätzung der Probanden ist die Manipulation der Standgestaltung als geeignet zu betrachten, um den Einfluss dieser

Umweltdeterminante auf die Empfänglichkeit für Emotionale Ansteckung zu identifizieren.

Abb. 7: Einschätzung der beiden Stände (n = 16)

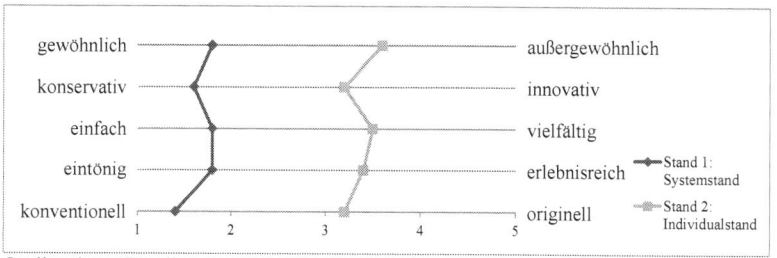

```
gewöhnlich      ─────●────────■─────── außergewöhnlich
konservativ     ──●─────────■────────── innovativ
einfach         ──●──────────■───────── vielfältig         ──◆── Stand 1:
eintönig        ──●──────────■───────── erlebnisreich           Systemstand
konventionell   ●──────────■─────────── originell          ──■── Stand 2:
                1     2     3     4    5                        Individualstand
```

Quelle: eigene Erstellung

Der Manipulationscheck in Bezug auf die Anzahl der Standbesucher zeigt, dass die Public Self-Awareness über alle Experimentalbedingungen hinweg (Mittelwerte im Bereich von 2.6 bis 3.5) auf einem mittleren Niveau wahrgenommen wird. Dieses Ergebnis ist durch die mit dem Laborexperiment verbundene, nicht voll-biotische Erhebungssituation zu erklären. Durch die Information der Probanden über das eingesetzte Beobachtungsverfahren (Videoaufzeichnung) waren die Versuchspersonen auf eine Situation vorbereitet, in der ihr Verhalten beobachtet wird. So haben die Erhebungsteilnehmer in den Szenarien mit 4 und mit 6 Personen lediglich eine mittlere Ausprägungen der Public Self-Awareness gezeigt. Darüber hinaus könnte der Beobachtungseffekt dafür ursächlich sein, dass der Deindividuation-Effekt in den Szenarien mit 12 Messebesuchern nicht auftrat und sich bei den Probanden nicht das Gefühl einstellte, in der Masse unterzugehen.

Wie Tabelle 3 veranschaulicht, stieg hingegen die Wahrnehmung des Human Crowding mit zunehmender Besucherzahl am Stand. Während die Gruppen mit 4 und 6 Besuchern das Human Crowding annähernd gleich auf einem niedrigen Niveau empfunden haben (Mittelwerte im Bereich von 1.8 bis 2.1), nimmt dieses im Vergleich zu den Szenarien mit 12 Standbesuchern deutlich zu. Somit kann die Manipulation im Hinblick auf das Human Crowding unabhängig von den beiden Messeständen als erfolgreich beurteilt werden. Eine eingehende Betrachtung der Ausprägung des empfundenen Human Crowding in der Gruppe mit 12 Besuchern verdeutlicht weiterhin, dass dieses am Stand 2 (MW = 3.7) höher ausgeprägt war als an Stand 1 (MW = 3.2), so dass das Human Crowding am intensivsten in der Experimentalbedingung mit 12 Besuchern an Stand 2 empfunden wurde. Da ein Mittelwert von 3.7 für eine mittlere

Ausprägung des Human Crowding steht, muss jedoch einschränkend verzeichnet werden, dass die Variation der Personenanzahl nicht ausreichend war, um eine Personendichte zu erzeugen, die vom Standbesucher als unangenehm eingeschätzt wird.

Tab. 3: *Ausprägung des Human Crowding und der Public Self-Awareness in den sechs Szenarien (n = 16)*

		Stand 1: Systemstand	Stand 2: Individualstand	Gesamt
4 Besucher	HC	2.1	1.9	2.0
	PSA	3.4	2.6	3.0
6 Besucher	HC	1.8	1.9	1.9
	PSA	3.2	3.3	3.2
12 Besucher	HC	3.2	3.7	2.4
	PSA	3.5	3.3	3.4

Anmerkung: HC (Human Crowding), PSA (Public Self-Awareness), gemessen auf einer Skala von ‚1... stimme ganz und gar nicht zu' bis ‚5... stimme voll und ganz zu'
Quelle: eigene Erstellung

Nachdem gezeigt werden konnte, dass eine Manipulation der Experimentalvariablen grundlegend gegeben ist, wird im Folgenden die Wirkung der Personenanzahl sowie der Standgestaltung auf die Emotionale Ansteckung dargelegt. Die nachfolgende Tabelle zeigt dabei die Verteilung der 28 dyadischen Interaktionen auf die sechs Experimentalbedingungen.

Tab. 4: *Verteilung der untersuchten dyadischen Interaktionen*

	Stand 1: Systemstand	Stand 2: Individualstand	Gesamt
4 Besucher	4	4	8
6 Besucher	6	4	10
12 Besucher	6	4	10
Gesamt	16	12	28

Quelle: eigene Erstellung

Über alle beobachteten Interaktionen an beiden Messeständen hinweg fand durchschnittlich 16,9-mal Emotionale Ansteckung während der Interaktion statt. Die anhand des Videomaterials ausgezählten Fälle der Emotionalen Ansteckung stellen hierbei absolute Zahlen dar. Hinsichtlich der Häufigkeit der Emotionalen Ansteckung innerhalb einer einzelnen Interaktion ist jedoch die Dauer der jeweiligen Interaktion zu berücksichtigen, da diese die Möglichkeit des (mehrfachen) Auftretens der Emotionalen Ansteckung bestimmt. Da die Interaktionsdauer über die Experimentalbedingungen stark variiert, ist die Häufigkeit der Emotionalen Ansteckung in Relation zur durchschnittlichen Interaktionsdauer zu setzen, wodurch eine bessere Vergleichbarkeit der Experimentalbedingungen gegeben ist. In Tabelle 5 sind deshalb neben der absoluten Häufigkeit der Emotionalen Ansteckung ebenso die Interaktionsdauer und die aus beiden Größen errechnete relative Häufigkeit der Emotionalen Ansteckung aufgeführt. Aufgrund der besseren Vergleichbarkeit hinsichtlich der einzelnen Experimentalbedingungen, sind die relativen Werte der Emotionalen Ansteckung für die Ergebnisauswertung und -interpretation heranzuziehen.

Tab. 5: Durchschnittliche Anzahl Emotionaler Ansteckung

		Stand 1: Systemstand	Stand 2: Individualstand	Gesamt
4 Besucher	Absolut	18.3	11.8	15.0
	ID	12.8	16.1	14.4
	Relativ	1.6	.7	1.2
6 Besucher	Absolut	22.0	13.0	18.4
	ID	15.2	12.6	14.2
	Relativ	1.5	1.1	1.3
12 Besucher	Absolut	19.3	11.7	17.2
	ID	9.5	9.9	9.7
	Relativ	2.9	1.2	2.5
Gesamt	Absolut	20.3	12.4	16.9
	ID	12.5	12.9	12.6
	Relativ	2.1	1.0	1.7

Anmerkung: ID = Interaktionsdauer in Minuten

Quelle: eigene Erstellung

Wie Tabelle 5 veranschaulicht, ist die relative Häufigkeit der Emotionalen Ansteckung in den beiden Experimentalbedingungen mit 12 Besuchern am höchsten. In diesen Bedingungen wird sowohl das Human Crowding als auch die Public Self-Awareness auf einem mittleren Niveau wahrgenommen, so dass ein ausgewogenes Verhältnis zwischen dem Human Crowding und der Public Self-Awareness besteht (siehe Abb. 8). Während die Public Self-Awareness auch über die anderen vier Szenarien eine gleichbleibend mittlere Ausprägung zeigt, ist das Human Crowding in den Szenarien mit 4 und 6 Besuchern schwach ausgeprägt (siehe Tab. 3). Im Hinblick auf die Veränderung der Ausprägung des Human Crowding wird deutlich, dass die Probanden überwiegend eine angenehme/optimale Personenanzahlen am Messestand wahrnehmen (siehe Abb. 8). Die zunehmende relative Häufigkeit der Emotionalen Ansteckung mit steigender

Besucherzahl (von einer geringen hin zu einer als optimal empfundenen Personenanzahl) gibt demnach erste Hinweise, dass die Personenzahl am Stand unabhängig von der Standgestaltung einen Einfluss auf die Emotionale Ansteckung in der Interaktion von Standbetreuer und Standbesucher besitzt.

Abb. 8: Durch die Manipulation der Personenanzahl abgedeckte Bereiche des Human Crowding und der Public Self-Awareness

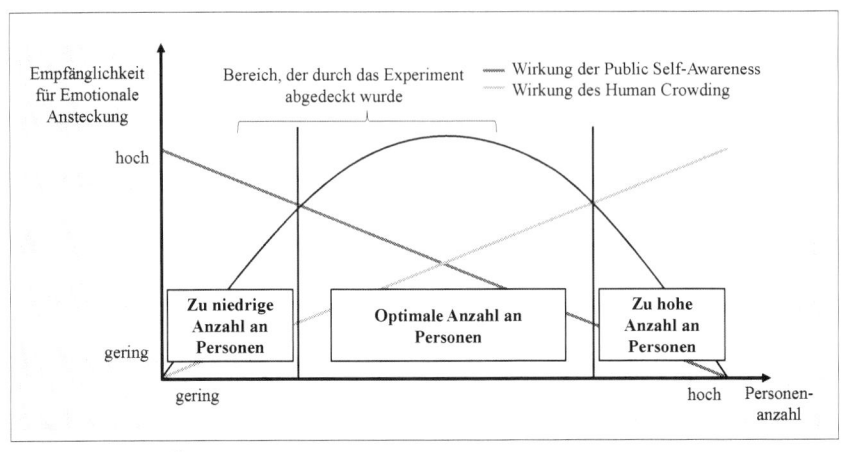

Quelle: eigene Erstellung

Unter Berücksichtigung der Standgestaltung zeigt sich darüber hinaus, dass die relative Häufigkeit der Emotionalen Ansteckung in der Experimentalbedingung mit 12 Besuchern am Stand 1 (MW = 2.9) deutlich höher ist als am Stand 2 (MW = 1.2). Auch in den anderen Experimentalbedingungen ist am Stand 1 stets eine höhere relative Häufigkeit der Emotionalen Ansteckung zu beobachten. Diese Ergebnisse weisen darauf hin, dass die Standgestaltung, unabhängig von der Besucheranzahl, die Emotionale Ansteckung beeinflusst. Dabei tritt die Emotionale Ansteckung am klassischen Systemstand häufiger auf als am Individualstand. Somit begünstigt die vielfältige und erlebnisreiche Standgestaltung entgegen der Annahme die Empfänglichkeit für Emotionale Ansteckung nicht. Eine mögliche Erklärung hierzu liefern Hatfield, Cacioppo und Rapson (1994, S. 3), die darauf hinweisen, dass die Aufmerksamkeit gegenüber dem Interaktionspartner eine Voraussetzung dafür ist, dass dessen emotionales Ausdrucksverhalten wahrgenommen und somit der Prozess der Emotionalen Ansteckung initiiert werden kann. Demnach besteht die Möglichkeit, dass ein vielfältig und erlebnisreich gestalteter Messestand zwar die Empfänglichkeit für Emotionale Ansteckung erhöht, aber die vielen dargebotenen Reize die Aufmerksamkeit des Standbesuchers ablenken, sodass die Interaktion mit dem Standbetreuer in den Hintergrund rückt und es schließlich nicht so oft zur Emotionalen Ansteckung kommt.

Zusammenfassend veranschaulichen die Ergebnisse der vorliegenden Voruntersuchung, dass die Umwelt die Häufigkeit der Emotionalen Ansteckung in einer dyadischen Interaktion beeinflusst. Die Empfänglichkeit für Emotionale Ansteckung wird somit von einer förderlichen Umgebung begünstigt. Die Betrachtung der Standgestaltung sowie der Besucheranzahl am Messestand als typische physische Determinanten im Messeumfeld zeigte dabei, dass eine als angenehm empfundene Personenzahl in Relation zum anwesenden Standpersonal sowie eine zurückhaltende Standgestaltung am häufigsten Emotionale Ansteckung zwischen Standbetreuer und Standbesucher auslöste.

4.4 Implikationen

Durch die Emotionale Ansteckung und die damit einhergehende emotionale Angleichung der interagierenden Personen werden reibungslose und harmonische Interaktionen gefördert. Die im vorliegenden Beitrag vorgestellten Untersuchungsergebnisse zum Einfluss der physischen Umwelt auf die Empfänglichkeit für Emotionale Ansteckung beschreiben daher neue Ansatzpunkte um die Interaktion zwischen einem Unternehmensrepräsentanten und dem Messebesucher weiter zu optimieren und somit die erlebnisorientierte Vermittlung der Informationen zum Unternehmen und dessen Leistungsangebot zu verbessern. Während das Unternehmen auf die bereits identifizierten Einflussfaktoren der Emotionalen Ansteckung, wie die Persönlichkeit und das Temperament (vgl. Lundqvist 2008; Papousek/Freudenthaler/Schulter 2008) oder die interpersonelle Kongruenz (vgl. Vijayalakshmi/Bhattacharyya 2012, S. 371) keinen Einfluss nehmen kann, besteht ein größerer Handlungsspielraum bei der Gestaltung der physischen Umwelt.

Im Hinblick auf die Messestandgestaltung haben die Ergebnisse veranschaulicht, dass an dem erlebnisorientiert gestalteten Stand die Interaktion und die vom Standbetreuer gezeigten Emotionen aufgrund der Vielzahl anderer Reize in den Hintergrund getreten sind. Dies deutet darauf hin, dass bezüglich der Messestandgestaltung nicht immer ein individuelles, aufwendiges Standdesign mit vielfältigen Funktionen und Aktionen zielführender ist als ein klassisches Design. Da jedoch eine außergewöhnliche und reizvolle Standgestaltung der Attraktion der Messebesucher und dem Imageaufbau dienlich ist, offenbart sich ein Spannungsfeld zwischen der erlebnisorientierten Messestandgestaltung und einem für die Interaktion förderlichen, zurückhaltend gestalteten Umfeld. Folglich ist bei der Konzeption des Messeauftritts der Stellenwert der Interaktion explizit zu berücksichtigen und die Gestaltungselemente entsprechend zu wählen. Hierbei sollte vor allem bei erklärungsbedürftigen Produkten die persönliche Interaktion im Fokus stehen und das Umfeld diese unterstützen. Eine weitere Möglichkeit zum Umgang mit diesem Spannungsfeld zeigt sich in der unterschiedlichen Gestaltung der Funktionsbereiche des Messestandes, vor allem des sogenannten „Schaubereiches" und des „Besprechungsbereiches" (vgl. Fließ 2006, S. 684). Während im Schaubereich eine erlebnisorientierte Inszenierung der Botschaft über Informationsmedien und besondere Exponate die Aufmerksamkeit der Messebesucher erregen und diese anziehen sollte, kann durch eine optische räumliche Trennung im Besprechungsbereich eine Rückzugsmöglichkeit für Gespräche in einem reizärmeren/neutralen Umfeld geschaffen werden.

Neben dem Einfluss der Messestandgestaltung auf die Emotionale Ansteckung verdeutlichen die Untersuchungsergebnisse auch, dass die relative Häufigkeit der Emotionalen Ansteckung bei einem mittleren Niveau des wahrgenommenen Human Crowding und der Public Self-Awareness und damit einer als angenehm empfundenen Personenzahl am höchsten ist. Daher sollte die Anzahl der Standbesucher durch ein systematisches Terminmanagement und die Planung besonderer Aktionen im Vorfeld gesteuert werden. So können Zeiten mit erwartungsgemäß wenigen Besuchern belebt und gleichzeitig das Auftreten von Stoßzeiten abgeschwächt werden. Damit können Situation mit zu wenigen oder zu vielen Besuchern vermieden werden, welche die Emotionale Ansteckung hemmen. Darüber hinaus kann auch die Messestandgestaltung in diesem Zusammenhang herangezogen werden. Ein offener ‚Schaubereich' wirkt hierbei nicht nur einladend für den Besucher, sondern verhindert durch eine geringe räumliche Dichte, dass bei einem höheren Personenaufkommen schnell das Empfinden einer zu hohen Personendichte aufkommt (vgl. Machleit/Eroglu/Mantel 2000, S. 30).

5 Fazit und Ausblick

Der vorliegende Beitrag erweitert die Forschung zur Emotionalen Ansteckung und identifiziert weitere Einflussfaktoren der Empfänglichkeit für Emotionale Ansteckung. Während sich die bekannten Einflussgrößen auf die interagierenden Personen und deren Beziehung zueinander fokussieren, wird die Situation und die physische Umwelt, in der die Interaktion stattfindet, weitestgehend vernachlässigt. Um diese Forschungslücke zu schließen, wurde ein Laborexperiment durchgeführt, welches über die Simulation einer Messesituation den Einfluss der Standgestaltung und der Personenanzahl auf die Emotionale Ansteckung untersucht. Dieser Untersuchung liegt dabei die Erkenntnis aus der Umwelt- und Emotionspsychologie zugrunde, dass die physische Umwelt die Stimmung der Interaktionspartner beeinflusst und somit bestimmt, inwieweit ein Individuum empfänglich für unbewusste Einflüsse, wie die Emotionale Ansteckung, ist.

Die Ergebnisse des Experiments bekräftigen die Annahme, dass sowohl die Standgestaltung als auch die Personenanzahl am Stand Determinanten der Empfänglichkeit für Emotionale Ansteckung sind. Da es sich bei dem durchgeführten Laborexperiment um eine Vorstudie handelt, sind jedoch weiterführende Untersuchungen nötig. Diese sollten zunächst die Manipulation der Anzahl der Messestandbesucher adressieren. Hierbei sollte eine Situation erzeugt werden, in der das Human Crowding durch eine zu hohe Personendichte stark ausgeprägt ist. Weiterhin sollte die Möglichkeit der verdeckten Beobachtung einbezogen werden, um in Abhängigkeit der Besucheranzahl (ungeachtet der Erhebungssituation) auch niedrige und hohe Ausprägungen der Public Self-Awareness zu stimulieren. Darüber hinaus ist eine Beurteilung der Annahmen anhand einer Untersuchung in einer Realsituation vorzunehmen. Dabei ist auch ein Sample bestehend aus Fachpublikum zu berücksichtigen. Schließlich sollte in folgenden Untersuchungen der Fokus der dyadischen Interaktionen zwischen Standbetreuer und Besucher auf Gruppeninteraktion sowie Interaktionen zwischen den Besuchern ausgeweitet werden.

Literaturverzeichnis

ARGO, J. J.; DAHL, D. W.; MANCHANDA, R. V. (2005): The Influence of a Mere Social Presence in a Retail Context, in: Journal of Consumer Research, Vol. 32, 2005, No. 2, pp. 207-212.

ARNOLD, M. B. (1960): Emotion and personality, 2nd Ed., New York 1960.

BARGER, P. B.; GRANDEY, A. A. (2006): Service with A Smile and Encounter Satisfaction: Emotional Contagion and Appraisal Mechanisms, in: Academy of Management Journal, Vol. 49, 2006, No. 6, pp. 1229-1238.

BARGH, J. A.; CHEN, M.; BURROWS, L. (1996): Automaticity of Social Behavior: Direct Effects of Trait Construct and Stereotype Ctivation on Action, in: Journal of Personality and Social Psychology, Vol. 71, 1996, No. 2, pp. 230-244.

BLYTHE, J. (2002): Using Trade Fairs in Key Account Management, in: Industrial Marketing Management, Vol. 31, 2002, No. 7, pp. 627-635.

BRAKUS, J. J., SCHMITT, B. H.; ZARANTONELLO, L. (2009): Brand Experience: What Is It? How Is It Measured? Does It Affect Loyalty?, in: Journal of Marketing, Vol. 73, 2009, No. 3, pp. 52–68.

BRANDSTÄTTER, V.; SCHÜLER, J.; PUCA, R. M.; LOZO, L. (2013): Motivation und Emotion, Berlin, Heidelberg 2013.

BREXENDORF, T. O.; MÜHLMEIER, S.; TOMCZAK, T.; EISEND, M. (2010): The impact of sales encounters on brand loyalty, in: Journal of Business Research, Vol. 63, 2010, No. 11, pp. 1148-1155.

BRUHN, M. (2010): Kommunikationspolitik, München 2010.

BUSS, A. H. (1980): Self-Consciousness and Social Anxiety, San Francisco 1980.

CARÙ, A.; COVA, B. (2007): Consuming Experience, Routledge, London 2007.

CHARTRAND, T. L.; BARGH, J. A. (1999): The Chameleon Effect: The Perception-Behavior Link and Social Interaction, in: Journal of Personality and Social Psychology, Vol. 76, 1999, No. 6, pp. 893-910.

CLORE, G. L.; ORTONY, A. (2010): Appraisal Theories: How Cognition Shapes Affect into Emotion, in: Lewis, M.; Haviland-Jones, J. M.; Feldmann Barret, L. (Eds.): Handbook of Emotions, New York 2010, pp. 628-644.

COHEN, J. (1960): A coefficient of agreement for nominal scales, in: Educational and Psychological Measurement, Vol. 20, 1960, No. 1, pp. 37-46.

DIENER, E. (1980): Deindividuation: The Absence of Self-Awareness and Self-Regulation in Group Members, in: Paulus, P. B. (Ed.): The Psychology of Group Influences, Hillsdale, NJ 1980, pp. 209-242.

DIMBERG, U. (1982): Facial Reactions to Facial Expressions, in: Psychophysiology, Vol. 19, 1982, No. 6, pp. 643-647.

DOHERTY, R. W.; ORIMOTO, L.; SINGELIS, T. M.; HATFIELD, E.; HEBB, J. (1995): Emotional Contagion – Gender and Occupational Differences, in: Psychology of Woman Quarterly, Vol. 19, 1995, No. 3, pp. 355-371.

DOHERTY, R. W. (1997): The Emotional Contagion Scale: A Measure of Individual Differences, in: Journal of Nonverbal Behavior, Vol. 21, 1997, No. 2, pp. 131-154.

DRENGNER, J. (2014): Events als Quelle inszenierter außergewöhnlicher und wertstiftender Konsumerlebnisse – Versuch einer Definition des Eventbegriffes, in: Zanger, C. (Hrsg.): Events und Messen. Stand und Perspektiven der Eventforschung, Wiesbaden 2014, S. 113-140.

EROGLU, S. A.; MACHLEIT, K. A. (1990): An Empirical Study of Retail Crowding: Antecedents and Consequences, in: Journal of Retailing, Vol. 66, 1990, No. 2, pp. 201-221.

EROGLU, S. A.; MACHLEIT, K. A.; BARR, T. F. (2005): Perceived Retail Crowding and Shopping Satisfaction: The Role of Shopping Values, in: Journal of Business Research, Vol. 58, 2005, No. 8, pp. 1146-1153.

FAMAB RESEARCH (2016): Die Zukunft des Marketing – Kommunikationsstudie 2015, online verfügbar unter: http://famab.de/fileadmin/user_up load/6.0_Services/6.2_Mitgliederservice/Research/FAMAB_Research_2015.pdf, zuletzt abgerufen am 16.10.2016.

FLIEß, S. (2006): Messeplanung und –kontrolle, in: Kleinaltenkamp, M.; Plinke, W.; Jacob, F.; Söllner, A. (Hrsg.): Markt- und Produktmanagement – Die Instrumente des Business-to-Business-Marketing, 2. Aufl., Berlin, Heidelberg, New York 2006, S. 629-706.

FRIJDA, N. H. (1993): Appraisal and Beyond, in: Cognition and Emotion, Vol. 7, 1993, No. 3/4, pp. 225-231.

GILLIAM, D. A. (2015): Trade Show Boothscapes, in: Journal of Marketing Management, Vol. 31, 2015, No. 17-18, pp. 1878-1898.

GRANDEY, A. A.; GOLDBERG, L. S; PUGH, S. D. (2011): Why and When do Stores with Satisfied Employees have Satisfied Customers? The Roles of Responsiveness and Store Busyness, in: Journal of Service Research, Vol. 14, 2011, No. 4, pp. 397-410.

HATFIELD, E.; CACIOPPO, J. T.; RAPSON, R. L. (1994): Emotional Contagion, Cambridge, New York, Paris 1994.

HE, Y.; CHEN, Q.; ALDEN, D. L. (2012): Consumption in the Public Eye: The Influence of Social Presence on Service Experience, in: Journal of Business Research, Vol. 65, pp. 302-310.

HENNIG-THURAU, T.; GROTH, M.; PAUL, M.; GREMLER, D. D. (2006): Are All Smiles Created Equal? How Emotional Contagion and Emotional Labor Affect Service Relationssships, in: Journal of Marketing, Vol. 70, 2006, No. 3, pp. 58-73.

HOWARD, D. J.; GENGLER, C. (2001): Emotional Contagion Effects on Product Attitude, in: Journal of Consumer Research, Vol. 28, 2001, No. 2, pp. 189-201.

JACOBSEN, E. (1957): Normal and Pathological Moods: Their nature and function, in: Eisler, R. S.; Freud, A. F.; Hartman, H.; Kris, E. (Eds.): The Psychoanalytic Study of the Child, New York 1957, pp. 73-113.

KELLY, J. R.; BARSADE, S. G. (2001): Mood and Emotions in Small Groups and Work Teams, in: Organizational Behavior and Human Decision Processes, Vol. 86, 2001, No. 1, pp. 99-130.

KIRCHGEORG, M.; SPRINGER, C.; BRÜHE, C. (2009): Live Communication: Ein strategischer Leitfaden zur Konzeption, Umsetzung und Erfolgskontrolle, Wiesbaden 2009.

KOHN, W. (2005): Statistik: Datenanalyse und Wahrscheinlichkeitsrechnung, Berlin 2005.

LANDIS, J. R.; KOCH G. G. (1977): The Measurement of Observer Agreement for Categorical Data, in: Biometrics, Vol. 33, 1977, No. 1, pp. 159-174.

LAKIN, J. L.; JEFFERIS, V. E.; CHENG, C. M.; CHARTRAND, T. L. (2003): The Chameleon Effect as Social Glue: Evidence for the Evolutionary Significance of Nonconscious Mimicry, in: Journal of Nonverbal Behavior, Vol. 27, 2003, No. 3, pp. 145–162.

LATANÉ, B. (1981): The Psychology of Social Impact, in: Amercian Psychologist, Vol. 36, 1981, No. 4, pp. 343-356.

LEWIN, K. (1963): Feldtheorie in den Sozialwissenschaften, Bern, Stuttgart 1963.

LIN, M.-Q.; HUANG, L.-S.; CHIANG, Y.-F. (2008): The Moderating Effects of Gender Roles on Service Emotional Contagion, in: The Service Industries Journal, Vol. 28, 2008, No. 6, pp. 755-767.

LUNDQVIST, L. O. (2008): The Relationship Between the Biosocial Model of Personality and Susceptibility to Emotional Contagion: A Structural Equation Modeling Approach, in: Personality and Individual Differences, Vol. 45, 2008, No. 1, pp. 89-95.

MACHLEIT, K. A.; EROGLU, S. A.; MANTEL, S. P. (2000): Perceived Retail Crowding and Shopping Satisfaction: What Modifies This Relationship?, in: Journal of Consumer Psychology, Vol. 9, 2001, No. 1, pp. 29-42.

MACHLEIT, K. A.; KELLARIS, J. J.; EROGLU, S. A. (1994): Human versus Spatial Dimensions of Crowding Perceptions in Retail Environments: A Note on their Measurement and Effect on Shopper Satisfaction, in: Marketing Letters, Vol. 5, 1994, No. 2, pp. 183-194.

MEHRABIAN, A.; RUSSELL, J. A. (1974): An Approach to Environmental Psychology, Cambridge 1974.

NETEMEYER, R. G.; MAXHAM, J. G.; LICHTENSTEIN, D. R. (2010): Store Manager Performance and Satisfaction: Effects on Store Employee Performance and Satisfaction, Store Customer Satisfaction, and Store Customer Spending Growth, in: Journal of Applied Psychology, Vol 95, 2010, No. 3, pp. 530-545.

PAPOUSEK, I.; FREUDENTHALER, H. H.; SCHULTER, G. (2008): The Interplay of Perceiving and Regulating Emotions in Becoming Effected with Positive and Negative Moods, in: Personality and Individual Differences, Vol. 45, 2008, No. 6, pp. 463-467.

PUGH, S. D. (2001): Service with a Smile: Emotional Contagion in the Service Encounter, in: Academy of Management Journal, Vol. 44, 2001, No. 5, pp. 1018-1027.

RAYBURN, S. W.; VOSS, K. E. (2013): A Model of Consumer's Retail Athmosphere Perceptions, in: Journal of Retailing and Consumer Services, Vol. 20, 2013, No. 4, pp. 400-407.

RUEF-LOPES, R.; CAETTANO, A. (2012): The Emotional Contagion Scale: Factor Structure and Psychometric Properties in a Portuguese Sample, in: Psychological Reports, Vol. 111, 2012, No. 3, pp. 898-904.

RUSBULT, C. E.; VAN LANGE, P. A. M. (2003): Interdependence, Interaction, and Relationships, in: Annual Review of Psychology, Vol. 54, 2003, pp. 351-375.

SARMENTO, M.; FARHANGMEHR, M.; SIMÕES, C. (2015): A Relationship Perspective to Trade Fairs: Insights From Participants, in: Journal of Business & Industrial Marketing, Vol. 30, 2015, No. 5, pp. 584-593.

SCHEIER, M. F.; CARVER, C. S. (1985): The Self-Consciousness Scale: A Revised Version for Use with General Populations, in: Journal of Applied Social Psychology, Vol. 15, 1985, No. 8, pp. 687-699.

SCHMITT, B. (2000): Experiential Marketing: To Get Customers to Relate to Your Brand, London 2000.

SCHMITT, B. (2009): Customer Experience Management, in: Bruhn, M.; Esch, F.-R.; Langner, T. (Hrsg.): Handbuch Kommunikation, Wiesbaden 2009, S. 697-712.

SCHLESINGER, T. (2008): Emotionen im Kontext sportbezogener Marketing-Events, Hamburg 2008.

SMITH, C. A.; ELLSWORTH, P. C. (1985): Patterns of Cognitive Appraisal, in: Journal of Personality and Social Psychology, Vo. 48, 1985, No. 4, pp. 813-838.

TURLEY, L. W.; MILLIMAN, R. E. (2000): Atmospheric Effects on Shopping Behavior: A Review of the Experimental Evidence, in: Journal of Business Research, Vol. 49, 2000, No. 2, pp. 193-211.

UHRICH, S.; LUCK, M. (2012): Not Too Many But Also Not Too Few: Exploring the Explanatory Mechanisms for the Negative Effects of Low Customer Density in Retail Settings, in: Qualitative Market Research: An International Journal, Vol. 15, 2012, No. 3, pp. 290-308.

UHRICH, S.; TOMBS, A. (2014): Retail Customers' Self-Awareness: The Deindividuation Effects of Others, in: Journal of Business Research, Vol. 67, 2014, No. 7, pp. 1439-1446.

VAN BAAREN, R. B.; FOCKENBERG, D. A.; HOLLAND, R. W.; JANSSEN, L.; VAN KNIPPENBERG, A. (2006): The Moody Chameleon: The Effect of Mood on Non-Conscious Mimicry, in: Social Cognition, Vol. 24, 2006, No. 4, pp. 426-437.

VIJAYALAKSHMI, V.; BHATTACHARYYA, S. (2012): Emotional Contagion and its Relevance to Individual Behavior and Organizational Processes: A Position Paper, in: Journal of Business Psychology, Vol. 27, 2012, pp. 363-374.

VAN ROMPAY, J. L.; KROOSHOOP, J.; VERHOEVEN, J. W. M.; PRUYN, A. T. H. (2012): With or Without You: Interactive Effects of Retail Density and Need for Affiliation on Shopping Pleasure and Spending, in: Journal of Business Research, Vol. 65, 2012, No. 8, pp. 1126-1131.

VERBEKE, W. (1997): Individual Differences in Emotional Contagion of Salespersons: Its Effect on Performance and Burnout, in: Psychology & Marketing, Vol. 14, 1997, No. 6, pp. 617-636.

ZANGER, C. (2014): Messen und Events als Mittel integrierter Unternehmenskommunikation, in: Zanger, C. (Hrsg.) Events und Messen: Stand und Perspektiven der Eventforschung, Wiesbaden 2014, S. 13-25.

David Ruetz
**Erlebnis am Messestand:
Erste Ergebnisse einer multimodalen Studie im Umfeld der
Internationalen Tourismusbörse (ITB) Berlin**

1 Einleitung

2 Fragestellungen beim Systembau- und Individualstand

3 Versuchsanordnung

4 Darstellung ausgewählter Ergebnisse

5 Zusammenfassung

Literaturverzeichnis

> „Dem Individuum der Erlebnisgesellschaft [geht es] um Selbstverwirklichung. In diesem Sinne [...] verhilft [...] das Erlebnismarketing zu mehr selbsterfahrener Lebensqualität."
>
> Werner Kroeber-Riel[1]

1 Einleitung

Events und Messen als Teil des Live Communication-Portfolios von Unternehmen sind nach wie vor unentbehrlich. Die stetig zunehmende Erlebnisorientierung, die zahlreiche Bereiche unseres Lebens durchdringt, hat auch vor Messen nicht Halt gemacht. Zum Beispiel lässt sich anhand des Messeauftritts der Deutschen Lufthansa auf der Internationalen Tourismusbörse Berlin (ITB) im Wandel eines halben Jahrhunderts (siehe Abb. 1a und 1b) der Trend zur Erlebnisorientierung nachvollziehen, denn Messen sind - insbesondere aufgrund ihres Interaktionsangebotes an den Nachfrager, dank ihrer Multisensualität und wegen ihrer Fähigkeit, Markenwelten erlebbar zu machen - nach wie vor für den Erlebniskontext relevant, ganz im Sinne von Kroeber-Riels Postulat zu „mehr Lebensqualität durch Erlebnismarketing".[2]

Daher ist die Investitionsbereitschaft von Ausstellern in Bezug auf Messeauftritte in Deutschland, insbesondere bei Fachmessen, zwar derzeit stabil (vgl. AUMA-Messetrend 2016), u. a. auch weil Führungskräfte nach wie vor Fachmessen besuchen (vgl. LAE 2015); gleichzeitig aber spielen komplementäre Varianten von Live Communication eine immer größere Rolle (vgl. Kirchgeorg 2012). Aus den oben erwähnten Rahmenbedingungen erklärt sich ein anhaltender Bedarf zur Erfolgskontrolle von Live Communication-Maßnahmen (vgl. Zanger/Drengner 1999), ebenso wie für das Aufkommen neuer Werkzeuge beim Messe-Erfolgscontrolling.

Für den Standbetreiber ist dies von Bedeutung, weil sich die Messekosten pro Fachbesucherkontakt in der Betrachtung des Gesamtbudgets für den Messe-Auftritt im dreistelligen Euro-Bereich abspielen, weil der Messebau generell rund die Hälfte der

---

1 Kroeber-Riel (2003), S. 116

2 vgl. a.a.O.

Messe-Aufwendungen ausmacht und weil daher die „besonderen Kontaktqualitäten und –möglichkeiten, die eine Messe bietet" (Heger/Prüser 2015, S. 6) maximal ausgenutzt werden müssen; dafür ist es hilfreich, „die Messeteilnahme als Investition zu begreifen" (Heger/Prüser 2015, a.a.O.). Dies betrifft insbesondere die Rekrutierung und Qualifizierung der Standmitarbeiter, aber auch die strategisch ausgerichtete Standgestaltung hinsichtlich Markenadäquanz.

Messestandgestaltung im Vergleich am Beispiel des Messeauftritts der Deutschen Lufthansa (DLH) auf der Messe ITB Berlin:

Abb. 1a: ITB 1966 (DLH-Stand - links, mit schwarzem, auf sechs Stützen aufgeständertem Dachkubus)

Quelle: http://www.itb-berlin.de/media/itb/ itb_dl_all/ Lufthansa_1966_2016.pdf

Abb. 1b: ITB 2016 (DLH-Erlebnisstand, Bauhöhe 12,5 Meter auf drei Etagen)

Quelle: http://www.itb-berlin.de/media/itb/ itb_dl_all/ Lufthansa_1966_2016.pdf

Die Messe*stand*forschung selber ist dabei eine junge Disziplin, verglichen mit Studien im Bereich von Shopping und Retail, die es bereits seit Jahrzehnten gibt.³ Insgesamt scheint es jedoch, dass die Messepraktiker (Architekten, Kommunikationsagenturen, auftraggebende bzw. ausstellende Firmen) bislang nur begrenzt theoriegeleitet an Fragen der Messestandgestaltung herangehen.⁴ Der vorliegende Beitrag unternimmt den Versuch, hier eine Lücke zu schließen und erhebt gleichzeitig den Anspruch auf praktische Relevanz, um durch neue Erkenntnisse zur Kommunikationswirkung von Messeständen Optimierungspotenzial für die Praxis zu gewinnen.

Ein interdisziplinärer Laborversuch bei der Messe Berlin, an dem die Lehrstühle Marketing und Handelsbetriebslehre, Allgemeine und Biopsychologie sowie Organisations- und Wirtschaftspsychologie der TU Chemnitz beteiligt waren, ermöglichte im Sommer 2015 Forschungen nicht nur im Bereich der Gestaltung eines Standes, sondern auch zur Interaktion mit dem Standpersonal am Messestand als einen kritischen Erfolgsfaktor.

Nach einer kurzen theoretischen Einordnung und dem Vergleich der beiden klassischen Standbauarten – dem Systembaustand und Individualstand - im Hinblick auf deren Wirkung auf den Standbesucher, wird in diesem Beitrag die Versuchsanordnung beim oben erwähnten Laborexperiment beschrieben. Anschließend wird ein Auszug aus den Ergebnissen des vielfältig ausgerichteten Laborversuchs wiedergegeben. Ein Ausblick auf mögliche praktische Folgerungen schließt sich diesem an.

---

3   Siehe dazu u.a. Cox (1964). Die „Messeforschung" rückte lange Zeit nur Aussteller in den Fokus wiss. Untersuchungen, s. Kopelent (1989), Bello/Lothia (1993) sowie Gopalakrishna et al. (2010); Rinallo et al. (2010) stellen den Besucher in den Vordergrund; Ermer (2014) identifiziert zwischen 1990-2012 lediglich rund ein Dutzend relevanter Beiträge im Bereich Messestand-Forschung.

4   Eine nicht repräsentative Umfrage des Autors vom Juni 2016 unter rund zehn Standbaufirmen mit dem Ziel, die wissenschaftlichen Grundlagen ihres kreativen Schaffens beim Bau von Messeständen zu ergründen, ergab, dass man sich im Allgemeinen an die beim Messebau üblichen Funktionszonen hält: A. Infopoint/Anlaufstelle, B. Beratungsbereich, C. Gastromiezone und D. Lager- und Funktionsbereiche; vgl. dazu Fließ (2006), S. 684f. In lediglich einem Fall stellen die Messeplaner ihren Entwürfen konzeptionelle und theoretische Überlegungen voran (Fa. WengerWittmann, zuletzt abgerufen am 8.11.2016 unter http:// www.wengerwittmann.de /orangesense/kommunikation-im-raum/, hier: „PDF Unternehmensprofil"), welche entfernt an die erstmals von Lewis aufgestellte AIDA-Regel erinnern (s. Lewis 1903, S. 124).

2 Fragestellungen beim Systembau- und Individualstand

Geht man von der Annahme aus, dass ein Messestand in Analogie zu einem Ladengeschäft ein – wenn auch temporärer – *branded space* ist (vgl. Moor 2003, S.39), welcher durch räumliche und visuelle Informationen eine Markenbotschaft transportiert und für den Nachfrager eine Informations- und Einkaufsplattform darstellt, lassen sich Untersuchungen darüber, wie sich äußere Parameter (*atmospheric variables*) auf das Kundenverhalten in Shops auswirken, auch auf Messestände anwenden (vgl. Donovan/Rossiter et al. 1994, sowie Turley/Milliman 2000).

Einen Ausgangspunkt für die Beurteilung der Wirkung eines Messeauftritts bietet der umweltpsychologische bzw. verhaltenswissenschaftliche Ansatz von Mehrabian/Russell (vgl. Mehrabian/Russell 1974). Umweltstimuli (*atmospherics*) lösen eine Reaktion im Individuum (Organismus) aus, die dessen Verhalten determiniert (s. Abbildung 2: Schematische Darstellung verhaltenspsychologischer Grundlagen). Die vom Individuum gezeigte „Response" kann somit als Antwort auf einen Stimulus bzw. ein Bündel von Stimuli gesehen werden. Im Messekontext sind hierbei Stimuli zu berücksichtigen, die den Kategorien *exterior* (z. B. Messehalle, Parkplätze, Platzierung eines Standes in der Messehalle), *interior* (z. B. Layout eines Messestandes, Möblierung des Standes) oder den *human variables* (z. B. Messestandpersonal) zuzuordnen sind. Indem die Messestandgestaltung die *atmospherics*, d. h. die Umweltstimuli, bestimmt, denen ein Messebesucher ausgesetzt ist, hat diese einen entscheidenden Einfluss auf die Wirkung des Messeauftritts sowie auf die beim Messebesucher erzeugte Reaktion. Da die Reaktionen von einer einfachen Hinwendung zum Messestand über Interaktionsbereitschaft als Geschehen am Stand bis hin zu ökonomisch relevanten Handlungen (wie einem Vertragsabschluss) reichen können, beeinflusst die Messestandgestaltung den Erfolg eines Messeauftritts.

Erlebnis am Messestand 103

Abb. 2: Zusammenfassung verhaltenspsychologischer Grundlagen beim Messestandbesuch

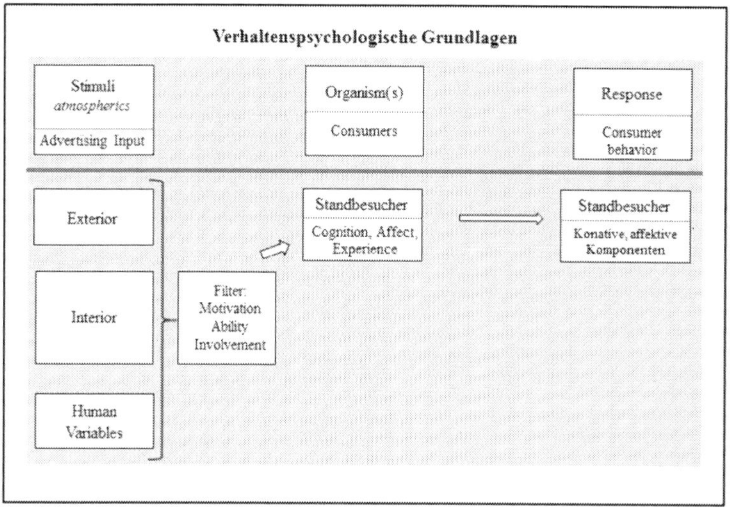

Verhaltenspsychologische Grundlagen		
Stimuli *atmospherics* / Advertising Input	Organism(s) Consumers	Response Consumer behavior
Exterior	Standbesucher Cognition, Affect, Experience	Standbesucher Konative, affektive Komponenten
Interior	Filter: Motivation Ability Involvement	
Human Variables		

Quelle: Eigene Darstellung, nach Mehrabian/Russell (1974), Turley/Milliman (2000), Drengner (2009), in Anlehnung an Vakratsas/Ambler (1999).

Im Hinblick auf die Standgestaltung zeigt sich auf Messen in der Regel ein breites Spektrum zwischen modularem Standbau (Systemstandbau) und individuell markenbezogenem, kreativem Standbau. Unter einem *Systemstand* versteht man einen temporären Raum, der aus meist modular zusammengesetzten Elementen besteht und bei dem oft Traversen, Profile und Leichtbauplatten verwendet werden.[5] Dabei ist aus wirtschaftlicher Sicht ein wiederholter Einsatz dieses Standtyps interessant: Ein Systemstand kann wegen seiner schnell trennbaren Verbindungsstücke auch unter schwierigen Rahmenbedingungen wie beispielsweise einem kurzen zeitlichen Planungsvorlauf und einem engen zeitlichen Fenster auf dem Messegelände aufgebaut werden und muss dabei die Aufbaustrategien anderer, individuell gestalteter Nachbarstände nicht mit berücksichtigen (zum Beispiel den Einsatz von Hebebühnen, was i.d.R. eine freie Bewegungsfläche um den Stand herum erfordert und daher oft nur mit zusätzlichen Aufbautagen im Vorfeld bewerkstelligt werden kann). Eine Standerweiterung oder Adaptierung auf neue räumliche Gegebenheiten ist durch den modularen Charakter der Elemente leichter möglich, genauso wie Transport und Lagerung einfacher zu realisie-

---
5 Hersteller-Beispiele für solche Systeme sind „Octanorm", „Mero" oder „Truss".

ren sind. Ein *Individualstand* hingegen hat meist keine gerasterten Maße und bedient sich selten sichtbar modularer oder genormter Systeme. Der Individualität bei der Ausführung sind im Hinblick auf die beabsichtigte Zielsetzung von Markenadäquanz keine Grenzen gesetzt. Kreatives Design und Einzigartigkeit spiegeln sich in Elementen wie der Bodengestaltung, Beleuchtung, Möblierung usw. wider.

Die verschiedenen Charakteristika von System- und Individualstand legen vor allem im Hinblick auf die Freiräume einer kreativen und individuellen Gestaltung nah, dass diese eine unterschiedliche Wirkung auf den Besucher haben. Die damit verbundenen Rahmenbedingungen der Messestandgestaltung bestimmen, inwieweit die Markenbotschaft erlebbar gemacht und dem Besucher vermittelt werden kann. Daher sollten beim beschriebenen Laborversuch beide Arten der Messestandgestaltung (Systembaustand und Individualstand) im Hinblick auf mehrere relevante Aspekte näher untersucht werden. Dies war unter anderem von Interesse, weil es in der Forschung bislang hierzu Lücken gibt.[6] Die in diesem Beitrag betrachteten Fragestellungen zeigen dabei einen themenspezifischen Ausschnitt der in der multimodalen Studie bei der Messe Berlin im Juni 2015 erzielten Forschungsergebnisse.

Zunächst sollte die Hypothese untersucht werden, nach welcher ein Individualstand hinsichtlich des „Fit" von Marke und Wahrnehmung eine größere Paßgenauigkeit aufweisen würde als ein Systemstand. Da eine große Anzahl mittelständischer Unternehmen auf Messen aufgrund von Budgetrestriktionen Stände errichtet, die kleiner sind als 50m² (als Durchschnittswert wurden 2016 sogar lediglich 38m² ermittelt - vgl. dazu Kaufmann 2016, S. 47) und dabei mangels einheitlicher Markenkommunikation innerhalb der Firma nicht selten auf Systemstände zurückgreift, könnte eine solchermaßen bestätigte Hypothese den Mittelstand motivieren, auch bei kleinen Standbaulösungen auf Individualität zu setzen (vgl. Wenz-Gahler 2002, S. 13).

Weiter wurde angenommen, dass die auf dem Stand dargestellte (Hotel-)Marke als umso innovativer wahrgenommen würde, je positiver die Bewertung der Möblierung ausfiele. Die Einschätzung der Innovation eines Unternehmens ist von Bedeutung für den Messe-Aussteller, weil sie beim Messebesucher die Wahrscheinlichkeit zu geschäftlichen Transaktionen auch für weitere Nachfrager i.S. von „Übernehmern" eines Produktes (vgl. Kroeber-Riel 2003, S. 676) erhöht.

---

6 vgl. Anm. 3

Schließlich sollte die Bewertung der beiden Messestand-Typen als Ganzes unter dem Gesichtspunkt ihrer Attraktivität betrachtet werden. Sowohl markenbezogene Ausprägungen der Standgestaltung als auch Faktoren, die vom Besucher für die Realisierung von Besuchszielen als relevant begriffen werden (bspw. Informationsgewinn - Übersichtlichkeit der Produktdarstellung; Anbahnung neuer Geschäftskontakte – einladende Gestaltung von Besprechungszonen) flossen in die Erhebung ein.

Die Versuchsanordnung der Studie in Zusammenarbeit mit der Messe Berlin sowie deren Besonderheiten bezüglich Marken-„Fit", Innovation und Gesamteinschätzung sollen im folgenden Gliederungspunkt kurz vorgestellt werden. Weitere Ergebnisse der Auswertung des Experiments, die sich auf die interpersonellen Prozesse und das Phänomen der Emotionalen Ansteckung fokussieren, sind Gegenstand des Beitrags von Lohmann/Pyka/Zanger „Der Einfluss einer erlebnisorientiert gestalteten Umwelt auf die Empfänglichkeit für Emotionale Ansteckung – Eine experimentelle Untersuchung am Messestand" in diesem Band.

3 Versuchsanordnung

Technologiegestützte Untersuchungsmethoden ermöglichen seit einigen Jahren - zusätzlich zu herkömmlichen Methoden wie Befragung, Wegeverlaufsanalysen oder dem Einsatz von „Mystery Shoppern" - neue Erkenntnisse beim Forschungsgegenstand Einzelhandel bzw. im Retail-Bereich. Sowohl dessen Methoden als auch Ergebnisse können im Hinblick auf das Erlebnis bei einem Messebesuch hinzugezogen werden. Anders verhält es sich bei apparativen Methoden: Obwohl im Ergebnis nicht unumstritten, kamen Eye-Tracking-Geräte[7] in Deutschland erstmals 2011 auf der Frankfurter Buchmesse zum Einsatz[8]. Da mehr als drei Viertel der Wahrnehmung bei Messeständen optischer Natur sind (vgl. Ermer 2014, S. 65ff.), bot es sich bei den o.a. Forschungen an, Eye-Tracking auf seine Verwendung im Zusammenhang mit der Wirkung und Wahrnehmung von Messeständen theoretisch und empirisch weiter zu untersuchen. Allerdings beschränkten sich diese Untersuchungen auf die spontane Anziehungswirkung eines Markenraums auf einen Besucher aus einer Annäherungssituation

---

7   Kritisiert wird bei dieser Methode unter anderem, dass „die Fixationen, welche der Eye-Tracker aufzeichnet, nicht immer mit der (bewussten) Wahrnehmung übereinstimmen; [...] nur weil etwas gesehen wird, heißt es nicht dass der jeweilige Bereich [...] auch genügend Relevanz besitzt, um im Kopf der Kunden einen ‚bleibenden Eindruck' zu hinterlassen" (vgl. Melcher 2015).

8   Mittels eines Projekts der DHBW Mannheim (vgl. Dinkel et al. 2012)

an den Stand heraus sowie ausschließlich auf individuell auf die jeweils dargestellte Marke zugeschnittene Messestände.

Im erwähnten transdisziplinären, multimodalen Versuch im Sommer 2015 bei der Messe Berlin wurde ein Set unterschiedlicher empirischer Messansätze angewandt, um Bewegungs- und Interaktionsverhalten am Messestand anhand objektiver Daten zu messen und sich damit dem Erlebnis am Messestand auf wissenschaftlich gestützte Weise zu nähern. Zum Einsatz kamen bei diesem Experimentalversuch (vermutlich erstmals in dieser Kombination) ein Echtzeitortungssystem auf Basis der Ultrabreitbandtechnologie (Ubisense-Technologie), Sociometric Badges, eine Videoaufzeichnung, Vor- und Nach-Befragungen durch Fragebögen sowie eine Teilnehmende Beobachtung.

Da der Wissensstand beim vorliegenden Untersuchungsgegenstand gering war, fiel die Entscheidung für eine explorative Studie und gleichzeitig – aus Kosten- und Zeitgründen – zu Gunsten einer experimentellen Anordnung mit kleiner Stichprobe aus. Dabei musste in Kauf genommen werden, dass einige Effekte nicht nachgewiesen werden konnten bzw. dass auf Signifikanzprüfungen verzichtet wurde, weil diese nicht zielführend gewesen wären.

Bei der Versuchsanordnung bei der Messe Berlin kamen je ein System- und ein Individualstand einer fiktiven Hotelmarke[9] zum Einsatz, den jeweils die gleichen sechs als „Aussteller" fungierenden Personen betreuten (siehe Abb. 3). Als Fachbesucher mit dem Auftrag, Hotelkontingente einzukaufen, standen 22 Probanden zur Verfügung. Dabei wurde bewusst die Situation geschaffen, dass diese Besucher nicht die Wahl zwischen dem Besuch unterschiedlicher Stände hatten (wie es in der Messepraxis vorkommen kann – insbesondere bei Publikumsmessen mit breitem Warenangebot, auf denen es keine vorher verabredeten Termine gibt und der Aussteller also auf Laufkundschaft bzw. deren spontane Entscheidung, einen Stand zu besuchen, angewiesen ist).

Die Probanden sollten hier von der Annahme ausgehen, dass ihr jeweiliger Besuch auf dem System- und Individualstand entweder aufgrund einer vorausgegangenen Termin-

---

9 Im Folgenden werden diese als „Messestand 1" (Systemstand) und „Messestand 2" (Individualstand) bezeichnet. Die fiktiven Hotelmarken korrespondierten dabei unter den Namen „Hotel Y" und „Hotel X" (s. Abbildung 3).

Erlebnis am Messestand 107

absprache zustande gekommen war oder aber dass die Besuchsentscheidung zum Zeitpunkt, an dem sie den Stand betraten, bereits gefallen war. Somit ließen sich bei der Betrachtung der *atmospheric variables* von vornherein *exterior variables* wie Platzierung des Messestandes, Eingangs- bzw. Eintrittssituation oder Anziehungspunkte am Stand, die von außen wirken (Dekoration, Exponate), ausschließen (vgl. hierzu Turley/Milliman 2000, S. 196).

Abb. 3: Systemstand/Messestand 1 (oben) und Individualstand/Messestand 2 (unten) im Vergleich

Zwei Ausprägungen der Experimentalvariable „Messestand" – je ein Systemstand und ein individuell gebauter Stand – wurden als Basis für die Untersuchungen in einer sonst leeren Messehalle aufgebaut und mit Standpersonal betrieben. Mit Blick auf die spezifische Fragestellung des Beitrags wurde der wahrgenommene „Fit" zwischen dem Messestand und der Marke bzw. der dargestellten Hotelkette jeweils mittels einer Single-Item Messung in den Fragebogen eingebracht. Diesen Fragebogen füllten die Probanden direkt nach Verlassen des Messestandes aus.

Darüber hinaus wurde zur Messung des Markenimages die Markenpersönlichkeit basierend auf der Brand Personality Scale (BPS) von Aaker (s. Aaker 1997, S. 354) bzw. durch eine von Ermer (vgl. Ermer 2014, S. 148) modifizierte und bereits empirisch im Messezusammenhang validierte Batterie mit 21 Items im Fragebogen gemessen. Zwölf *atmospheric variables* wie beispielsweise Design oder Anordnung der Standmöblierung (basierend auf den Arbeiten von Turley/Milliman) wurden über eine Skala von „hat mir sehr gut gefallen" bis „hat mir sehr schlecht gefallen" platziert. Schließlich kamen 18 Eigenschaftspaare wie z.B. „großzügig/eng" oder „kreativ/phantasielos" zum Einsatz, um die Einschätzung des Messestandes zu erfassen. Diese wurden aus dem AttrakDiff-Fragebogen generiert und an das vorliegende Experiment adaptiert (vgl. Hassenzahn/Burmester/Koller 2003, S. 192). Alle Aussagen auf dem Fragebogen wurden auf fünfstufigen Ratingskalen erfasst.

4 Darstellung ausgewählter Ergebnisse

Die Befragungsergebnisse zeigen im Hinblick auf den wahrgenommenen „Fit" zwischen dem Messestand und der Marke bzw. zwischen dem Messestand und der dargestellten Hotelkette, dass Messestand 1 bei beiden Fragestellungen signifikant niedriger bewertet wurde, wobei die Diskrepanz bei der Frage nach der Hotelkette - also nach der Marke - am größten ausfiel. Bei der Bewertung der Leistung (welche darin bestand, dass eine Verkaufsperson an den Standbesucher in dessen Rolle als Einkäufer eine Anzahl bzw. ein sog. „Kontingent" an Hotelnächten verkaufen sollte) lagen die Werte jedoch erheblich enger beieinander. Dies kann bereits einen Hinweis darauf geben, dass sowohl die Markenbewertung als auch die Einschätzung der Funktionalität des Standes im Hinblick auf die Erreichung von Geschäftszielen differenziert bewertet wurden. In der nachfolgenden Übersicht werden die Ergebnisse der Frage nach dem „Fit" (Messestand/Hotelkette bzw. –Marke) sowie Messestand/Leistung bzw. Produkt am Stand dargestellt (Tabelle 1).

Tab.1: Passgenauigkeit („Fit") zur Hotelkette bzw. am Stand erbrachte Leistung

	Mittelwert Stand 1	Mittelwert Stand 2	Ergebnis t-Test
„Der Messestand passt zur vorgestellten Hotelkette"	2,73	4,0	T-Wert -3,79 p-Wert <0,001
„Der Messestand passt zur angebotenen Leistung"	2,82	3,53	T-Wert -2,01 p-Wert <0,05

Anmerkung: Skala von 5... stimme voll und ganz zu bis 1... stimme ganz und gar nicht zu
Quelle: eigene Erstellung

Beim Stand 2 (individuell gebauter Stand) zeigen sich hohe Mittelwerte, während die Mittelwerte beim Stand 1 (Systemstand) im mittleren Bereich liegen. Der höchste Wert (4,0) wird bei der Frage nach der Passgenauigkeit zwischen Hotelmarke und Messestand erreicht und bestätigt dadurch die ursprüngliche Annahme, dass Markenwahrnehmung und markenadäquate Darstellung bei Übereinstimmung eine hohe Relevanz für den Messebesucher haben.

Im Hinblick auf die Markenpersönlichkeit wurde eine Faktorenanalyse durchgeführt, um die Variablenanzahl zu reduzieren. Die Items konnten nach vier Bereichen geclustert werden, die wie folgt charakterisiert werden können: „Power", „Tradition", „Profi" und „Smile". Bei „Power" wurden die fünf Faktoren „stark", „innovativ", „einzigartig", „unabhängig" und „aufregend" zur Betrachtung identifiziert. Diese fünf Eigenschaften zeigten die deutlichsten Unterschiede im Hinblick auf die beiden Ausprägungen der Experimentalvariablen. Daher sollen diese exemplarisch herausgegriffen und in der nachfolgenden Übersicht dargestellt werden (Tabelle 2).

Erwartungsgemäß lagen im Bereich „Innovativität" die Werte für die Hotelkette mit der größten Diskrepanz (Δ=0,77) zwischen System- und Individualstand auseinander. Die größte Annäherung bei den Werten zeigte sich hingegen bei der Bewertung von „Unabhängigkeit". Die Ergebnisse zeigen deutlich, dass ein Individualstand hinsichtlich seiner Brand Personality höher bewertet wird.

Tab.2: Brand Personality/Mittelwerte des Clusters „Power"

	Mittelwert Stand 1	Mittelwert Stand 2	Ergebnis t-Test
stark*	2,86	3,22	T-Wert -1,50 p-Wert >0,14
innovativ	2,95	3,72	T-Wert -2,72 p-Wert <0,09
einzigartig*	2,36	2,72	T-Wert -1,31 p-Wert >0,20
unabhängig*	3,05	3,28	T-Wert -0,98 p-Wert >0,33
aufregend	2,45	2,91	T-Wert -1,86 p-Wert >0,07

Anmerkung: Skala von 5 („stimme voll und ganz zu") bis 1 („stimme ganz und gar nicht zu")
*=nicht signifikante Werte
Quelle: eigene Erstellung

Um die Unterschiede bei der Wahrnehmung der Markenpersönlichkeit noch tiefer gehend zu untersuchen, wurde die Einschätzung der verschiedenen Gestaltungselemente herangezogen und deren Einfluss auf ausgewählte Faktoren der Brand Personality geprüft. Hierfür wurden lineare Regressionsanalysen eingesetzt. Die nachfolgende Darstellung erläutert den Zusammenhang zwischen der Möblierung am Messestand und der Einschätzung der Innovation der Marke durch den Nachfrager (Tabelle 3).

Tab.3: Innovationseinschätzung

Betrachteter Zusammenhang	β-Wert	Signifikanz
Möblierung → Einschätzung der Innovation	0,664	p<0,001

Quelle: eigene Erstellung

Im Ergebnis zeigt sich, dass je positiver die Möblierung wahrgenommen wurde, desto innovativer fiel die Einschätzung des Standes aus. Mit 0,664 weist der β-Wert einen starken, positiven Einfluss der Möblierung auf die Einschätzung der Innovation aus.

Erlebnis am Messestand 111

Damit wirkt sich eine positive Bewertung der Möblierung des Messestandes ausgesprochen positiv auf die Markenbewertung aus.[10]

Abschließend sollen die Ergebnisse zum Eindruck des Messestandes durch den Standbesucher dargelegt werden. Mittels Gegensatzpaaren wie „innovativ/konservativ" oder „lebendig/trist" sollten die Probanden ihren Eindruck vom besuchten Messestand wiedergeben. Aus den Ergebnissen wurde ein Polaritätenprofil (s. Abbildung 4) auf einer Skala von 1 bis 5 entwickelt, das nachstehend abgebildet und interpretiert wird. Dabei ist die Betrachtung der äußeren Werte sowie der Bezug auf den Mittelwert von 3,0 besonders relevant, da sich hier weitere Erkenntnisse bezüglich der Bewertung von Individual- und Systemstand ableiten lassen können.

Abb. 4: Polaritätenprofil Einschätzung Messestand

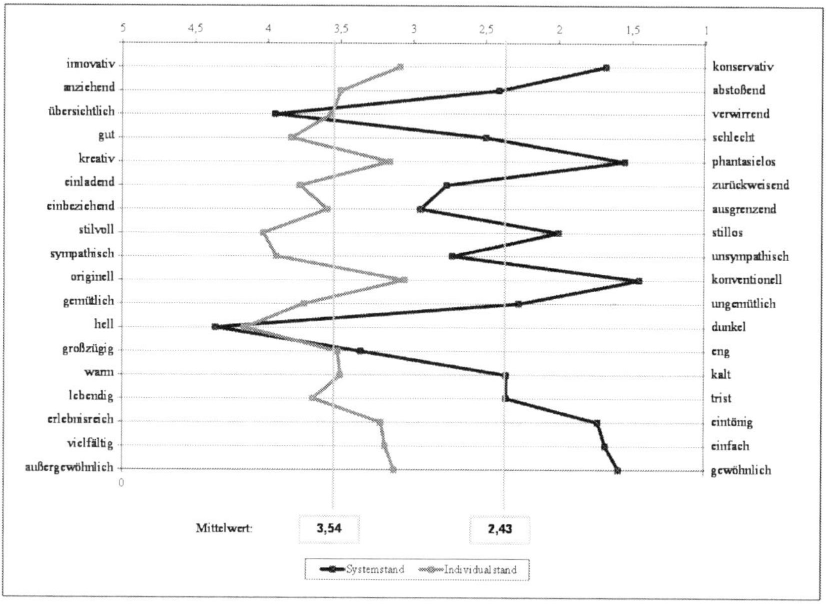

Quelle: eigene Erstellung

---

10 vgl. dazu frühere Studien zur Patientenzufriedenheit aufgrund von Wartezimmer-Gestaltung beim Zahnarzt (s. Andrus 1986) und zur Kompetenzeinschätzung des Arztes aufgrund seiner Wartezimmer-Einrichtung und -atmosphäre (s. Piecha/Schlosser 2008, S. 20ff.).

Die Werte liegen bei den folgenden drei Begriffspaaren beim oben dargestellten 5-stufigen Polaritätenprofil mit 18 Items am weitesten auseinander:

- *kreativ/phantasielos*
- *stilvoll/stillos*
- *außergewöhnlich/ gewöhnlich*

Auch hier wird wiederum (wie bei den vorherigen Messungen) die bessere Möglichkeit des Markenerlebnisses auf dem Individualstand im Vergleich zum Systemstand in den Vordergrund gerückt. Betrachtet man jedoch die drei Werte, die am engsten zusammen liegen (*übersichtlich, hell und großzügig*), so wird deutlich, dass die Wirkung der Arbeitsatmospähre bei beiden Ständen beinahe identisch als „gut" bewertet wird. Ein Besucher unterscheidet offenbar beim Anspruch an den Stand zwischen markenrelevanten Ausprägungen wie Design sowie „arbeitsorientierten" Aspekten wie Übersichtlichkeit und Helligkeit.

Bei der Bildung eines Mittelwerts zeigt sich überraschend ein vergleichsweise schmaler Korridor mit einer Spanne von 1,11 für beide Messestände um die Achse 3,0 herum (Mittelwert Systemstand= 2,43; Mittelwert Individualstand=3,54). Damit wird, durchschnittlich betrachtet, weder der eine noch der andere Stand als insgesamt außergewöhnlich gut oder als extrem schlecht bewertet. Dies ist für die abschließende, vorläufige Betrachtung ebenfalls von Bedeutung (s. Kapitel 5).

5 Zusammenfassung

Die vorliegenden Überlegungen sind, wie oben dargelegt, nur ein kleiner Teil der Untersuchungsergebnisse, welche durch die vorliegende Versuchsanordnung ermöglicht wurden und die im Nachgang zum Laborexperiment vom Sommer 2015 gesichtet und ausgewertet werden konnten. Die Schwerpunkte Markenfit, Innovationsbewertung und die Gesamteinschätzung des Messestands sollen nachstehend einer Bewertung unterzogen werden.

Untersuchungen zum Fit, also zur Paßgenauigkeit von Marke und markenadäquater Präsentation durch den Messeauftritt, waren von Interesse, weil in der Messepraxis gerade mittelständische Unternehmen (aus unterschiedlichen Gründen, s. Abschnitt 2) häufig auf Systemstandbau zurückgreifen und dabei die Chancen und Möglichkeiten eines strategisch geplanten Markenauftritts unterschätzen. Bei der vorliegenden Erhebung wurde zwischen der Übereinstimmung von Marke/Messestand und Pro-

Erlebnis am Messestand 113

dukt/Messestand unterschieden. Es konnte gezeigt werden, dass der individuell markenbezogen gebaute Messestand den Erwartungen bezüglich Marke und adäquater Darstellung am meisten entsprach. Unternehmen, die in der Praxis eher auf Systembaustände zurückgreifen, müssen sich der (fehlenden) Wirkung bzw. des „Mankos" beim Markeneindruck auf den Besucher bewusst sein und dieses in Kauf nehmen. Messebauer, Veranstalter und Messegesellschaften könnten hier vermehrt Chancen wahrnehmen, um bei der Beratung von Ausstellern und der Konzeption von entgeltlich zur Nutzung angebotenen Messeständen auch für den Mittelstand Möglichkeiten markenadäquater Messeauftritte zu schaffen. Oft halten Messegesellschaften in ihrem Standardprogramm lediglich Systemstände vor, ohne auf die Gegebenheiten und Möglichkeiten markenbezogener 3D-Inszenierungen hinzuweisen.[11]

Weiter wurde die Innovationseinschätzung – zunächst allgemein und dann auf Basis der Möblierung des Standes - betrachtet. Bei der Anwendung der Brand Personality Scale auf die beiden Messestandformen wurde erwartungsgemäß der individuell gestaltete Stand als innovativer, der Systemstand als weniger innovativ bewertet. Auch bei den Merkmalen „stark", „einzigartig" und „unabhängig" fiel die Bewertung positiv zugunsten des Individualstandes aus. Anhand einer Variablen aus dem Set der *atmospherics* wurde der Zusammenhang zwischen der Möblierung und der Einschätzung der Innovation betrachtet. Auch hier erzielte der Stand von „Hotel X" (s. Anm. 9) den höchsten Wert, was auf den dominanten Einfluss von Möblierung bezüglich Innovationswahrnehmung der dargestellten Marke hinweist.

Schließlich konnte die Wahrnehmung der beiden unterschiedlichen Messestand-Typen im Hinblick auf ihre Attraktivität untersucht werden. Dass der Systemstand diesbezüglich als „unkreativ, phantasie- und stillos" sowie als „nicht außergewöhnlich" bewertet wurde, entspricht den vorangestellten Überlegungen und Erwartungen an das Experiment. Dass jedoch die Wirkung der Arbeitsatmosphäre sowohl beim Systemstand als auch beim Individualstand ähnliche Werte hatte, gibt einen Hinweis darauf, dass Stände hinsichtlich der Besucherzielsetzungen weiter untersucht werden sollten. Wenn bei einem Besuch allgemein das Interesse an neuen Produkten im Vordergrund stehen sollte, war die Markenadäquanz zwar von Bedeutung; bestand das Messeziel jedoch in

---

11 Siehe beispielsweise bei der Messe Berlin GmbH das Portfolio im Bereich Systemstandbau: http//:www.mb-capital-services.de/DesignMessebau/Systemstandbau/; hier werden Beispiele von Ständen unkommentiert dargestellt.

der Informationsgewinnung und –vertiefung oder in der Anbahnung bzw. Verstetigung von Geschätskontakten, so erhielten die Übersichtlichkeit der Produktdarstellung oder die einladende Gestaltung von Besprechungszonen mehr Gewicht. Daraus erklärt sich einerseits die Gewichtung der Kriterien „übersichtlich", „hell" und „großzügig", die für beide Messestände fast identisch ausfiel. Andererseits fielen die beiden Durchschnittswerte für die Messestände – im Vergleich aller Eigenschaftspaare – in einem vergleichsweise so engen Korridor aus, dass sie damit weder beim einen noch beim anderen Stand bezüglich seiner Funktion innerhalb des Messegeschehens einen gravierenden Mangel ausweisen. Auch dies gibt wiederum den Hinweis auf die Notwendigkeit, Zusammenhänge zwischen Messeständen und Besucherzielsetzungen bzw. Zielerreichungsgraden tiefergehend und weiterführend zu betrachten.

Zusammenfassend lassen sich die folgenden, auch für die Praxis relevanten Schlüsse ziehen:

1. Ein Individualstand wirkt sich auf den Besuchenden allgemein positiver auf dessen affektiven Zustand aus, während ein Systemstand eher als neutral empfunden wird.[12] Eine markenadäquate Darstellung wird mit der Innovationskraft des ausstellenden Unternehmens konnotiert und im Sinne des Markenfits sowie der Markenpersönlichkeit als positiver bewertet.
2. Die Erlebnisorientierung eines Messestandes könnte dessen Funktionalität eher einschränken. Dies steht im Gegensatz zu einer möglichen Annahme, dass Besucher, die ihre Wahl, einen Messestand zu besuchen, bereits getroffen haben, länger an einem individuell gestalteten Stand verweilen und den Stand mit der Marke identifizieren.
3. Fachbesucher empfinden möglicherweise einen Systemstand als „aufgeräumter" und „effizienter", um ihre Geschäfte zu tätigen.[13] Dies könnte für Messe-

---

12 Diese Annahme bestätigen die Ergebnisse einer unveröffentlichten Studie vom 20.10.2016 von Christoph Arens, TU Chemnitz, welcher auf der Messe für Consumer Electronics IFA Berlin im September 2016 eine Feldstudie mit 98 Befragten durchführte (mit frdl. Genehmigung des Autors).

13 Dies wird gestützt durch die qualitative Aussage eines der sechs Standbetreuer im Rahmen des Laborversuchs: „Ich fand, dass der Systemstand ganz allgemein das Arbeiten besser ermöglichte als der Individualstand, weil irgendwie alles aufgeräumter und funktionaler war" (aufgezeichnet vom Autor am 1. Juli 2015).

bauer Chancen bieten, ihr Angebotsportfolio noch mehr marken- und nutzerbezogen zu überdenken.

Beim multimodalen Einsatz der oben beschriebenen Forschungsmethoden am Messestand sind bislang noch nicht alle Möglichkeiten – insbesondere in der Kombination der Modi – ausgeschöpft worden. Durch weitergehende Untersuchungen könnten mehr Erkenntnisse zum Besucher- und Interaktionsverhalten sowie zur Dauer und Bewertung von Messeterminen gewonnen werden, um damit Fragestellungen nach optimalem Einfluss der Standgestaltung auf das Kommunikationsverhalten von Messeteilnehmern zukünftig mit größerer Exaktheit und Objektivität zu beantworten.

Bei der Erforschung der affektiven Wirkungen eines Messestandes unter Betrachtung der *atmospherics* werden in Fortführung des vorliegenden Beitrags zusätzliche Variablen und Zusammenhänge untersucht werden müssen; so beispielsweise *complexity and order* (vgl. Gilboa/Rafaeli 2003), *density* versus *crowding* (vgl. Eroglu/Machleit 1990, S. 202) oder - unter Bezug auf die Architekturpsychologie - die Raumwahrnehmung im Spannungsfeld zwischen Überblick und Rückzugsmöglichkeit (vgl. Walden 2008; Mehrabian 1987).

Weiterführende Überlegungen sollten demnach also der Erlebniskomponente am Messestand unter Einbeziehung der angesprochenen Zusammenhänge sowie unter Berücksichtigung von Gestaltungselementen und Besucherzielsetzungen nachgehen und können damit hoffentlich zusätzliche sinnvolle Beiträge zur Verbindung von Wissenschaft und Praxis leisten.

Literaturverzeichnis

AAKER, J. L. (1997): Dimensions of Brand Personality, in: Journal of Marketing, Vol. 34, 1997, No. 3, pp. 347-356.

ANDRUS, D. (1986): Office Atmospherics and Dental Service Satisfaction, in: Journal of Professional Services Marketing, Vol. 1, 1986, No. 4, pp. 77-85.

AUMA_MESSETREND (2016): AUMA, Ausstellungs- und Messeausschuss der Deutschen Wirtschaft e.V. (Hrsg.), Schriftenreihe/ Institut der Deutschen Messewirtschaft, Edition 44, Berlin 2016.

BELLO, D.C.; LOTHIA, R. (1993): Improving trade show effectiveness by analyzing attendees, in: Industrial Marketing Management, Vol. 22, 1993, No. 4, pp. 311-318.

COX, K. (1964): The responsiveness of food sales to shelf space changes in supermarkets, in: Journal of Marketing Research, Vol. 1, 1964, No. 2, pp. 276-292.

DINKEL, M. ET AL. (HRSG.) (2012): Eye-Tracking Studie auf der Frankfurter Buchmesse, in: Newsletter des Studiengangs Messe-, Kongress- & Eventmanagement der Dualen Hochschule Baden-Württemberg, Vol. 1/2012, Mannheim 2012 verfügbar unter: http://www.mke.dhbw-mannheim.de/fileadmin/ms/bwlvm/Newsletter/2012_Nr1_MKE_DHBW_MA.pdf, zuletzt abgerufen am 7.09.2015.

DONOVAN, R. J.; ROSSITER, J.R.; MARCOOLYN, G.; NESDALE, A. (1994): Store Atmosphere and Purchasing Behavior, in: Journal of Retailing, Vol. 70, 1994, No. 3, pp. 283-294.

DRENGNER, J. (2009): Imagewirkungen von Eventmarketing. Entwicklung eines ganzheitlichen Messansatzes, 3. Aufl., Wiesbaden 2009.

ERMER, B. (2014): Markenadäquate Gestaltung von Live Communication-Instrumenten. Untersuchung der Wahrnehmung und Wirkung von Messeständen, in: Burmann, C.; Kirchgeorg, M. (Hrsg.): Innovatives Markenmanagement, Band 49, Wiesbaden 2014.

EROGLU, S. A.; MACHLEIT, K.A. (1990): An Empirical Study of Retail Crowding: Antecedents and Consequences, in: Journal of Retailing, Vol. 66, 1990, No. 2, pp. 201-221.

FLIEß, S. (2006): Messeplanung und -kontrolle, in: Kleinaltenkamp, M.; Plinke, W.; Jacob, F.; Söllner, A. (Hrsg.): Markt- und Produktmanagement – Die Instrumente des Business-to-Business-Marketing, 2. Aufl., Berlin, Heidelberg, New York 2006, S. 629-706.

GILBOA, S.; RAFAELI, A. (2003): Store environment, emotions and approach behaviour: Applying environmental aesthetics to retailing, in: The International Review of Retail, Distribution and Consumer Research, Vol. 13, 2003, No. 2, pp. 195-211.

GOPALAKRISHNA, S.; ROSTER, C. A.; SRIDHAR, S. (2010): An exploratory study of attendee activities at a business trade show, in: Journal of Business & Industrial Marketing, Vol. 25, 1990, No. 4, pp. 241-248.

HASSENZAHL, M.; BURMESTER, M.; KOLLER, F. (2003): AttrakDiff: Ein Fragebogen zur Messung wahrgenommener hedonischer und pragmatischer Qualität, in: Ziegler, J.; Szwillus, G. (Hrsg.): Mensch und Computer. Interaktion in Bewegung, Stuttgart, Leipzig 2003, S. 187-196.

HEGER, G.; PRÜSER, S. (2015): Messemarketing. Studienbrief 2 Hochschulverband Distant Learing (HDL), 3. Aufl., Brandenburg 2015.

KAUFMANN, G. (2016): Klein, aber oho. Effektiver Messe-Auftritt. In: m+a report, September 2016, S. 46-51.

KIRCHGEORG, M. (2012): Szenarioanalyse: Messen & Live Communication 2020, in: AUMA, Ausstellungs- und Messeausschuss der Deutschen Wirtschaft e.V. (Hrsg.), Schriftenreihe/Institut der Deutschen Messewirtschaft, Edition 36. Berlin 2012.

KLAUS, K. (2007): Banken und Erlebnisorientierung. Verhaltenswirkungen aus umweltpsychologischer Perspektive, Wiesbaden 2007.

KOPELENT, M. (1989): Wie wirkt ein Messestand tatsächlich auf Besucher und Mitarbeiter, in: Marketing Journal, 1989, Nr. 2, S. 166-167.

KROEBER-RIEL, W.; WEINBERG, P. (2003): Konsumentenverhalten. 8. Aufl., München 2003.

LAE – LESERANALYSE ENTSCHEIDUNGSTRÄGER IN WIRTSCHAFT UND VERWALTUNG (2015): LAE - Leseranalyse Entscheidungsträger e.V. (Hrsg.), online verfügbar unter: http://www.m-cloud.de/LAE2015/, zuletzt abgerufen am 20.06.2016.

LEWIS, E. (1903): Catch-Line and Argument, in: The Book-Keeper, Vol. 15, 1903. New York 1903.

MEHRABIAN, A.; RUSSELL, J.A. (1974): An Approach to Environmental Psychology. Cambridge Massachusetts 1974.

MEHRABIAN, A. (1978): Räume des Alltags oder wie die Umwelt unser Verhalten bestimmt. Frankfurt (1978) (Engl. Original: Public places and private spaces, New York 1976).

MELCHER, M. (2015): Eye-Tracking Analyse: Sehen vs. Merken, online verfügbar unter: http://www.konversionskraft.de/?p=25064, zuletzt aufgerufen am 28.05.2015.

MOOR, E. (2003): Branded Spaces: The scope of ‚new marketing', in: Journal of Consumer Culture, Vol. 3, 2003, No. 1, pp. 39-60.

PIECHA, A.; SCHLOSSER, A. (2008): Der Einfluss der Warteraumgestaltung auf die Einschätzung der ärztlichen Kompetenz. Forschungsbericht, in: Richter, P. (Hrsg.): Dresdner Arbeiten zur Architekturpsychologie. Dresden 2008.

RINALLO, D.; BORGHINI, S.; GOLFETTO, F. (2010): Exploring visitor experiences at trade shows, in: Journal of Business & Industrial Marketing, Vol. 25, 2010, No. 4, pp. 249-258.

SCHULZE, G. (1992): Die Erlebnisgesellschaft: Kultursoziologie der Gegenwart, Frankfurt/New York 1992.

SCHWÄGERMANN, H. (2010): Meeting Architecture, ROI und Bildungscontrolling – Neue Wege für effiziente Meetings? In: Zanger, C. (Hrsg.): Stand und Perspektiven der Eventforschung, Wiesbaden 2010, S. 119-132.

TURLEY, L. W., MILLIMAN, R.E. (2000): Atmospheric Effects on Shopping Behavior: A Review of the Experimental Evidence, in: Journal of Business Research, Vol. 49, 2000, pp. 193-211.

WALDEN, R. (2008): Architekturpsychologie: Schule, Hochschule und Bürogebäude der Zukunft, Lengerich 2008.

WENGER, F.P. (2014): Unternehmensprofil WengerWittmann, online verfügbar unter http://www.wengerwittmann.de/ orangesense/ kommunikation-im-raum/, zuletzt abgerufen am 8.11.2016

WENZ-GAHLER, I. (2002): Big ideas for small stands. Erfolgskonzepte für kleine Messestände, Leinfelden-Echterdingen 2002.

ZANGER, C.; KLAUS, K. (2004): Erlebnisorientierte Filialgestaltung: Grundlagen - Analysen - Konzepte für Kreditinstitute, Stuttgart 2004.

ZANGER, C.; DRENGNER, J. (1999): Erfolgskontrolle im Eventmarketing, in: Planung & Analyse, 1999, Nr. 6, S. 32-37.

Ursula Drees
Erleben, Spielen und inszenierte Räume des Erlebens

1 Ausgangslage

2 Was ist Erleben?

3 Was ist Spiel?

   3.1 Spiel und Interaktion

   3.2 Flow

4 Aufgabe, Ziel, Konzentration, Feedback

   4.1 Museales Verhalten

   4.2 Die Ausweitung des Magic Circle

5 Schlussbetrachtung

Literaturverzeichnis

Erleben, Spielen und Inszenierte Räume des Erlebens

1 Ausgangslage

Erleben und innere Einbindung stellen markante Grenzpunkte für die Gestaltung von interaktiven Erlebnisräumen dar. In diesem Beitrag werden die Komponenten und die Möglichkeiten für Spieleinbindung in inszenierte Erlebnisräume diskutiert. Das Erleben als Bedingung und Vorgang wird festgehalten. Darauf aufbauend wird das Spiel, die Interaktion und die notwendige Anteilhabe des Besuchers, des Akteurs besprochen.

Bildschirme und Tastaturen begrenzen Computerverarbeitung als auch Computerspielwelten. Neue Trends führen von dieser Art der Computerbedienung weg und fügen der Mensch-Computer-Interaktion die Realität als erweiternde Komponente hinzu. In der Praxis werden erste Anwendungen dieser modernen Auffassung der Mensch-Computer-Beziehung umgesetzt. Der große Einfluss der Computerspielindustrie auf den technischen Fortschritt ist hinlänglich bekannt.

Das Schaffen eines Erlebnisses für den Benutzer wird zum Grundprinzip des Gamedesigners. Damit wird eine neue Dimension eröffnet und markiert den Wendepunkt in der Gameindustrie.

Neben dichter Spielstrukturen zeichnet sich die Qualität eines Spiels durch eine an Interaktivität gebundene Geschichte aus. Die Diskrepanz zwischen dem Erzählen einer Geschichte im Sinne eines Plots und der gleichzeitigen Gestaltung des Spielerlebnisses, auch Gameplay genannt, wird in der Computerspielindustrie diskutiert.

Es entsteht ein experimentelles Spieldesign, das durch eingebettete Technologien die Grenzen gewöhnlicher Computerspiele sprengt und die physikalische Welt als weiteren Interaktionsparameter integriert. Diese Form ermöglichten Spiele, die nicht mehr nur an eine rein virtuelle Welt gebunden sind und die reale Welt mit einbeziehen.

Die einbindende Ludologie erweitert die traditionellen Spieltheorien mit ihren fundamentalen Fragen Wo, Wann und mit Wem gespielt wird durch die Komponente Realität.

2 Was ist Erleben?

Jeder Mensch erlebt anders. Dennoch lässt sich das Erleben durch sieben Komponenten eingrenzen. Umgebungseinflüsse, Bildung und Sozialisation, Erwartungshaltung einer Sache gegenüber, persönliche Vorlieben, Begabungen und die innere Haltung beeinflussen das Erleben. **Der Mensch erlebt individuell.** Maßstäbe oder Parameter für ein Erleben gibt es nicht.

Wenn der Mensch erlebt, dann findet eine innere Orientierung statt. Der Erlebende stellt sich einer Situation und bewertet diese. Er hält etwas für gut oder er lehnt etwas ab. **Es ist ein innerlicher Prozess.**

Erleben setzt ein Wollen voraus. Der Mensch muss eine innere Bereitschaft zum Erleben in sich tragen. Das Erleben will gewollt werden. Menschen werden selten zu schönen Erlebnissen und Erfahrungen gezwungen, wohl aber zu schlechten Eindrücken. Erleben wird positiv besetzt, und so ist eine innere Bereitschaft eine Offenheit Voraussetzung für ein Erleben.

Wer etwas erleben will der muss auch vor Ort sein. **Er muss anwesend sein.** Er kann nicht vertreten werden. Der Mensch kann keine Stellvertreter zum Erleben ernennen. Er kann aus anderen Erlebnissen Rückschlüsse ziehen und daraus ein inneres Bild schaffen, aber um etwas zu erleben muss der Mensch selber involviert werden. Er muss selber erleben. Er muss dabei sein.

Erleben bedeutet eine Belebung von Gefühlen. Eine innere Belebung, Erregung findet statt. Dieses Gefühl stellt einen Erinnerungsmarker dar. Mit diesem Gefühl wird das Erlebnis verbunden und wieder abrufbar.

Gefühle sind an Räume gebunden. Diese Räume sind bestimmt, sie sind mit Bewegung verknüpft. Sie sind an Atmosphären gebunden, sie erwecken Erinnerung. Der Geruch des nassen Laubs bei einem Spaziergang erweckt ein Erlebnis. Das Musikstück aus der Jugend, der Geruch der ersten Autofahrt, die hintere Rückbank im Bus wo der erste Kuss war...

Eine erschließende Leistung ist notwendig. Wer dumpf und ablehnend ist, der wird schwer zum Erleben zu überzeugen sein. Der Mensch muss willens sein, er muss das Finden einer Bedeutung in einem neuen Raum zulassen wollen. Er muss unternehmungslustig sein.

Erleben ist schwer messbar. Komponenten: Individualität, innerer Prozess, Wollen, Anwesenheit, Gefühlsbelebung, Räume und erschließende Leistung sind Randbedingungen, sie stellen Marker, Meilensteine dar. Je nach Betonung der einen oder anderen Komponente verschiebt sich das Kräfteverhältnis aller Merkmale zueinander.

Erleben, Spielen und Inszenierte Räume des Erlebens 125

Das Erlebnis ist nicht prädikativ. Mit einem Satz lässt sich Erleben nicht beschreiben. Das Erleben ist vielschichtig zu beschreiben und daher kann die Beschreibung des Erlebens nicht nach dem Muster des Satzes oder anderer Sprachformen gebildet sein. Das Erleben wird nicht gesprochen. Es wird wahrnehmend realisiert und ist stets körperbezogen. Das Erleben wird durch Beteiligung ausgelöst.

Abb. 1: Komponenten des Erlebens

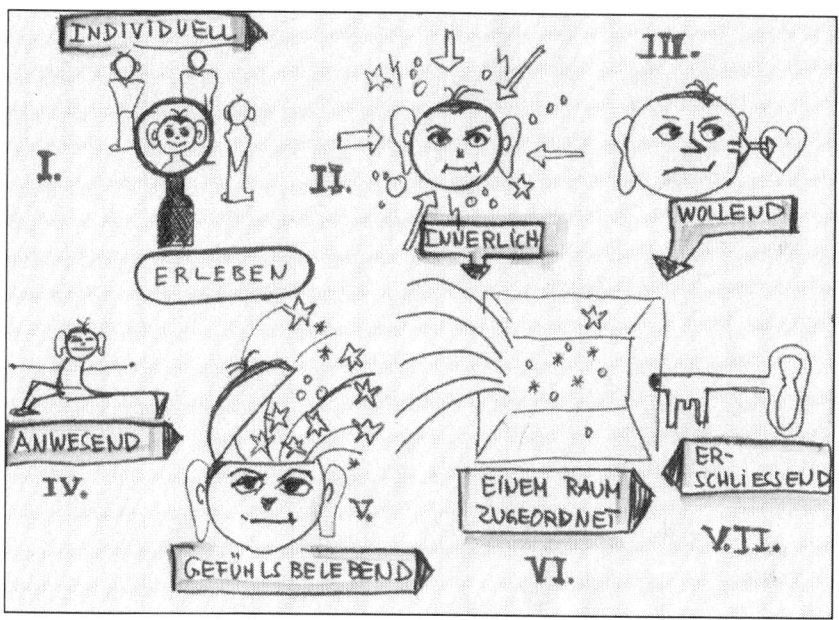

Quelle: eigene Erstellung

Daher werden die Merkmale wie **Raum, erschließende Leistung, Anwesenheit und Individualität** in den Fokus gestellt. Sie lassen sich planen und inszenieren.

Das Wesen der Installation ist, den Raum und das Ensemble aller Elemente in ihm zu einer Einheit verschmelzen zu lassen. Das heißt, das physische Betreten durch den Besucher und die körperliche Einbettung sind wesentliche Merkmale der Installationskunst.

Ein körperbezogener Begriff der Erfahrungsgestaltung wird geprägt. Die Erfahrungsgestaltung bezieht sich auf das Erleben des Besuchers in einer Ausstellung. Sie soll das Publikum mit unerwarteten Situationen überraschen oder einbeziehen und so einen

Prozess der Erfahrung auslösen. Ziel hierbei ist nicht vorrangig das Werk, sondern die Installation als Mittel zur Auslösung eines Erfahrungsprozesses. Damit wird der Besucher zum aktiven Partizipanten des Kunstwerkes.

Besondere Techniken oder Merkmale definieren per se nicht Erfahrungsräume. Das Hauptcharakteristikum ist der grundlegende Unbestimmtheitsfaktor durch kontinuierliches Überschreiten von Gattungsgrenzen und Definitionen über Experimente.

3 Was ist Spiel?

Das Spiel und das Experiment, wie in der Kunst vorgelebt, sind miteinander verflochten.

Die Verschiebung von einem Betrachter zu einem aktiven Benutzer bedeutet innere Einbindung. Spiele entstehen ebenso wie Installationen durch die Wahrnehmung und die Vorstellung des Spielers oder des Besuchers und dessen Ausübung im Werk oder Spiel. Das Spiel kann wie jeder andere Teil kulturellen Lebens verwendet werden, um zu informieren, zu inspirieren und zu kreieren. Bei der Betrachtung des Spiels im künstlerischen Kontext werden aktuelle Herangehensweisen der Verbindung sichtbar.

Marcel Duchamp, seine Passion für Schach, Fluxus mit „Score and Boxes", John Cage mit spielerischen Zufallsprinzipien sind Beispiele für die Verwendung von Spiel in der Kunst. Es wird die „auktoriale Rolle des Künstlers als auch den Status des bisher unantastbaren Kunstwerks" (vgl. Dinkla 1997, S. 26)[1] verworfen. Spielen ist ein kreativer Prozess und diese Spiele in künstlerischen Umgebungen sind performativ, einbindend ohne gleichzeitig inszeniert zu sein. Sie sind geplant, aber das Ende ist offen.

Der Kulturhistoriker Johan Huizinga prägt den Begriff des Homo Ludens, womit er das Spiel als wesentlichen Aspekt im Leben der Menschen ansieht (vgl. Simanowski 2012, S. 142). In seinem gleichnamigen Werk hat Huizinga den Menschen als spielerisches Wesen beschrieben. Er begreift das Spiel auch als Kulturfaktor, das sich abseits von Biologie und Psychologie weiterentwickelt hat. Es ist eine Qualität des Handelns, die sich vom gewöhnlichen Leben unterscheidet. (Huizinga 1956, S. 11 ff.) Der Faktor des Spiels hat sich mit der Menschheit weiterentwickelt und findet sich überall, in All-

---

1 Neben einer Arbeit von Max Ernst brachte dieser eine Axt an, die die Besucher gegebenenfalls nutzen konnten, wenn ihnen das Werk nicht gefiel. Marcel Duchamp rüstete Besucher einer Ausstellung mit Lampen aus, womit diese die Werke selbst beleuchten konnten.

tag und Freizeit. Dabei fand das Spiel mitunter auch seinen Platz im Kontext der interaktiven Kunst, wo der Betrachter zum Akteur wird.

Die interaktive Kunst wird als Vorläufer der interaktiven Erlebnisräume verstanden. Dort kann Interaktion in dem Sinne, dass der Besucher Teil eines Werkes wird, spielerisches Handeln sein. De Kerckhove sieht in dieser Medienform die Fusion verschiedener Lebensbereiche: „Durch die von den interaktiven Systemen praktizierte Einbeziehung des Körpers verliert auch die strikte Unterscheidung zwischen Sport, Spiel und Kunst an Schärfe." (de Kerckhove/Derrick 1993, S. 97)

Tiefergehend betrachtet ist die zentrale ästhetische Kategorie der interaktiven Installation und später der interaktiven Erlebnisräume, das Spiel. Die interaktive Installation und interaktive Erlebnisräume finden sich nicht ausschließlich im künstlerisch, räumlichen Umfeld, sie finden sich ebenso im Umfeld des Lernens und der Unterhaltung. Immer geht es um ein gegenseitiges Aufeinander eingehen, um eine Rückmeldung. Nach Wiener ist das Lernen allgemein selbst eine Form von Rückkopplung, die sich demnach in der Interaktion mit einer gewissen vorausgesetzten Qualität finden lässt.

„Lernen ist seinem Wesen nach eine Form von Rückkopplung, bei der das Verhaltensschema durch die vorangegangene Erfahrung abgewandelt wird. [...] In seiner einfachsten Form bedeutet das Rückkopplungsprinzip, daß das Verhalten auf sein Ergebnis hin geprüft wird und daß der Erfolg oder Misserfolg dieses Ergebnisses das zukünftige Verhalten beeinflußt." (Wiener 1964, S. 63 f.)

Auffällig bei interaktiven Erlebnisräumen ist die spezielle Gestaltung des Interfaces. Das Interface stellt den Übersetzer zwischen Mensch und Maschine dar. Und in diesem Fall versteht sich das Interface nicht nur als eine Bildschirmoberfläche. Es geht weit darüber hinaus, denn alle Controller, Schaltstellen, Steuerungseinheiten sind in diesem Zusammenhang Interfaces.

Die ursprünglichen Eingabeschnittstellen in der Mensch-Computer-Interaktion sind Controller wie Tastatur und Maus. Bei interaktiven Installationen lässt sich häufig ein Mensch-Computer-Interface feststellen, das eine von den ursprünglichen Instrumenten abgewandelte Form annimmt. Die Interaktion mit dem im Hintergrund arbeitenden Computer wird über ein Interface gesteuert, das eine Gestalt eigener Bedeutung annimmt.

Interfaces haben die Funktion eine Verständnisebene von Mensch zu Maschine herzustellen. Die Aussagen und Aktionen beider Handlungspartner, Mensch und Maschine werden übersetzt. Es entsteht ein wechselseitiges Abgeben von In- und Output, von Eingabe und Ausgabe. Von Frage und Antwort. Das Interface lässt die Handlungspartner das Ergebnis des anderen verständlich erscheinen, das Interface übersetzt in die jeweilige Handlungssprache.

Der Betrachter und interaktive Erlebnisräume stehen in einer wechselseitigen Beziehung. Die interaktiven Erlebnisräume werden erst durch die – in diesem Fall ausschließlich – physische Aktion des Zuschauers vervollständigt. Dadurch wird er instrumentalisiert. Doch seine Rolle wird nicht notwendigerweise abgewertet, denn er bleibt nach wie vor der Betrachter und wird zudem zum bedeutungsvollen Element, welches ein Werk auf individuelle Weise vervollständigt.

Durch diese physische Einbeziehung wird der interaktive Erlebnisraum erst vervollständigt. Der Besucher ist nicht nur ein Teil des Werkes, er wird zu dessen Mittelpunkt. Das hat zur Folge, dass der Betrachter sowohl den interaktiven Erlebnisraum als auch sich selbst wahrnehmen muss.

„Die interaktive Installation ist das Genre digitaler Kunst, das prinzipiell darauf zielt, das Publikum auf einer unmittelbar physischen Ebene in die Gestaltung des Werkes einzubeziehen, als Werkzeug, Gegenstand und Zielpunkt. Hier äußert sich offenkundiger als in anderen Formen ästhetischer Wahrnehmung die Doppelrolle des Körpers als wahrnehmender und wahrzunehmender Faktor." (Simanowski 2012, S. 142)

3.1 Spiel und Interaktion

Wenn die Interaktion einen ausreichend komplexen Grad erreicht, ist für den Nutzer als Interagierenden ein Lerneffekt gegeben. Dieser ist dem Erleben von Spaß im Spiel zuträglich. Als Grundlage für spielerische Interaktion wird eine Handlung mit einem ausreichenden Grad an Wechselseitigkeit, also Qualität der Interaktion, angestrebt. Es lassen sich Bedingungen für die generelle Interaktion zwischen Mensch und Maschine - dem Computer - ableiten:

Feedback
Bei der Interaktion wird ein beständiges Feedback gegeben. Der Interakteur passt seinen Input an, je nachdem wie nah der aufgenommene Output des Computers am Ziel liegt. Ein Benutzer identifiziert sich mit einer Figur im Spiel und empfindet ästheti-

sches Vergnügen, wenn sie in Echtzeit auf Anweisungen reagiert, während deren ästhetische Darstellung in dieser Hinsicht wenig Relevanz aufweist. Eine Figur kann ein Ball, eine Wolke, ein Wort, eine Bewegung, eine Kreatur, eine menschliche Abbildung etc. sein.

Der Mensch als lernendes System

Der Mensch wird als lernendes System angesehen. Er verfolgt im Interaktionskreislauf ein Ziel, beziehungsweise entwickelt ein Ziel. Das gilt für offene Interaktionssysteme mit viel Freiraum und wenn das Verhalten der Interakteure wenig von außen bestimmt wird (oft in der Kunst zu entdecken). Nach Simanowski ist besonders bei solchen Systemen eine „Selbsterfahrung [...] nicht unhintergehbar, kann die Interaktion mit dem Werk doch leicht auf die Erkundung seiner Funktionsweise ausweichen (hin- und hergehen statt tanzen) und somit die körperliche Aktion dem Prozess der ästhetischen Erfahrung entziehen." (Simanowski 2013, S. 130)

Die Wechselseitigkeit wie im Gespräch

Des Weiteren wird Interaktion, um den spielerischen Charakter zu erhalten, dem menschlichen Gespräch nachgeahmt. Das menschliche Gespräch wird als Metapher verwendet. Der Computer verarbeitet den Input des Menschen und gibt auf das Ziel hin in geänderter Form eine Antwort, also wird Output zurückgegeben. Ein System aus zwei lernenden Systemen entsteht, so dass für den Menschen ein Lerneffekt gegeben ist. Ob eine Verwirklichung dieser Art des Gesprächs zwischen Mensch und Computer auf dem heutigen Stand der Technik möglich ist, bleibt zu klären. Die beiden zuerst genannten Merkmale sind zunächst relevant für eine funktionierende Interaktion im Generellen.

Spielprinzipien

Um den allgemeinen Charakter von Spielen zu verstehen, wird das Spielen zunächst von anderen Aktivitäten abgegrenzt. Huizinga beschreibt das Wesen des Spiels schon früh in der Mitte des letzten Jahrhunderts:

„Der Form nach betrachtet, kann man das Spiel also zusammenfassend eine freie Handlung nennen, die als ‚nicht so gemeint' und außerhalb des gewöhnlichen Lebens stehend empfunden wird und trotzdem den Spieler völlig in Beschlag nehmen kann, an die kein materielles Interesse geknüpft ist und mit der kein Nutzen erworben wird, die sich innerhalb einer eigens bestimmten Zeit und eines eigens bestimmten Raums vollzieht, die nach bestimmten Regeln ordnungsgemäß verläuft und Gemeinschaftsverbände ins Leben ruft, die ihrerseits sich gern mit einem Geheimnis umgeben oder durch Verkleidung als anders von der gewöhnlichen Welt abheben." (vgl. Huizinga 1956, S. 20)

Diese genannten Merkmale: freiwillige Handlung, außerhalb des gewöhnlichen Lebens, ohne Nutzen in bestimmter Zeit und bestimmten Raum, nach Regeln und als Gemeinschaft zu absolvieren, umfassen alle in der Tätigkeit Spiel vorkommenden Merkmale, die sich auf den Überbegriff des allgemeinen Spiels beziehen.

Grundsätzlich ist Spiel eine Tätigkeit, die in unterschiedlich stark strukturierte Aktivitäten eingeteilt werden kann, wenn sich auch die Übergänge teilweise fließend gestalten.

Im Speziellen wird die formalisierte Art von Spiel behandelt, welche sich durch komplexere Spielmuster von anderen ludischen Aktivitäten oder spielerischen Zuständen unterscheidet. Es werden Merkmale des von Salen und Zimmerman so bezeichneten „Game play" (vgl. Salen/Zimmerman 2004, S. 303) umrissen, die es als solches kennzeichnen.

Ein Ansatz zur Beschreibung des „Game play", das sich auch als elaboriertes Spiel beschreiben lässt, findet sich bei McGonigal, die vier Grundzüge von Spielen feststellt: **Ziel, Regeln, Feedbacksystem und freiwillige Teilnahme** (vgl. McGonigal 2012, S. 33). Mit diesen vier Merkmalen wird auf die allgemeiner gefasste Definition von Huizinga aufgebaut und diese zum elaborierten Spiel hin eingegrenzt. Die freiwillige Teilnahme und Regeln sind bereits in Huizingas Definition erwähnt. McGonigal nennt hier zusätzlich das auch schon im freien Spiel enthaltene Feedback sowie die strukturgebende Komponente des Ziels. Es gibt im strukturierten Spiel immer ein **Ziel**, auf das der Spieler hinarbeitet. Dieses hat eine Sinn gebende Funktion und lenkt die Aufmerksamkeit des Spielers. (vgl. McGonigal 2012, S. 33) Auf dem Weg zum Ziel schränken die **Regeln** den Spieler ein, so dass er diesbezüglich nicht den schnellsten Weg zum Ziel nehmen kann, sondern den Regeln entsprechend handeln muss. Weiterhin gibt es das **Feedbacksystem**, das dem Spieler zum Beispiel mittels Punktestand, Levels oder Fortschrittsbalken anzeigt, wie nahe er dem Ziel ist. Es ist ein Versprechen, dass das Ziel erreichbar ist und schafft die Motivation, weiterzuspielen. Wie schon Huizinga beschreibt, gilt auch nach McGonigal die **freiwillige Teilnahme** als Merkmal des Spiels. Diese Freiwilligkeit schließt mit ein, dass der Spieler um das Ziel, die Regeln und das Feedback weiß und diese anerkennt. Damit ergibt sich dann eine gemeinsame Basis, so dass auch mehrere Menschen gemeinsam spielen können. Da das Spiel jederzeit verlassen werden kann, ist es frei von äußeren Zwängen und gewinnt dadurch an Potential, als angenehme Aktivität wahrgenommen zu werden. Diese vier Grundzüge finden sich in allen Arten von Spielen wieder und umfassen digitale wie analoge Formen des Spiels und im Speziellen auch das Spiel im Raum. Aufbauend auf diesen vier Grundkomponenten definieren zahlreiche weitere Komponenten die individuelle Funktionsweise und Erscheinung eines Spiels. Es ist eine offen entworfene Definition, die aber den kleinsten gemeinsamen Nenner aller Arten strukturierter Spiele zusammenfasst. In welcher Reihenfolge die Kernelemente dabei dem Spieler präsentiert werden, ist irrelevant. (vgl. McGonigal 2012, S. 33 f)

Noch in vordigitalen Zeiten war es üblich, dass der Spieler die Spielregeln und das Ziel zunächst erfuhr und dann im Verlauf des Spieles Feedback bekam, wie es zum Beispiel bei Brettspielen wie Schach oder Mensch-ärgere-dich-nicht der Fall ist. Heutzutage ist es aber auch ein gängiges Muster von Computerspielen, den Spieler zu Beginn mit dem Feedbacksystem zu konfrontieren.

Das Wesen der Spiele beschreibt Bernard Suits: „playing a game is the voluntary attempt to overcome unnecessary obstacles." (Suits 2014, S. 43) Diese Hindernisse können wir uns aufgrund der freiwilligen Basis des Spiels aussuchen und daher unsere individuellen Stärken besser einsetzen oder nach Möglichkeit auch trainieren. Es wird eine Grenze zwischen dem freien Spiel, das sich beim Mensch wie auch bei Tieren findet und dem strukturierten Spiel, das scheinbar nur dem Menschen vorbehalten ist, gezogen. Beide Formen von Spiel zeichnen sich aus durch die freiwillige Teilnahme der Spieler und ein beständiges Feedback und die Vorstellung, dass es sich um eine Tätigkeit außerhalb des gewöhnlichen Lebens handelt. Erst strukturgebende Regeln und ein Ziel zeichnen das strukturierte Spiel aus, das hier näher untersucht werden soll.

Auch wenn sich ein Spiel durch diese Grundzüge als solches kennzeichnet, ist dadurch noch nicht festgelegt, dass der Spieler die Erfahrung als für sich selbst stehende wertvolle Tätigkeit wahrnimmt. Und diese positive Erfahrung, die der Spieler erfährt, ist letztendlich dafür verantwortlich, ob das Spiel in vollem Umfang funktioniert. Dann wenn Spieler offiziell in das Spiel eintreten und zu spielen beginnen. Dieses Akzeptieren von Regeln und damit Einschränkungen im Handlungsfreiraum führt letztendlich zum Spiel und dem damit verbundenen Spaß, den sich der Spieler davon verspricht.

Bernard Suits beschreibt diese Bereitschaft, in das künstliche System des Spieles einzutreten als „Lusory Attitude": „wherein one adopts rules which require one to employ worse rather than better means for reaching an end." (Suits, 2014, S. 40)

Vorausgesetzt ist, dass dem Spieler beim Spiel die Regeln bekannt sind. Die Spieler unterwerfen sich diesen Restriktionen freiwillig, da sie sich durch das Befolgen der Regeln einen maximaleren Spaß versprechen, wie der Entwicklungspsychologe L. S. Vygotsky schon im Verhalten von Kindern festgestellt hat:

„To observe the rules of the play structure promises much greater pleasure from the game than the gratification of an immediate impulse." (Salen/Zimmermann 2004, S. 331)

Zusammenfassend lässt sich feststellen, dass der Spieler freiwillig die Spielregeln akzeptieren muss, da es sich sonst von Natur aus nicht mehr um eine spielerische Tätigkeit handeln kann. Für diese freiwillige Akzeptanz wird eine intrinsische Motivation vorausgesetzt. Diese sichert, dass der Spieler weiterspielt. Intrinsische Motivation ist die Grundlage für das Erleben des Flows. Wer nicht positiv erlebt, verliert das Interesse und beendet die Interaktion.

3.2 Flow

Konzeptionell ist Spiel so gedacht, ein positives Erlebnis zu vermitteln. Denn das Spiel an sich ist eine autotelische (vgl.Csikszentmihalyi 2012, S. 72) Tätigkeit, das heißt sie dient nur dem Selbstzweck. Die Aktion bezieht sich nur auf sich selbst und wird ohne Erwartungen auf daraus folgende Belohnungen vollzogen, die Aktivität selbst stellt die Belohnung dar. Das Erlebnis muss den Spieler zwingend in seinen Bann ziehen, denn sonst wäre der autotelische Charakter des Spieles nicht gegeben. Letztendlich funktioniert das Spiel nur dann, wenn der Spieler den Spielprozess nicht aus Gründen der Langeweile bzw. Desinteresses oder aus Stress, also Unter- oder Überforderung abbricht.

Damit die Spieler in das Spiel mit all seinen Freiheiten und Einschränkungen eintreten, müssen diese gleich zweimal verführt werden, eine Aktion zu vollziehen: Zunächst muss der Spieler das Regelwerk des Spieles akzeptieren und in die von diesen Regeln geprägte Welt des Spieles eintreten. Später muss er sich dazu entscheiden, weiterzuspielen. Beides fällt leichter, sofern es sich um ein geregeltes Spiel und keine bloße ludische Aktivität handelt, denn bei Teilnahme an letzterer lässt es sich leicht ein- oder aussteigen. Im festen Spiel ist definiert, ob man gerade am Spiel teilnimmt oder nicht. Allein das häufige formale Vorbereiten eines Spieles erfordert die Entscheidung, ob eine Person am Spiel teilnimmt oder nicht. Der Spieler will das System erlernen, Spiel ist nicht nur eine angenehme Aktivität, sondern sie ist im besten Falle auch eine herausfordernde. Im Spiel sowie in vielen anderen Tätigkeiten kann ein Zustand erreicht werden, der als „Flow" bezeichnet wird. Im Alltag häufig vernachlässigt, wird bei Spielen das Phänomen des Flows bereits in der Konzeption berücksichtigt. Denn Spiele stellen als autotelische Aktivität ein exemplarisches Flow-Erlebnis dar. Sie zeichnen sich durch ein klares Ziel, etablierte Verhaltensregeln und das Potenzial, mit wachsendem Schwierigkeitsgrad immer besser beherrscht zu werden aus.

Mihály Csíkszentmihályi nennt Spiel als eines von mehreren Beispielen für diese Art der angenehmen Erfahrung, die demnach unter den Begriff des Flows fällt: „Such flow activities have as their primary function the provision of enjoyable experiences. Play, art, pageantry, ritual, and sports are some examples. Because of the way they are constructed, they help participants and spectators achieve an ordered state of mind that is highly enjoyable." (Csikszentmihalyi 2008, S. 72)

Denn nach Csikszentmihalyi sind spezifische Aktivitäten wie unter anderem Spiele dafür konzipiert, die optimale Erfahrung leicht erreichbar zu machen. Diese Tätigkeiten beinhalten Regeln, die das Erweitern der eigenen Fähigkeiten fördern, sowie vorhandene Ziele und entsprechendes Feedback ermöglichen. Durch diese Faktoren wird letztendlich Kontrolle über Fähigkeiten möglich, die sich genau zwischen Unter- und Überforderung bewegt. Drei dieser genannten Eigenschaften sind allein schon grundsätzliche Merkmale von Spielen, die zusammen auf die vierte Eigenschaft der Kontrolle hinarbeiten. Außerdem wird die Konzentration einer Person auf die Aktivität dadurch erleichtert, dass die Aktivität sich möglichst stark vom Alltag abgrenzt, was sich auch wieder als grundsätzliches Charakteristikum in Spielen findet. Genauer wird Flow als spezieller Zustand beschrieben: „the state in which people are so involved in an activity that nothing else seems to matter; the experience itself is so enjoyable that people will do it even at great cost, for the sheer sake of doing it." (Csikszentmihalyi 2008, S. 4)

Damit wird das Spiel mit seinem künstlichen und nicht Nutzen bringenden Status zum Selbstzweck, es wird zur Motivation selbst. Flow kann auch als eine Art Tunnel angesehen werden, der sich zwischen Langeweile und Angst bewegt. Maßgebend dafür ist, dass die Herausforderung einer Aufgabe den Fähigkeiten einer Person entspricht. Für das Spiel lässt sich daraus ableiten, dass der Spieler zu jeder Zeit des Spiels weder unter- noch überfordert werden darf. Da dieser aber kontinuierlich neue Fähigkeiten erlangt, wird die Herausforderung mit der Spielzeit ansteigen.

Csikszentmihalyi stellt vier gängige Merkmale fest, von denen eines oder mehrere nötig sind, damit ein solches Flow-Erlebnis zustande kommt: Zunächst tritt die Flow-Erfahrung dann auf, wenn wir mit **Aufgaben** konfrontiert werden, die wir bewältigen können. Dabei kommt es nicht auf die Art der Aufgabe an, sondern dass sie herausfordert und den Fähigkeiten einer Person entspricht. Schließlich muss ebenfalls gewährleistet sein, dass wir uns darauf **konzentrieren** können. Des Weiteren braucht der Spieler klare **Ziele**, auf die er hinarbeiten kann. Außerdem muss kontinuierlich direktes und sofortiges **Feedback** vorhanden sein.

Ein Flow-Erlebnis zeichnet sich dann durch folgende Veränderungen des psychischen Zustandes des Spielers aus: Der Alltag wird aus der Aktivität ausgeschlossen und damit nicht mehr oder nur noch am Rande wahrgenommen. Beim Spieler entsteht ein Gefühl für Kontrolle über seine Aktion - dies entspricht auch seinen Handlungen, in denen er die Situation gut unter Kontrolle hat. Man beachtet sich selbst während der Aktion weniger, dafür steigt paradoxerweise umso mehr das Bewusstsein für sich selbst, nachdem die Aufgabe vollendet ist. Weiterhin wird auch die Zeitwahrnehmung verändert. Die Bewältigung einer solchen Herausforderung durch Aktion bringt Freude. Es darf von Zufriedenheit und Selbstbestätigung gesprochen werden.

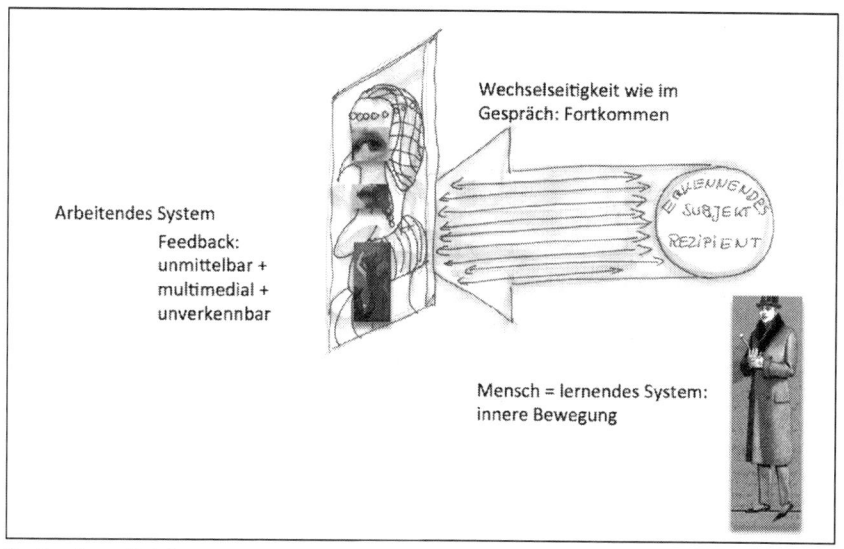

Erleben, Spielen und Inszenierte Räume des Erlebens 135

Abb. 2: Interaktion und Feedback

Arbeitendes System
Feedback:
unmittelbar +
multimedial +
unverkennbar

Wechselseitigkeit wie im
Gespräch: Fortkommen

Mensch = lernendes System:
innere Bewegung

Quelle: eigene Erstellung

4 Aufgabe, Ziel, Konzentration, FeedBack

Die für Spiele zutreffenden Merkmale und die Beschreibung der völligen Selbstaufgabe im Spiel, des Flows, überschneiden sich. Es muss eine klare Aufgabe gestellt sein, die als Regelwerk verstanden wird, ein Ziel, das wiederum als Ende des Spiels fungiert, denn hier wird die Aufgabe als gelöst und abgeschlossen markiert. Dem Spielenden wird die Freiwilligkeit der Teilnahme anheim getragen, er will sich dieser Aufgabe stellen. Er will sich in das Konstrukt begeben, um mit körperlicher und geistiger Finesse und Eingebundenheit, also mit Konzentration, die Aufgaben zu lösen. Um stets eine befriedigende Kontrolle des Handelns zu erhalten, werden Feedbacks eingebunden. Feedbacks in einem computergesteuerten System selbst sind unmittelbar, multimedial und unverkennbar.

Werden diese Regeln auf computergesteuerte raumgreifende Spiele übertragen, ändern sich die Spielbedingungen gravierend. Diese raumübergreifenden Spielszenarien finden sich mehr und mehr in Museen, auf Messen, Freizeitparks, auf EXPOS und verwandten Ereignissen. Wenn ein Raum zum Spiel wird, dann ist der Handlungsradius auf Quadratmeter erweitert. Computerspiele auf mobilen Endgeräten, oder konsolenbasierten Spielrechnern haben eine durch den Monitor begrenzte Größe. Selbst wenn sich das Spiel von fantastischen unendlichen Welten erzählt, oder von imaginierten historischen Städten und Kontinenten, so ist der jeweilige Ausschnitt auf die Größe des Spielmonitors reduziert. Je kleiner der Monitor desto größer darf die Komplexität der Spielhandlungen werden. Solange diese Handlungen durch die Controller bedienbar sind, sind den Spielern keine Grenzen gesetzt.

Sie spielen in einem privaten Umfeld, es ist immer auf diesen bekannten Bildausschnitt und Bildgröße reduziert. Der Einfluss von Unbekannten oder Fremden ist nicht zu fürchten. Diese Abgeschiedenheit ermöglicht Konzentration und damit wächst die Möglichkeit komplexe Aufgabe zu bewältigen.

In architektonischen EventMedialen Spielräumen ist dies nicht der Fall. Die Raumgröße stellt eine Herausforderung für den Spieler dar. Denn vor der tatsächlichen Spielroutine wird der Spielraum erfasst werden müssen. Das Umfeld muss in allen Facetten bekannt sein. Ein vorheriges tatsächliches Durchschreiten des Raums ist von Nöten um Spielregeln und Anweisungen und deren Orte zu vermerken. Findet dies nicht statt, wird während des Spiels selbst eine suchende Unterbrechung stattfinden und der Flow gebrochen. Dann ist es fraglich, ob der Spielende erneut in die Spielwelt eintauchen wird.

Im Vergleich zu der gewöhnlichen Desktop-Computerbedienung ist eine neue und differenzierte Interaktionsform entstanden. In den EventMedialen Spielräumen bedient nicht ein Computer einen Nutzer sondern viele Computer speisen ein großes, in einer festen Architektur inszeniertes System. Während des PC-Gebrauchs befindet sich der Nutzer direkt vor dem Computer und führt Applikationen aus. Mittels des Computer's Operating Systems gibt er explizite Befehle an die Applikation und erhält daraufhin das gewünschte Ergebnis. Im Gegensatz dazu löst bei EventMedialen Spielräumen eine Routinehandlung, wie das Betreten eines Raumes, eine Kaskade von Reaktionen aus, die von den eingebetteten Systemen gesendet werden. Sensoren in der Umgebung registrieren die Anwesenheit und die Bedürfnisse werden abgeleitet, abhängig von der Tageszeit, der Anwesenheit Anderer oder möglicherweise von deren Körpersprache. Die Bedingungen des Raumes passen sich daraufhin an.

Auf der untersten Ebene basiert das EventMediale Spiel-Szenario auf denselben Prinzipien, wie die Desktop-Interaktion. Beide sind auf Mikroprozessoren, Speicherung, Networking und Codes aufgebaut. Der PC-Nutzer sucht sich jedoch aktiv die Zeit, Art und Weise, die Dauer und eventuell den Ort der Nutzung aus. Die Interaktion besteht aus einem Abruf-und-Antwort-Rhythmus und die Handlung der Nutzer folgt dem System-Event. Die Applikationen sind von einem aufgabenorientierten Verhalten oder dem Wunsch des Benutzers nach Informationsbeschaffung gesteuert und enden nach Erfüllung der Aufgabe. Im Vergleich dazu ist der EventMediale Spielraum ein System, das den Nutzer führt. Betritt der Nutzer beispielsweise einen Raum, wird das System daraufhin reagieren und es schaltet sich das Licht automatisch an oder E-Mails werden auf eine Wand projiziert. Diese Interaktionsart wird nicht als aufgabenorientiert bezeichnet, da Nutzer und System nicht in diesem Maße korrespondieren, wie es mit der normalen PC-Nutzung der Fall wäre (Greenfield 2006, S. 37 ff.). Welche Möglichkeiten entstehen dabei, den physikalischen Raum und seine Objekte in die Interaktion zu integrieren?

Die Notwendigkeit neuer Eingabemodalitäten entsteht jenseits von Tastatur und Bildschirm, Trackball, Touchpad und Maus, da graphische Oberflächen nicht mehr für eine Interaktion im Sinne des EventMedialen Spielraums ausreichen. Neue Human Interfaces und neue Wege, die Bedürfnisse der Benutzer an das Computer-System zu kommunizieren, sind deshalb erforderlich.

Physikalische Interface-Elemente werden manipuliert um Operationen auszuführen. Haptische Interfaces sollen beispielsweise sowohl den Tastsinn als auch die Wahrnehmung der Körperbewegung und der räumlichen Orientierung mit einbeziehen (Greenfield 2006, S. 40).

4.1 Museales Verhalten

Noch verhalten sich die meisten Besucher museal. Sie betreten einen inszenierten Raum und bleiben betrachtend nach dem Eintreten stehen. Sie genießen die Inszenierung wie im Theater, schauen auf Farben und Formen, erkennen den künstlerischen Ansatz, sehen ein räumliches Bild, aber sehen die Gesamtheit nicht als etwas Benutzbares und erkennen auch nicht eine Spielaufforderung. Es gilt die Devise „Do not Touch". Denn alles Inszenierte und Ausgestellte ist vielleicht wertvoll, und wer berührt, ist in der Gefahr, zu verändern. Lieber wird reflektierend und betrachtend auf eine Aktivität, eine Änderung gewartet. Vielleicht werden Teile des Spielraums umkreist, vielleicht sogar leicht touchiert, nicht jedoch in Gebrauch genommen.

Und neben der Gefahr etwas zu ändern und zu verschieben, ist der Mensch sich seiner selbst bewusst. Er ist nicht allein, wie bei Spielmonitor basierten Computerspielen. Hier werden möglicherweise fremde Besucher den Raum betreten. Sie beobachten einander. Nur wer unvoreingenommen ist, wird das Experiment des Ausprobierens eingehen. Kinder begegnen diesen Räumen unvoreingenommen und spielen. Erwachsene erleben Umgebungseinflüsse stärker, sie warten ab und spielen nicht.

Dies sind die Einflüsse, die das Spiel in EventMedialen architektonischen Inszenierungen verhindern. Das museale Verhalten mit der „Do Not Touch" Regel, die Unwilligkeit sich unter Beobachtung durch einen Spiel-Raum zu bewegen und mit den Dingen zu experimentieren und das Gefühl von Scham bei unerwarteten Reaktionen von Seiten des Systems. Unerwartet kann ein Ausbleiben einer Reaktion sein, es kann aber auch eine zu große Anzahl von simultanen Reaktionen sein und so eine Unterforderung oder Überforderung hervorrufen.

4.2 Die Ausweitung des Magic Circle

Durch die Verlagerung der digitalen Spiele in die Realität müssen traditionelle Spieltheorien teilweise überdacht oder erweitert werden. Ein Ansatz das Spiel in EventMedialen architektonischen Inszenierungen zu beschreiben, ist die Ausweitung des Magic Circle. Der Begriff des Magic Circle wurde vom Historiker Johan Huizinga, 1938 kurz in seinen Studien über das menschliche Spielen genannt. Später wurde der Begriff als eine Game-Design-Theorie von Katie Salen und Eric Zimmerman weiterentwickelt. Für beide ist die hauptsächliche Funktion des Magic Circle, das Spiel (traditionelle Computer und nicht Computer-Spiele) und die Alltagswelt vor gegenseitiger Einmischung zu schützen. *„During a game a human being is constantly noticing if the conditions for playing the game are still being met, continuously monitoring the frame, the circumstances surrounding play, to determine that the game is still in progress, always aware (if only unconsciously) that the other participant are acting as if the game is on"* (Salen/Zimmermann 2004, S. 95).

Ein Frame bezieht sich auf das Verhältnis zwischen der künstlichen Welt des Spiels und der des überschneidenden wirklichen Lebens. Der Ort des Spiels ist von der realen Welt separiert und der Frame generiert ein „Gefühl von Sicherheit" (Salen/Zimmermann 2004, S. 96). Er ist aber nicht nur für die ungewöhnliche Beziehung zwischen Spiel und Welt verantwortlich, sondern auch für viele der internen Mechanismen und Erfahrungen eines Spiels. Salem und Zimmerman bezeichnen diesen Frame als Magic Circle, inspiriert von Johann Huizingas Arbeiten über das Spiel. Sie definieren ihn als die Grenze des Spielgeschehens (Game-Space), in dem bestimmte Regeln gelten (Salen/Zimmerman 2004, S. 96). Die individuell gezeichneten Grenzen

Erleben, Spielen und Inszenierte Räume des Erlebens 139

sind durch die Aufmerksamkeit und spielerischen Wünsche des Spielers, der aktiv entscheidet wo und wann er sich im Spielgeschehen befindet, gestaltet und geschützt.

Spiele in EventMedialen architektonischen Inszenierungen haben eine weitläufigere Herangehensweise zu der Theorie des Magic Circle. Der Magic Circle begrenzt und schützt das Spiel, wie es aus traditioneller Sicht definiert wurde durch räumliche, zeitliche und soziale Dimensionen. Spiele in EventMedialen architektonischen Inszenierungen hingegen versuchen diese Grenzen auszuweiten und aufzubrechen.

Abb. 3: IrrSinn: Multiuser Spiel mit überdimensionierter Handlungsplattform. Ein 4 x 4 m großes Trackpad verrechnet Kippwinkel an ein 3 D Grafisches Spiel.

Quelle: eigene Erstellung

Mit dieser Menge an Möglichkeiten wird das Spiel in EventMedialen architektonischen Inszenierungen auf bestimmte Spieltypen reduziert. Da in diesen Umfeldern eher mit mehreren oder sogar großen Gruppen von zufällig aufeinander treffenden Spielern oder Besuchern gespielt wird (MultiUser) hat es sich als sinnvoll erwiesen, die Spieltypen auf leicht erkennbare, bereits bekannte Spiele mit einfacher Funktionalität zu reduzieren. Komplexe verflochtene Denkaufgaben nehmen Zeit in Anspruch, die in einem EventMedialen Spielszenario nicht geboten wird. Einführungen und Spielregelbeschreibungen wirken dem gemeinschaftlichen und spontan empfundenen Spiel entgegen. Es sind daher Spieleklassiker mit bekanntem Regelwerk, die zu gemeinschaftlichen Spielen führen. Sport-, Geschicklichkeits- und Balancespiele bieten den Besuchern Wiedererkennung und die Möglichkeit, auf die überdimensionierten und unbekannten Spielcontroller oder Spielelemente einzugehen. Denn in EventMedialen architektonischen Inszenierungen wird der Besucher zur Spielfigur.

Als Beispiel soll das Multiuser Spiel „IrrSinn" vorgestellt werden. Die Besucher treten in die Welt eines Kaugummiautomaten ein und werden dort zu Spielern, denn nur mit der aktiven Hilfe aller wird in dem multiuser Raumspiel eine stecken gebliebene Kaugummikugel aus dem irrsinnigen Labyrinth des Automaten befreit.

Es handelt sich um ein kollaboratives Spiel für 12 bis 24 Teilnehmer. Sie steuern eine Kugel durch ein 3D-Labyrinth. Durch drei Level mit zunehmendem Schwierigkeitsgrad wird über ein überdimensioniertes Trackpad, der zentralen Spielsteuerung, eine Kugel gemeinschaftlich bewegt. Das Trackpad, die Hardware Komponente misst 4 x 4 m und ist im Aufbau sowohl mechanisch als auch digital. Dieses Trackpad kippt um 10 Grad durch eine mechanische Federkonstruktion, zeitgleich wird die physikalische Neigung digital verrechnet und kippt ein projiziertes 3D grafisches Spiel.

Abb. 4: IrrSinn: Das Trackpad wird mit LED Lichtern zum Handlungsfeedback.

Quelle: eigene Erstellung

Das Trackpad ist mit hergestellten LED Tubes versehen, sie geben stetiges Feedback zu dem Neigungswinkel der Plattform.

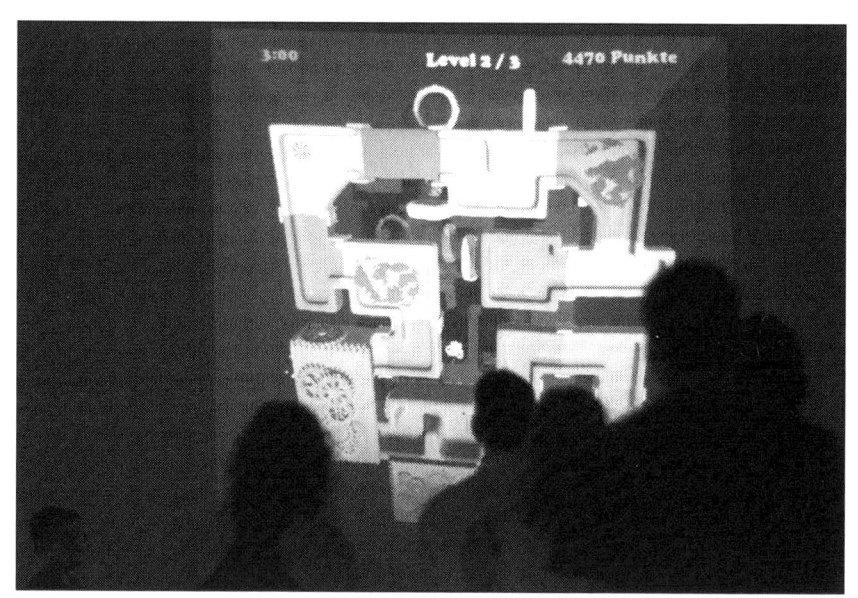

Erleben, Spielen und Inszenierte Räume des Erlebens 141

Abb. 5: IrrSinn: Die Neidung des Trackpads wird auf eine 3 D Grafisches projiziertes Spiel übertragen.

Quelle: eigene Erstellung

Mit dieser Änderung der Perspektive verändern sich die Spielansprüche. Sieht ein Spieler bei dem kartenbasierten Memory Spiel das Spielfeld als Ganzes zu jeder Zeit, so ist dies in den überdimensionierten EventMedialen architektonischen Inszenierungen nicht der Fall. Um EventMediale architektonischen Inszenierungen zu beschreiben werden drei Reflexionstypen vorgeschlagen.

Reflexionstyp 1 beschreibt wie Spieler die Realität erkennen und sich in ihr bewegen. Für den Reflexionstyp 2 ist entscheidend, was der Spieler den Anforderungen des technischen Equipments und der Spielregeln an Zielvorgaben entnehmen kann. In Reflexionstyp 3 koordiniert der Spieler diese Zielvorgaben mit seiner Orientierung und Körperkoordination und entwickelt Strategien, die er in Spielzügen ausführen kann. Das Reflexions-Modell orientiert sich auf allen Ebenen am Spieler und seinen Handlungen. Die Komplexität des Spiels und seiner Funktionen steigt durch die Interaktion im realen Raum mit physikalischen Objekten, die an einen virtuellen Kontrollapparat gebunden sind, wie es das Reflexionsmodell initiiert. Durch Umgestalten der Umgebung in ein dichtes Gitterwerk von Spielobjekten und Spielzielen zu einer Spielwelt wird der Spielbereich (Play-Space) ausgedehnt und die Grenzen zwischen real und virtuell verwischen. Der architektonische Raum wird zu einem sozialen Rahmen, in dem die Interaktionen mit dem Spiel und seiner Umgebung ausschlaggebend sind.

Die interaktive Rauminstallation „Jukebox" lässt ihre Besucher in das innere einer Jukebox eintreten. Zunächst reisen die Besucher in ein American Diner der 50er Jahre. Einer der Besucher möchte eine unbekannte Schönheit zum Tanzen auffordern. Allerdings versagt die Jukebox und die Besucher begeben sich in das Innere des Geräts. Nur durch die aktive Hilfe aller in dem Multi-User Game, kann die Jukebox wieder repariert werden und das Paar tanzt.

Abb. 6: Jukebox: Multiuser Spiel in EventMedialen architektonischen Spielraum.

Quelle: eigene Erstellung

Die Aufteilung des EventMedialen architektonischen Spielraums erfolgte in drei Räumen: ein American Diner als Einführung der narrativen, dann einer Schleuse in das Innere einer imaginierten Jukebox, wo das Raumspiel erlebbar ist.

Erleben, Spielen und Inszenierte Räume des Erlebens 143

Abb. 7: Jukebox: Plattenteller, der sowohl Bedienmodul als auch Spielfeld ist.

Quelle: eigene Erstellung

Ein überdimensionierter Plattenteller stellt die Spielfläche dar. Er ist 5 m groß und besteht aus 40 interaktiven LED-Trittmodulen. Die Spielfläche ist sowohl der Controller, also Bedienmodul, als auch Spielfläche selbst. Jedes Feld senkt sich beim Betreten und löst einen digitalen Impuls aus, der durch 1680 LEDs als Feedback den Spielern Aufschluss über ihr Tun gibt. Das Spielerlebnis ist gemeinschaftlich, obwohl jeder einzelne Spieler eine eigene Spielstandverrechnung hat und kontrolliert, wie sein Handeln den Gesamtspielstand beeinflusst. Es ist ein Reaktionsspiel auf einem überdimensionierten Plattenteller. Auch hier wurden 3 Schwierigkeitsstufen eingebaut, mit wachsender Spielexpertise wird die Schnelligkeit des Spielverlaufs gesteigert.

Abb. 8: Jukebox: Technischer Aufbau des überdimensionierten Plattentellers bestehend aus 40 unabhängig von einander arbeitenden digitalen und mechanischen Trittmodulen zur Steuerung des Spiels.

Quelle: eigene Erstellung

Die Interaktion der Spieler mit der physikalischen Realität ist ein ausschlaggebender Aspekt der Spielkonzepte von EventMedialen architektonischen Inszenierungen. Die reale Welt ist in diesem Zusammenhang jedoch nicht nur die Summe der greifbaren Echtzeitwelt und ihrer Fülle an Objekten, vielmehr sollte der sogenannte greifbare Raum als „heterotrophic organization of potential spatial patterns of behaviour" (Walther 2007, S. 290) angesehen werden. Diese räumliche Ordnung dient der Spielbarkeit und wird unterstützt durch mehrere Informationseinheiten, angeordnet in materiellen Objekten. Die Objekte werden wie in der physikalischen Welt berührt und verformt, sind aber nichtdestotrotz im virtuellen Bereich angesiedelt, da sie durch digitale Technologie kontrolliert werden.

Das Feedback in diesen Spielräumen initiiert die Interaktion mit den vernetzten Spielobjekten. Es wird nicht nur auf das jeweilige Objekt bezogen, sondern auf die Gesamtheit des Spielraums. Eine Handlung wird mit Ton, Licht, Bild und Bewegungsfeedback durch das System simultan gekennzeichnet. Die Spieler inmitten des Geschehens erkennen ganzheitlich, das ihre Handlungen sofortige Reaktionen und Veränderungen auslöst.

5 Schlussbetrachtung

Zu den neuen Technologien und den daraus entstehenden Spielen ist aktuell zu bemerken, dass diese sich noch am Anfang einer revolutionären Entwicklung befinden. Schon bald wird der Computer als Gerät aus unserem Blickfeld verschwinden. Je weniger von der Technik zu sehen ist, desto mehr wird ihre Gegenwart als reine Interaktion wahrgenommen. Es wird auf die Erlebniskomponenten des Menschen, die durch Computerbasierte Umgebungen hergestellt sind, eingegangen. Die Vernetzung hinter der Architektur und den Objekten wird unsichtbar arbeiten.

Die nächste Generation der Computerspiele wird weit über das „Ausbrechen aus dem Bildschirm" hinausgehen. Auf Grund ihrer unauffälligen Einbettung in die Umgebung werden die Computer dem Spieler die Möglichkeit bieten den physikalischen Raum neu zu entdecken. In Objekten können neue Funktionen wahrgenommen oder alte wiedererkannt werden, indem sie als Spielelemente genutzt werden. Die Spiele können an jedem erdenklichen Ort und zu jeder Zeit gespielt werden. Der Spieler kann den Fokus während des Spielens in erwünschtem Maß auf die Realität legen. Im Gegensatz dazu konzentrieren sich andere Forschungen auf die Erschaffung einer rein virtuellen Umgebung, in der die Spieler nicht mehr nur durch Bildschirm mit der digitalen Welt verbunden sind sondern vollkommen von dieser eingeschlossen werden. Zukünftige Generationen werden Computer im Vergleich zu unserer derzeitigen Wahrnehmung differenzierter erfahren. Auf den Prinzipien und den Technologien des vernetzten und allgegenwärtigen Computing aufbauend, teilen EventMediale Erlebnisräume diese Ansprüche und bieten einen fruchtbaren Boden sowohl für Künstler als auch für Wissenschaftler. Beide können neue Formen der Interaktion entdecken und wichtige Einblicke erhalten, die vielleicht in anderen Applikationen wiederverwendet werden.

Spielen wird essentieller Bestandteil der menschlichen Kultur bleiben. Die Vermischung realer und virtueller Welten bringt aber auch Probleme mit sich, wie die Ablenkung der Spieler vom Straßenverkehr und gegebenenfalls das Unvermögen, die Wirklichkeit nicht mehr von der Spielwelt unterscheiden zu können. Aber durch die Fortschritte im bewussten Umgang mit Computern wird das Spielen in real-virtuellen Räumen beherrschbar und kann unser Leben auf eine neue, unterhaltsame und (ent)spannende Weise bereichern.

Literaturverzeichnis

CSIKSZENTMIHALYI, M. (2008): Flow: The psychology of optimal experience, New York 2008.

DE KERCKHOVE, D. (1993): Ein neuro-kulturelles Verständnis von Kunst und Spiel, in: Hartwagner, G.; Iglhaut, S.; Rötzer, F. (Hrsg.): Künstliche Spiele, München 1993.

DINKLA, S. (1997): Pioniere interaktiver Kunst von 1970 bis heute: Myron Krueger, Jeffrey Shaw, David Rokeby, Lynn Hershman, Grahame Weinbren, Ken Feingold, Ostfildern 1997.

GREENFIELD, A. (2006): Everyware: The dawning age of ubiquitous computing, Berkeley 2006.

HUIZINGA, J. (1956): Homo ludens: Vom Ursprung der Kultur im Spiel (Übers. Nachod, H.), Hamburg 1956.

MCGONIGAL, J. (2012): Besser als die Wirklichkeit! Warum wir von Computerspielen profitieren und wie sie die Welt verändern (Übers. Gaspar, M.), München 2012.

SALEN, K.; ZIMMERMAN, E. (2004): Rules of play: Game design fundamentals, Cambridge 2004.

SIMANOWSKI, R. (2012): Textmaschinen, kinetische Poesie, interaktive Installation: Zum Verstehen von Kunst in digitalen Medien, Bielefeld 2012.

SUITS, B.; NEWFELD, F. (2014): The Grasshopper: Games, Life, and Utopia, 3rd Ed., Peterborough 2014.

WALTHER, B. K. (2007): Pervasive Gamespaces: Gameplay out in the Open, in: Borries, F.; Walz, S.; Böttiger, M. (Hrsg.): Space Time Play – Computer Games, Architecture and Urbanism: The next Level, Basel, Boston, Berlin 2007, pp. 290-293.

WIENER, N. (1964): Mensch und Menschmaschine: Kybernetik und Gesellschaft, Frankfurt am Main, Bonn 1964.

Mandy Risch-Kerst
Erlebnismarketing und Markenschutz –
Gewerblicher Rechtsschutz von Gestaltungskonzepten für Flagship Stores

1 Flagship Stores als Markenerlebniswelten

    1.1 Instrumente für Flagship Stores

    1.2 Erfolgsfaktoren für Flagship Stores

    1.3 Bedeutung von Flagship Stores für den Handel

2 Überblick über die rechtlichen Schutzmöglichkeiten von Ladengestaltungskonzepten

    2.1 Sonderrechtlicher Schutz aus Urheberrecht

    2.2 Sonderrechtlicher Schutz aus Designrecht

    2.3 Sonderrechtlicher Schutz aus Markenrecht

    2.4 Schutz aus ergänzendem Leistungsschutzrecht

3 Dreidimensionale Marke für Flagship Stores *(Rs. EuGH – Apple Inc. ./. DPMA)*

    3.1 Verfahrensgang

    3.2 EuGH-Entscheidung

    3.3 Anforderungen an den Schutz einer dreidimensionalen Marke

4 Zusammenfassung / Ausblick

… Erlebnismarketing und Markenschutz 151

Die Schutzmöglichkeit von Gestaltungskonzepten für Ladengeschäfte und damit vor allem für Flagship Stores ist im Zeitalter der zunehmenden Orientierung an postmortalen Werten und einem veränderten Konsumverhalten von hoher Bedeutung. Der vorliegende Beitrag beleuchtet nach einer kurzen Einführung in die Konzeption von Flagship Stores als Markenerlebniswelten den möglichen (gewerblichen) Rechtsschutz von diesen Gestaltungskonzepten insbesondere durch eine dreidimensionale Marke.

1 Flagship Stores als Markenerlebniswelten

Flagship Stores sind erlebnisorientierte Einkaufstätten. Der Markenhersteller als Betreiber der Flagship Stores schafft selbstinszenierte Markenerlebniswelten, um die Marke und das jeweilige Produkt für den Konsumenten erlebbar zu machen. Die Erlebnisvermittlung mit allen Sinnen findet direkt am Point of Sale statt.[1] Ziel ist, das Erlebte lange im Gedächtnis der Konsumenten zu verankern und so eine positive Reputation der Marke hervorzurufen. Man spricht heutzutage sogar von einer Avantgarde, die den Platz einnehmen, den früher Filme und Rockmusiker für sich behaupteten. Die strategischen Ziele der erlebnisorientierten Flagship Stores sind vielfältig. Zusammenfassend können vor allem der Markenaufbau, die Erhöhung der Markenbekanntheit, der Imageaufbau und deren Festigung, der Herstellung von Markensympathie und der Schaffung von emotionaler Markenbindung genannt werden.

1.1 Instrumente für Flagship Stores

Der Rahmen für die Erlebnisvermittlung am Point of Sale wird zum einen durch die aufwendige Ladengestaltung im Außenbereich und zum anderen durch das Ladenumfeld, die Aufteilung der Räume im Ladeninneren, sowie das Ladenlayout geprägt.[2] Der architektonisch gestaltete Außenbereich eines Flagship Stores kann über eine spezielle Fassade, der besonderen Gestaltung des Schaufensters und des Eingangsbereiches bereits vor Betreten des Point of Sales die Marke erlebbar machen. Ebenso kann die architektonisch markeninszenierte Gestaltung des Ladenumfelds durch bewusste erlebnisorientierte Aufteilung der Räume im Ladeninneren durch speziell konzipierte Funktionsräume, Warenflächen, Kundenflächen und übrige Verkaufsflächen die Erlebnisvermittlung erhöhen. Der Kern der Erlebnisvermittlung findet zwar erst durch die

---

1 Vertiefend hierzu *Zanger/Klaus*, Erlebnisorientierte Filialgestaltung, Stuttgart 2004, S. 15f.
2 *Weinberg*, München 1992, S. 157f.

atmosphärische Ladengestaltung in Form der multimodialen Wahrnehmung statt, wo mittels des Ambiente und des Design factors die olfaktischen, akkustischen und visuellen Reize der Konsumenten angesprochen werden.[3] Die architektonische Ladengestaltung stellt aber das Fundament und damit den Rahmen für die Erlebnisvermittlung dar, worauf aufbauend mit der atmosphärischen Ladengestaltung die zweite Ebene der Erlebnisvermittlung stattfindet. Der ganzheitliche Eindruck beim Konsument wird damit durch die Ladengestaltung (innen/außen) und Ladenatmosphäre geprägt.

1.2 Erfolgsfaktoren für Flagship Stores

Vor allem die architektonische Außen- und Innengestaltung gilt als entscheidender Erfolgsfaktor für die Erlebnisvermittlung am Point of Sale. Die bewusst außergewöhnliche Architektur von Flagship Stores lebt in der Strahlkraft der Markenidentität und verschafft dem Markeninhalt eine ungeahnte dauerhafte physische Präsenz in der jeweiligen Stadt beziehungsweise dem jeweiligen Land. Flagship Stores schaffen damit eine dauerhafte Wahrnehmung der Marke, die durch ein authentisches Erlebnis des Konsumenten mit Spannung und Begeisterung erinnerungsfähig bleibt. Über die Innen- und Außenarchitektur der Flagship Stores präsentiert sich die Marke in ihrer ganzen Vielfalt und begeistert durch die Markeninszenierung am Point of Sale den Konsumenten nachhaltig und wiederkehrend.

1.3 Bedeutung von Flagship Stores für den Handel

Die Wettbewerbsverschärfung im Handel durch zunehmende Marktsättigung, Globalisierung, Homogenisierung der Konsumentenbedürfnisse und Lebensstile, der Substituierbarkeit von Produkten und der Preispolitik durch Rabatt- und Bonusprogramme, lässt den anhaltenden Trend zum Erlebnismarketing erklären. Der sensuale Konsument mit seinen hedonistischen Lebenszielen wie Lebensgenuss, Spaß, Individualität, Selbstentfaltung und Selbstverwirklichung, erklärt den Bedeutungsverlust von traditionellen Werten, wie materieller Wohlstand, Pflichtbewusstsein, Fleiß, Geduld, Sparsamkeit. Allein die „Genuss – hier – und – jetzt – Haltung" des sensualen Konsumenten, der auf der steten Suche nach anregenden Erlebnissen zur Erfüllung seiner Lebensfreude und positiver Lebenseinstellung ist, lässt Unternehmen aller Branchen versuchen erlebnisorientierte Zusatzaspekte unter Vermittlung eines emotionalen Mehr-

---

3   Näher zur atmosphärischen Ladengestaltung- *Salzmann*, Multimodale Erlebnisvermittlung am Point of Sale, Wiesbaden 2007, S. 26ff.

Erlebnismarketing und Markenschutz

werts im Zeitpunkt des Point of Sales zu generieren. Flagship Stores verkörpern eine Markenerlebniswelt die den sensualen Konsumenten in seiner Lebenseinstellung „Leben heißt Erleben" exakt im Zeitpunkt des Point of Sales abholt.

2 Überblick über die rechtlichen Schutzmöglichkeiten von Ladengestaltungskonzepten

Die Schutzmöglichkeiten von Gestaltungskonzepten für Ladengeschäfte sind in der nationalen Gerichtspraxis noch wenig in Erscheinung getreten. Ein möglicher Schutz von Flagship Stores muss daher anhand der vorhandenen gewerblichen und urheberrechtlichen Schutzrechte geprüft werden. Dabei ist stets zwischen den Immaterialgüterrechten und dem wettbewerbsrechtlichen Leistungsschutz zu unterscheiden. Die sonderrechtlichen Schutzmöglichkeiten des Immaterialgüterrechts genießen aufgrund ihrer Spezialität und starken Monopolstellung im Vergleich zum ergänzenden wettbewerblichen Leistungsschutzrecht eine Vorrangstellung. Die Schutzmöglichkeiten aus dem Urheber-, Design- und Markenrecht werden daher vorrangig dargestellt, um sodann die Schutzmöglichkeiten aus dem Wettbewerbsrecht kurz zu erläutern.

Die wettbewerbsrechtlichen Abwehrmechanismen leiten sich dabei aus dem Schutz aus mittelbaren und unmittelbaren wettbewerbsrechtlichen Leistungsschutz nach §§ 3, 4 Nr. 3 a-c UWG ab.

Abb. 1: Übersicht zu rechtlichen Schutzmöglichkeiten im Überblick

Sonderrechtliche Schutzmöglichkeiten	Schutzmöglichkeiten aus dem Wettbewerbsrecht
➢ Urheberrecht ➢ Design- bzw. Geschmacksmusterrecht ➢ Markenrecht	➢ ergänzender wettbewerbsrechtlichen Leistungsschutz ➢ unmittelbarer Leistungsschutz gem. § 3 UWG

Quelle: eigene Erstellung

2.1 Sonderrechtlicher Schutz aus Urheberrecht

Urheber von Werken der Literatur, Wissenschaft und Kunst genießen gemäß § 1 UrhG urheberrechtlichen Schutz. Im Gegensatz zu den gewerblichen Schutzrechten schützt das Urheberrecht geistig-kulturelle und nicht wirtschaftsgewerbliche Leistungsergebnisse.[4] Inwieweit Flagship Stores urheberrechtlichen Schutz genießen hängt davon an, ob das Gestaltungskonzept als ein Leistungsergebnis ein Werk i.S.d. § 2 Abs. 1 UrhG darstellt und auf einer persönlichen geistigen Schöpfung des Urhebers gemäß § 2 Abs. 2 UrhG beruht. Flagship Stores verfügen als Werk zwar über einen geistigen Inhalt, eine besondere Ausdrucksform und Individualität, aber der urheberrechtliche Schutz gebührt nicht dem Werk an sich, sondern dem Urheber.[5] Der urheberrechtliche Schutz tritt ipse jure durch die Schöpfung als Realakt ein und erlischt gemäß § 64 UrhG 70 Jahre nach dem Tod des Urhebers. Allgemein kreieren Innenarchitekten und Designer die Gestaltungskonzepte der Flagship Stores und nicht die Geschäftsbetreiber/-inhaber. Für einen urheberrechtlichen Schutz benötigt der Geschäftsbetreiber/-inhaber daher eine Lizenz, die als ausschließliches Nutzungsrecht i.S.d. § 31 Abs. 1 S. 2, Abs. 3 UrhG vereinbart werden muss.[6] Inhaltlich ist zwischen dem urheberrechtlichen Schutz einzelner Elemente der Geschäftsraumgestaltung und der Geschäftsraumgestaltung als einheitliches Werk zu unterscheiden. Einzelne Elemente eines Flagship Stores können vorrangig unter die Werke der bildenden Künste gemäß § 2 Abs. 1 Nr. 4 UrhG und unter den Schutz der Sprachwerke und Werke der Musik gemäß § 2 Abs. 1 Nr. 1 und Nr. 2 UrhG subsumiert werden. Gerade Kunstwerke im engeren Sinne, Werke der angewandten Kunst und Werke der Baukunst fallen unter den Begriff der bildenden Künste, die sich bei Flagship Stores häufig wiederfinden. Neben Gemälden, Plastiken, aufwendigen architektonischen Bauweisen (Fenstern, Eingangsbereichen, Flächenaufteilung) genießen auch Lichtinstallationen und Geschäftsraumgestaltungen durch Möbel, Lampen, Textilien, Wandgestaltungen und Innenraumgestaltungen urheberechtlichen Schutz gemäß § 2 Abs. 1 Nr. 4 UrhG bei entsprechender Schöpfungshöhe.[7] Neben den bildenden Künsten findet sich in Flagship Stores häufig auch eigens komponierte Hintergrundmusik als Werke der Musik i.S.d § 2 Abs. 1 Nr. 2 UrhG, die unter

---

4 *Dreyer*, in: Dreyer/Kotthoff/Meckel, Urheberrecht, 3. Aufl. 2012, § 1 Rn. 4.

5 *Rehbinder*, Urheberrecht, 16. Aufl. 2010, Rn. 148 f.

6 *Sander*, GRUR 2014, 215 (216).

7 BGH, GRUR 1982, 107 (109) – Bejahung des urheberechtlichen Schutzes bei Kirchenrauminnengestaltung; GRUR 1999, 230 (231) – Treppenhausgestaltung; GRUR 2007, 964 (966f); GRUR 2008, 984 (985f); BGH, GRUR-RR 2012, 273 (274).

Einbindung von Sprachwerken wie Werbeslogens zusätzlichen Schutz gemäß § 2 Abs. 1 Nr. 1 UrhG genießen können.

Ein urheberrechtlicher Schutz der gesamten Gestaltung eines Flagship Store als einheitliches Werk gemäß § 2 Abs. 1 Nr. 4 setzt voraus, dass die Geschäftsraumgestaltung als einheitliches, zusammengehöriges Werk in Form einer schöpferischen Werkeinheit besteht. Hintergrund dieser zwingenden Voraussetzung ist, dass eine Vielzahl von zusammengefassten Einzelwerken keinen einheitlichen Urheberrechtsschutz genießen kann.[8] In der Praxis ist es häufig schwierig eine Abgrenzung zwischen einem einheitlichen Werk und einer Zusammenstellung von Einzelwerken vorzunehmen. Da aber bereits das Reichsgericht die generelle urheberrechtliche Schutzfähigkeit der Innenraumgestaltung einer Gaststätte anerkannt hat,[9] kann demnach von einer urheberrechtlichen Schutzmöglichkeit der Innenarchitektur und der Einrichtungsgegenstände, die baulich in die Gestaltung der Flagship Stores integriert sind, ausgegangen werden. Unschädlich ist dabei der Gebrauchszweck der Raumgestaltung für die urheberrechtliche Schutzfähigkeit gemäß § 2 Abs. 1 Nr. 4 UrhG.[10]

2.2 Sonderrechtlicher Schutz aus Designrecht

Das Designrecht schützt gemäß § 2 Abs. 1 DesignG Designs, die neu sind und eine gewisse Eigenart haben. Die Schöpfungshöhe des Designs - wie im Urheberrecht - ist im Designrecht unerheblich. Vielmehr ist der Designschutz für gewerbliche oder handwerkliche Erzeugnisse, die serienmäßig hergestellt werden und verkehrsfähig sind. Die Marketing-Funktion von Designs steht im Mittelpunkt mit dem Ziel Designer zu gestalterischer Tätigkeit und Unternehmen zur Investition in Designs anzuspornen,[11] denn der Designschutz entsteht durch Eintragung in das Designregister beim DPMA mit einer Schutzdauer von 25 Jahren gemäß § 27 DesignG. Schutzfähig sind einzelne Elemente eines Designerzeugnisses gemäß § 1 Nr. 2 DesignG oder aber auch ein komplexes Designerzeugnis bestehend aus mehreren Gegenständen gemäß § 1 Nr. 3 DesignG. Beide Schutzvarianten setzten jedoch voraus, dass es sich um eine zwei-

---

8 *Schulze*, in: Loewenheim, Handbuch des Urheberrecht, 2. Aufl. 2010, § 71 Rn. 6.

9 RGZ 110, 393 (394).

10 Ebenso *Sander*, GRUR 2014, S. 215 (218).

11 *Becker*, GRUR Int. 2012, 312 (312f).

oder dreidimensionale Erscheinungsform handelt, die sich aus den Merkmalen der Gestalt, Linien, Farben, Konturen, Oberflächenstruktur oder der Werkstoffe des Designerzeugnisses selbst oder seiner Verzierung ergibt.[12] Inwieweit Flagship Stores designrechtlich durch Eintragung geschützt werden können, hängt zum einen davon ab, ob das Gestaltungskonzept die Schutzkriterien der Eigenart gemäß § 2 Abs. 3 S. 1 DesignG erfüllt. Zum anderen hängt es davon ab, ob der Designschutz nur einzelne Elemente des Gestaltungskonzepts eines Flagship Stores oder die Geschäftsraumgestaltung als einheitliches Design erfasst. Das Schutzkriterium der Eigenart wird bei Flagship Stores meist unproblematisch vorliegen, da der designrechtliche Schutz von Mustern, Möbeln, Stoffen, Tapeten, Dekorationselementen und Wandverkleidungen keine Gestaltungshöhe im urheberrechtlichen Sinne bedarf, sondern nur ein industrielles Erzeugnis, dass sich in seiner Erscheinungsform von anderen Ladengeschäftsgestaltungen unterscheidet. Das Schutzkriterium der Eigenart kann bereits bei ästhetischen Gestaltungen, die am zeitbedingten Massengeschmack ausgerichtet sind und als Marketinginstrument den Absatz des Unternehmens fördern sollen, bejaht werden. Zu verneinen ist jedoch ein Designschutz für die gesamte Ladengeschäftsgestaltung eines Flagship Stores als einheitliches Design, mangels Vorliegen eines einheitlichen Erzeugnisses. Im Interesse der Rechtssicherheit und Rechtsklarheit im Designrecht als Registerrecht, kann nur ein einheitliches Erzeugnis Gegenstand der Designanmeldung sein. Folglich würde bei einer kompletten Ladengestaltung eines Flagship Stores, die sowohl aus Inneneinrichtung (Möbel, Gestaltungselementen, Dekorationsgegenständen, Kunstwerken) und baulicher Innen- und Außenarchitektur besteht, nicht mehr von einer Einheitlichkeit ausgegangen werden, die deutlich auf ein Erzeugnis hinweis.[13]

2.3 Sonderrechtlicher Schutz aus Markenrecht

Aufgrund der Monopolwirkung einer geschützten Marke ist die markenrechtliche Schutzmöglichkeit der Geschäftsraumgestaltung eines Flagship Stores für Handelsunternehmen von nicht unbedeutendem Wert. Das Markenrecht als gewerbliches Schutzrecht schützt vor identischen und auch vor ähnlichen Verwechslungen und ist stets nach 10 Jahren immer wieder nach Gebühreneingang verlängerbar. Ein Schutzende und damit Gemeinfreiheit wie im Patent-, Design-, Urheberrecht gibt es ausnahmswei-

---

12 *Götting*, Gewerblicher Rechtsschutz, 9. Aufl. 2010, § 40 Rn. 2.

13 Ebenso *Sander*, GRUR 2014, S. 215 (218).

se nicht. Mit dem Markenrecht werden Zeichen geschützt, mit denen ein Unternehmen seine Waren oder Dienstleistungen kennzeichnet, um diese im geschäftlichen Verkehr zu individualisieren. Die Hauptfunktion der Marke ist, Waren und Dienstleistungen eines Unternehmens von denen anderer Unternehmen zu unterscheiden und die Herkunft gegenüber dem Verbraucher zu gewährleisten (sog. Herkunftsfunktion). Die Marke kommuniziert eine konkrete Herkunft der Waren und Dienstleistungen, die mit einer Gütevorstellung verbunden ist und so als Werbemittel agiert. Flagship Store-Betreiber können einzelne Elemente ihrer Geschäftsraumgestaltung schützen. Hier steht die gesamte Bandbreite der Markenformen zur Verfügung. In Betracht kommt vor allem der Schutz einzelner Abbildungen mit oder ohne Wortbestandteile als Wort-/Wortbild-/Bildmarken. Interessant für Flagship Stores sind vor allem Geruchs-, Hör- und Lichtmarken, die olfaktorische, akustische und sensuelle Reize bereits beim Betreten des Geschäftsraums bei dem Kunden auslösen. Gerade Raumdüfte, Tonfolgen und Lichtinszenierungen oder -installationen innerhalb eines Geschäftsraumes können kennzeichnungsstark und damit markenfähig sein. Spannend und damit grundlegend ist ein Markenschutz des Gestaltungskonzepts eines Flagship Stores durch eine dreidimensionale Marke. Dreidimensionale Marken sind in aller Regel ohne weiteres graphisch darstellbar in Form von Lichtbildern oder Strichzeichnungen, die den dreidimensionalen Charakter zweidimensional gegebenenfalls in verschiedenen Ansichten wiedergibt. *Apple* hat die Ausstattung seines Flagship Stores mit einer Skizze im Rahmen der Markenanmeldung wiedergegeben. Die weiteren Erfordernisse und Hindernisse auf dem Weg zur Schutzfähigkeit des Apple-Stores werden hierzu explizit unter III. erörtert.

2.4 Schutz aus ergänzendem Leistungsschutzrecht

Ein ergänzender wettbewerblicher Leistungsschutz gemäß § 4 Nr. 9 UWG kommt für Flagship Stores oder besonders konzipierte Verkaufsgeschäfte (auch Restaurantketten) dann in Betracht, wenn die Sonderschutzrechte nicht greifen, da diese grundsätzlich lex specialis sind. Allein der design- und der wettbewerbsrechtliche Leistungsschutz können nebeneinander bestehen und aufgrund der Unbefristetheit sogar darüber hinaus schützen. Damit ein Flagship Store Betreiber wettbewerbsrechtlich gegen Konkurrenten vorgehen kann, wenn diese im geschäftlichen Verkehr zu Werbezwecken ein Geschäft betreiben, das Gestaltungselemente aufweist, die denen ähneln, die auch der Flagship Store Betreiber nutzt, müssen folgende Anspruchsvoraussetzungen erfüllt sein. Der Unterlassungsanspruch aus ergänzendem wettbewerblichen Leistungsschutz setzt voraus, dass das zu schützende Leistungsergebnis (Gestaltungskonzept des Flagship Stores) über wettbewerbliche Eigenart verfügt, ein Mitbewerber nachahmt und eine abschließende Gesamtabwägung ein Überwiegen der Interessen des Leistungsinhabers (Flagship Store Betreiber) ergibt.

Das *LG Münster* hat 2010 bei der *Restaurantkette Vapiano* eine einzigartige Innenarchitektur und -einrichtung bejaht. Es stellte fest, dass sich die Geschäftsräume sowohl im Gastraum selbst als auch die offenen Küchen und der Tresenbereich in allen Restaurants auf einem neuen, eigenartigen und selbständigen Gedanken beruhen.[14] Für die Annahme der wettbewerblichen Eigenart erkannte das Gericht ein besonderes Raum- und Gestaltungskonzept an, welches durch die charakteristische durchgängig geführte Farbe Rot eine einmalige und prägende Wirkung entfalte. Keine originäre Voraussetzung spiele dabei die Bekanntheit des Leistungsergebnisses für die wettbewerbliche Eigenart an sich, stärke aber den Schutzumfang vor Nachahmungen.

Schlussfolgernd kann hieraus abgeleitet werden, dass der ergänzende wettbewerbliche Schutz für Flagship Store-Betreiber eine hohes Schutzpotential bedeuten kann, wenn der Flagship Store ein hohes Designniveau mit einer einheitlichen Corporate Identity durch Verwendung charakteristischer Stilmittel wie Farbe, Innenarchitektur, Lichtdesign, Einrichtungs- und Dekorationsgegenstände aufweist. Selbst Raumduft, wie bei Abercrombie & Fitch und Hollister verwandt, kann als wettbewerbsrechtliches Stilmittel für ein Ladengeschäftskonzept eines Flagship Stores taugen.

---

14 LG Münster, BeckRS 2010, 16557.

Erlebnismarketing und Markenschutz 159

3 Dreidimensionale Marke für Flagship Stores
(Rs. EuGH – Apple Inc. ./. DPMA)

Abb. 2: IR 1060321

Quelle: Markenregister der WIPO (World Intellectual Property Organization) / Anmeldetag: 10.11.2010 / Tag der Veröffentlichung: 06.01.2011

Apple Inc. erlangte im November 2010 beim United States Patent and Trademark Office die Eintragung einer dreidimensionalen Marke für die Darstellung ihres Ladengeschäfts in Form einer mehrfarbigen Zeichnung, welche für die Dienstleistungsklasse 35 des Abkommens von Nizza[15] gelten sollte. Der markenrechtliche Schutz bezieht sich dabei auf die Gestaltung des Flagship Stores von *Apple Inc.* Die dreidimensionale Marke stellt die perspektivische Zeichnung einer Ladenfassade mit dem von außen gerichteten Blick in einen Geschäftsraum mit Einrichtungselementen (Tischen), die als Display-Elemente der Warenpräsentation dienen sollen, dar. Inhaltlich beansprucht die dreidimensionale Marke Einzelhandelsdienstleistungen für bestimmte Produkte (Computer, Computer-Software, Computer-Peripheriegeräte, Mobiltelefone, Unterhaltungselektronik und Zubehör) und darauf bezogene Produktpräsentationen. Als eine „einzigartige Gestaltung und Aufmachung eines Einzelhandelsgeschäfts" befindet Apple Inc. diese Darstellung, weshalb Markenschutz ersucht wurde. Einzigartig aus markenrechtlichen Gesichtspunkten ist vor allem die Verzahnung zwischen den beanspruchten Dienstleistungen und dem inhaltlichen Gegenstand der dreidimensionalen Marke, weshalb auch das Deutsche Marken- und Patentamt im Rahmen der internationalen

---

15 Die „Nizza Klassifikation" ist ein internationales Klassifikationssystem für Markenanmeldungen. Es gibt 45 Klassen. Der Name geht auf das auf der diplomatischen Konferenz von Nizza am 15.6.1957 geschlossene Abkomme von Nizza über die internationale Klassifikation von Waren und Dienstleistungen für die Eintragung von Marken zurück.

Registrierung gemäß dem Abkommen von Madrid[16] die Schutzrechtserstreckung ablehnte, obgleich in verschiedenen Staaten diese bewilligt wurde.

3.1 Verfahrensgang

Im Januar 2013 lehnte das Deutsche Marken- und Patentamt den Markenschutz für das deutsche Hoheitsgebiet mit folgender Begründung ab. Die Abbildung einer Verkaufsstätte sei die Darstellung eines wesentlichen Aspekts der dort erbrachten Handelsdienstleistungen und werde vom Verbraucher nicht als Hinweis auf die betriebliche Herkunft der dort gehandelten Waren verstanden. Auch wenn der Verbraucher die Ausstattung einer solchen Verkaufsstätte zwar als Hinweis auf die Hochwertigkeit und Preisklasse der Waren verstehe, liege kein Hinweis auf die betriebliche Herkunft vor, da sich die abgebildete Verkaufsstätte in ihrer Gesamtheit nicht hinreichend von denen der Wettbewerber abhebe. Gegen diesen zurückweisenden Beschluss des Deutschen Marken-und Patentamtes legte *Apple* Beschwerde beim Bundespatentgericht ein. Das Bundespatentgericht sieht in der Darstellung des Ladengeschäfts dieser Branche Besonderheiten, hat aber das Verfahren ausgesetzt und dem EuGH gemäß Art. 267 AEUV verschiedene Fragen zur Auslegung der Art. 2, 3 Abs. 1 MarkenRL im Zusammenhang mit der Eintragbarkeit einer solchen Marke vorgelegt. Hintergrund dieses Vorgehens des Bundespatentgerichtes war, dass für den Rechtsstreit *Apple Inc. ./. DPMA* grundlegende Fragen des Markenrechts aufgeworfen werden, die im Vorabentscheidungsverfahren vom EuGH zu beantworten sind. Die Richtlinie 2008/95/EG regelt nämlich nicht nur die Markenschutzfähigkeit, einschließlich der abstrakten Unterscheidungseignung gemäß Art. 2 MarkenRL, sondern auch die absoluten Eintragungshindernisse für den Erwerb des Markenschutzes, einschließlich der konkreten Unterscheidungskraft gemäß Art. 3 I MarkenRL. Grundsätzlicher Registerprüfungsgegenstand der Anmeldung, um eine Marke sein zu können, ist gem. Art. 2 der RL 2008/95 die Erfüllung von drei Voraussetzungen. Erstens muss der Anmeldegegenstand ein Zeichen sein. Zweitens muss sich dieses Zeichen grafisch darstellen lassen. Drittens muss dieses Zeichen geeignet sein, Waren und Dienstleistungen eines Unternehmens von denjenigen anderer Unternehmen zu unterscheiden.

---

16 Abkommen von Madrid über die internationale Registrierung von Marken vom 14.4.1891 in revidierter und geänderter Fassung.

3.2 EuGH-Entscheidung

In der Apple Entscheidung[17] stellt der EuGH fest, dass die zeichnerische Darstellung der Ausstattung des Flagship Stores für Waren als Marke für auf diese Waren bezogene Dienstleistung eingetragen werden könne, sofern diese Leistungen (i) nicht ein integraler Bestandteil des Verkaufs dieser Waren abbilde, (ii) die Darstellung geeignet sei, die Dienstleistungen des Anmelders von denen anderer Unternehmen zu unterscheiden, und (iii) kein weiteres Eintragungshindernis bestehe. Der EuGH bejaht damit ohne weiteres die abstrakte Markenschutzfähigkeit des Flagship Stores. Die vom BPatG angegriffene graphische Darstellbarkeit bereitet dem EuGH keine Probleme, denn die Zeichnung ist nach den grundsätzlichen Ausführungen der Sieckmann-Entscheidung – „*klar, eindeutig, in sich geschlossen, leicht zugänglich*"[18]. Das vom BPatG problematisierte Fehlen von Maßstabsangaben zu dem abgebildeten Ladenlokal und dessen Ausstattung ist irrelevant. Interessant und damit von höchster Bedeutung für den Schutz von Flagship Stores ist die bejahende Beantwortung des EuGH zur zweiten Vorlagefrage – „ob nämlich ein Zeichen eintragungsfähig ist, das die Aufmachung wiedergibt, in der sich die Dienstleistung verkörpert". Der EuGH lässt damit zu, dass eine „Aufmachung, in der sich eine Dienstleistung verkörpert" als Marke angemeldet werden kann, vorausgesetzt diese schutzfähige Dienstleistung - *Produktpräsentation in einem Flagship Store* - stellt keinen integralen Bestandteil des Verkaufs der entsprechenden Waren dar. Dieses Ergebnis steht im Einklang mit der bisherigen Rechtsprechung und führt die Grundsätze der Praktiker-Entscheidung fort, wo Dienstleistungen, die im Rahmen des Einzelhandels mit Waren erbracht werden, als selbständige und nicht als schutzunfähige unselbständige Dienstleistungen angesehen werden.[19] Für den Apple Flagship Store zählt der EuGH beispielhaft die Dienstleistung der Seminarveranstaltung aus der Anmeldung auf, die nicht integraler Bestandteil des Verkaufes dieser Waren sind. Derartige Seminarveranstaltungen, die im Store ausgestellte Waren vorführen, stellen nach Ansicht des EuGH für sich genommen entgeltliche Leistungen dar.

---

17 EuGH v. 10. Juli 2014 – Apple Store, GRUR 2014, 866 ff.

18 EuGH v. 12. Dezember 2002 – Sieckmann/DPMA, EuZW 2003, 57 (55).

19 EuGH v. 7. Juli 2005 – Praktiker Bau- und Heimwerkermärkte, EuZW 2005, 507 ff.; Ebenso *Ebert-Weidenfeller*, Markenschutz für Raumkonzept, EuZW 2014, 745 (748).

3.3 Anforderungen an den Schutz einer dreidimensionalen Marke

Die Kernfrage, ob der schutznachsuchenden Flagship Store-Marke absolute Eintragungshindernisse entgegenstehen, hat der EuGH für dreidimensionale Warenmarken bereits in der Vergangenheit beantwortet. Für die Bejahung der Unterscheidungskraft muss das angemeldete dreidimensionale Zeichen von der Norm oder der Branchenüblichkeit erheblich abweichen. Die Rechtsprechung des EuGH für angemeldete Waren- oder Verpackungsformen verlangt für eine „erhebliche Abweichung" von den handelsüblichen Grundformen allerdings keinen „wesentlichen Unterschied" zu branchenüblichen Formen.[20] Das Merkmal der „erheblichen Abweichung" ist vielmehr so zu verstehen, dass die Besonderheiten welche die angemeldete Form gegenüber üblichen Gestaltungen aufweist, geeignet sein müssen, vom Verkehr als betrieblicher Herkunftshinweis verstanden zu werden.[21] Um eine solche herkunftsbezeichnende Wirkung zu erzielen, muss die Marke charakteristische Merkmale aufweisen, die deutlich aus dem Rahmen der gebräuchlichen Gestaltungsvielfalt auf dem jeweiligen Warengebiet fallen. Maßgeblich für die Beurteilung der Unterscheidungskraft einer dreidimensionalen Marke ist stets der Gesamteindruck, den die Marke vermittelt.[22] Obwohl es sich bei der Flagship Store Marke nicht um eine dreidimensionale Waren-, sondern um eine dreidimensionale Dienstleistungsmarke für die Klasse 35 handelt, dürften die gleichen strengen Prüfungsgrundsätze zur Unterscheidungskraft angewendet werden. Der EuGH hat damit den Weg frei gemacht, dass nun das BPatG unter Verwendung der Vorlagefragen über die Eintragungsfähigkeit der Marke entscheiden kann. Das BPatG lässt seit 10. Juli 2014 auf seine für die Marketingbranche wichtige anstehende Entscheidung warten. Es bleibt spannend, ob das BPatG, das angemeldete dreidimensionale Dienstleistungszeichen, das aus der Darstellung des Apple Flagship Stores besteht, als unterscheidungskräftig und nicht beschreibend einstufen wird. Die Unterscheidungskraft des Zeichens ist zusätzlich anhand seiner Wahrnehmung durch die maßgeblichen Verkehrskreise zu beurteilen. Die Verkehrskreise setzen sich aus den normal informierten und angemessen aufmerksamen und verständigen Durchschnitts-

---

20 vgl. EuGH GRUR 2004, 428 – Henkel; EuGH GRUR Int 2004, 631, 639 – Dreidimenisonale Tablettenform I und III; EuGH GRUR 2006, 233 – Standbeutel; EuGH GRUR Int 2006, 842 – Form eines Bonbons II; GRUR Int 2008, 43 – Rot-weiße rechteckige Tablette mit blauem ovalen Kern.

21 vgl. BGH GRUR 2010, 138 – ROCHER-Kugel.

22 *Ströbele/Hacker*, Markengesetz Kommentar, § 8 Rn. 226.

verbrauchern zusammen. Angesichts der langen Zeitdauer seit Antragstellung 2010 bis heute, ist davon auszugehen, dass die Verkehrskreise die außergewöhnliche Flagship Store Architektur/Ausstattung des Ladengeschäfts erlebt haben und diese an Bekanntheit gewonnen hat. Negativ auswirken wird sich allerdings wiederum die Gewöhnung der Verkehrskreise an die fast identische Übernahme der besonderen Flagship Store Ausstattung durch den unmittelbaren Konkurrenten Microsoft.

4 Zusammenfassung / Ausblick

Der EuGH hat in seiner Entscheidung bei der Beantwortung der Vorlagefragen zwar nicht die Schutzfähigkeit des Flagship Stores von Apple Inc. präjudiziert. Eine gewisse Tendenz, ob die Darstellung des Ladengestaltung hinreichend von der Branchennorm und -üblichkeit abweicht, ist aber angeklungen. Unabhängig ob Apple Inc. den erhofften Schutz für die dreidimensionale Marke ihres Flagship Stores auch von dem BPatG erhalten wird, ist nicht zu verkennen das der Weg für dreidimensionale kennzeichnungskräftige Dienstleistungsmarken frei ist. Gerade vor dem Hintergrund des Erlebnis- und Eventmarketings, die Ladenkonzepte von der Dominanz des Verkaufstresens befreien, Messestände von traditionellen Präsentationsflächen hin zu Kommunikationsbereichen führen und Banken zu digitalen Kommunikationserlebniswelten gestalten, wird die Schutzfähigkeit derartiger Raumkonzepte von großer wirtschaftlicher Bedeutung sein. Im Ergebnis kann daher zusammenfassend festgehalten werden, dass ein Raumkonzept für einen Flagship Store mit einem Bündel an Schutzrechten vor unliebsamer Konkurrenz geschützt werden sollte. Neben dem klassischen Urheber-, Design-, Marken und ergänzenden wettbewerbsrechtlichen Leistungsschutzrecht, tritt nun die besondere Markenform der dreidimensionalen Dienstleistungsmarke in das Licht der Schutzmöglichkeiten. Jeder Einzelfall ist gesondert zu prüfen, ob die jeweilige Darstellung erheblich von der Branchennorm oder -üblichkeit abweicht. Flagship Stores sollte es immanent sein, eine einzigartige herkunftshinweisende Ausstattung und Storearchitektur den maßgebenden Verkehrskreisen als Markenerlebniswelt zu bieten.

Anhand aktuell eingetragener dreidimensionaler Marken für Flagship Stores und Messestände kann ein positiver Blick in die Zukunft der Schutzfähigkeit von Raumkonzepten gewagt werden.

Abb. 3: UM 014243001

Quelle: Markenregister des EUIPO (Amt der Europäischen Union für geistiges Eigentum) / Anmeldetag: 10.06.2015 / Eintragungstag: 07.06.2016

Abb. 4: UM 014791297

Quelle: Markenregister des EUIPO (Amt der Europäischen Union für geistiges Eigentum) / Anmeldetag: 12.11.2015 / Eintragungstag: 26.04.2016

Erlebnismarketing und Markenschutz 165

Abb. 5: UM 015002504

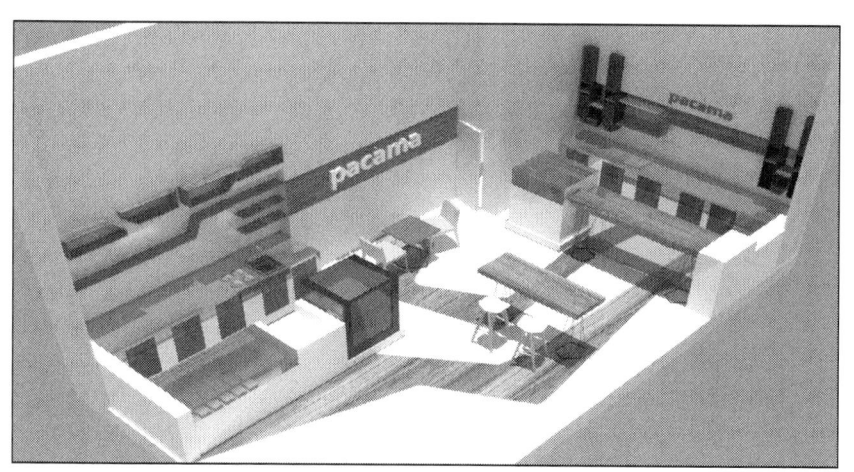

Quelle: Markenregister des EUIPO (Amt der Europäischen Union für geistiges Eigentum) / Anmeldetag: 14.01.2016 / Eintragungstag: 20.05.2016

Sören Bär, David Baldig
Innovationsmanagement und innovationsfördernde Unternehmenskultur in Agenturen für Live-Kommunikation

1 Problem- und Zielstellung

2 Theoretische Grundlagen

   2.1 Etymologie des Begriffes Innovation

   2.2 Typologie von Innovationen

      2.2.1 Allgemeine Typologie

      2.2.2 Prozess- vs. Produktinnovation

3 Qualitative Untersuchung

   3.1 Zentrale Fragestellungen der Untersuchung

   3.2 Methode des leitfadengestützten Experteninterviews

   3.3 Auswahl der Experten

4 Analyse und Auswertung der Untersuchung

   4.1 Vorgehen bei der Datenauswertung mittels qualitativer Inhaltsanalyse

   4.2 Forschungsergebnisse

5 Zusammenfassung und Ableitung von Handlungsempfehlungen für eine Innovationskultur

Literaturverzeichnis

1 Problem- und Zielstellung

Innovationen besitzen einen hohen gesellschaftlichen und damit auch wirtschaftlichen Stellenwert. Sie sind Motor jeglicher Weiterentwicklung. Für echte Innovatoren bietet sich die Chance, mit der Markteinführung einen First-Mover-Advantage wahrzunehmen und Branchenstandards zu setzen sowie im Sinne eines Quasi-Monopols Gewinne zu generieren, da Preisforderungen ohne einen Bezug der Konsumenten zu einem Preisanker realisiert werden können. Überzeugende Innovationen, die bei Kunden auf hohe Akzeptanz treffen, verschaffen der Eventagentur Wettbewerbsvorteile. Können Kundenbedürfnisse und -präferenzen besser und schneller im Vergleich zu Wettbewerbern erkannt werden, lässt sich ein eventueller Preiswettbewerb verhindern, und die Gewinnspanne erhöht sich (vgl. Trommsdorff/Schneider 1990, S. 8). Rosabeth Moss Kanter, die ehemalige Herausgeberin des Harvard Business Review, formulierte diesen Zusammenhang wie folgt: „The secret of innovation is that it gives you a temporary monopoly. It means that you can charge more for it." (Scherer 2009, S. 9)

Andererseits stehen echte Innovatoren vor der schwierigen Aufgabe, einen Bedarf bzw. ein Verlangen nach einem Produkt, einem Angebot oder einer konkreten Dienstleistung überhaupt erst zu kreieren, da für die potenziellen Nachfrager keine Vergleiche möglich sind. Ähnliches gilt für die Gewinnung von Finanziers und Kooperationspartnern. Es ist somit ein erheblicher kommunikativer Aufwand unter der Bedingung großer Unsicherheit und ohne Erfolgsgarantie zu betreiben. Innovationen offerieren somit zum einen Wachstumschancen, sind andererseits aber auch mit beträchtlichen Risiken verbunden. Die Entwicklung von neuen Ideen und die Markteinführung innovativer Eventkonzeptionen erfordern Investitionen, die im nicht unwahrscheinlichen Fall des Misserfolgs unweigerlich hinterfragt werden.

Um die Notwendigkeit von Produktinnovationen zu begründen, wird oft die begrenzte Lebensdauer von Produkten angeführt, die durch einen endlichen Produktlebenszyklus dargestellt werden kann. Für Agenturen für Live-Kommunikation ist das Erfordernis der Innovation in besonderer Weise gegeben, da Events einen singulären, nur begrenzt wiederholbaren Charakter besitzen und somit permanent neue Ideen entwickelt und umgesetzt werden müssen. Darüber hinaus kann für Innovationen im Bereich der Live Communication kein Schutzrecht beansprucht werden, es sind deutlich kürzere Innovations- und Lebenszyklen als bei Produktionsunternehmen gegeben, die sich Patente schützen lassen können. *Marktneuheiten*, also originäre Eventideen und -konzeptionen, werden schnell von Wettbewerbern aufgegriffen, adaptiert und angepasst. Imitationen treten deshalb auf dem Eventmarkt sehr häufig auf, weil die Innovatoren kaum Markteintrittsbarrieren errichten können. Konkurrenten ahmen erfolgreiche Ideen und Konzepte nach, indem sie diese mit eigenen Innovationen kombinieren. Die Berücksichtigung der Gesetzmäßigkeiten von Adoption und Diffusion ist ein wesentliches Kriterium für den Erfolg von Innovationen. Die Erlangung detaillierter Kenntnisse über die Zielgruppen ist erforderlich. Das Diffusionsmodell von Rogers (Rogers 1962, vgl. Abbildung 1) beinhaltet entsprechend der Adoptionszeit und der Risikofreudigkeit bzw. Risikoaversion die Zielgruppen *Innovators* (Innovatoren), *Early Adopters* (frühe Übernehmer), *Early Majority* (frühe Mehrheit), *Late Majority* (späte Mehrheit) und *Laggards* (Nachzügler). Im Unterschied zum Produktlebenszyklus stehen beim Diffusionsmodell ausschließlich Erstkäufer im Fokus (vgl. Rogers 1983, pp. 247ff.). Für den Erfolg bei einem Pitch vor dem (potenziellen) Kunden ist es demzufolge förderlich, gezielt Innovatoren und frühe Übernehmer anzusprechen.

Abb. 1: Kategorisierung von Erstkäufern auf Basis ihrer Innovativität nach Rogers

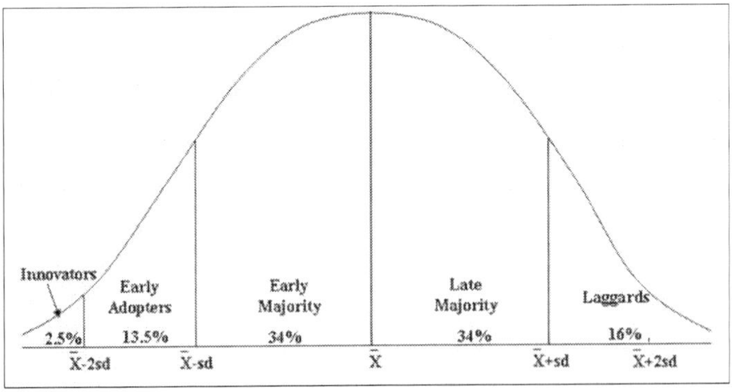

Quelle: Rogers (1983, S. 247)

Das Erfordernis des Innovierens für Eventagenturen lässt sich auch mit dem Wachstum des Eventmarktes sowie dem Anstieg der Eventbudgets begründen. Für das Jahr 2017 planen die deutschen Unternehmen mit mehr als 50 Mitarbeitern Ausgaben in Höhe von insgesamt 29,62 Mrd. € für Kommunikationsmaßnahmen. Damit wird ein Wachstum der Kommunikationsetats um 1,18 Mrd. € im Vergleich zu 2015 prognostiziert. Für Live Communication wird für 2017 gegenüber 2015 ein Zuwachs von 0,34 Mrd. € bzw. um 4,98 % erwartet (FAMAB RESEARCH 2016).

Innovationen können einerseits durch eine konsequente Marktorientierung entstehen, also vorwiegend Kundenwünsche und Marktforschungsergebnisse berücksichtigen. Diese Ausprägung von Innovationen wird als *Market Pull* bezeichnet. Auf der anderen Seite fungieren auch technologische Sprünge bzw. neue technische Standards als Innovationstreiber. So führten die Einführung des GPS-Standards und die Verbreitung von Tablets dazu, dass Geocaching als neues attraktives Element von Events etabliert wurde. Derartige, auf technologischen Entwicklungen fußende Innovationen werden als *Technology Push* eingeordnet. Idealerweise resultiert die erfolgreiche Entwicklung und Einführung von Innovationen aus einem Zusammenwirken von Market Pull und Technology Push. Eine Innovationsorientierung, eine innovationsfördernde Unternehmenskultur und die Überwindung von Innovationshemmnissen sind in Agenturen für Live-Kommunikation in diesem Kontext demzufolge sehr wünschenswert.

Agenturen für Live-Kommunikation werden im Zuge einer Buy-Entscheidung aufgrund ihrer Expertise, ihrer personellen Ressourcen und ihrer Kontakte von Unternehmen engagiert, um Events zu konzipieren, zu organisieren und durchzuführen. Damit ist die Anforderung verbunden, das Event in die Kommunikationspolitik des jeweiligen Kunden zu integrieren. Die Kommunikationsstrategien der auftraggebenden Unternehmen differieren üblicherweise deutlich, weshalb die Dienstleistung der Eventagentur den speziellen Kundenanforderungen angepasst werden muss. Die Agentur entwickelt demgemäß für jeden Kunden ein individuelles Event. Somit sind alle konzipierten Events als (Produkt-)Innovationen zu betrachten, weil keine Eventkonzeption mit exakt denselben Inhalten und in demselben Umfang mehreren Kunden angeboten werden kann. Die Agenturen für Live-Kommunikation sehen sich also gezwungen, permanent zu innovieren.

Für das unablässige Hervorbringen von Produkt- bzw. Leistungsinnovationen wie auch für die Berücksichtigung von gesellschaftlichen Entwicklungen und technologischen Trends sind strukturierte und effiziente Prozesse unabdingbar. Die Auseinandersetzung mit neuen Arbeitsweisen, Organisationsstrukturen und Geschäftsmodellen ist somit eine Pflichtaufgabe für Eventagenturen (vgl. Wagner 2013, S. 46). Es besteht folglich ein unmittelbarer Zusammenhang zwischen Produkt- und Prozessinnovationen, so dass die Agenturen vor der Aufgabe stehen, beide zu verknüpfen.

Kreativität und Innovation dienen dazu, sich deutlich von Konkurrenten abzuheben. Die Differenzierung von den Wettbewerbern ist in Zeiten austauschbarer Angebote wichtiger denn je. Eine Agentur, die Innovationsbewusstsein und -förderung nicht in ihren Unternehmenswerten verankert hat, wäre auf lange Sicht in ihrer Existenz gefährdet. Aus dieser Erkenntnis heraus lässt sich das Ziel formulieren, das kreative Potenzial der Innovationsakteure und das Innovationsmanagement in Agenturen für Live-Kommunikation zu untersuchen und ganzheitlich abzubilden.

2 Theoretische Grundlagen

2.1 Etymologie des Begriffes Innovation

Etymologisch lässt sich der Begriff Innovation auf die lateinischen Wörter „novus" (neu) und „innovatio" (etwas neu Geschaffenes) zurückführen (vgl. Weis 2014, S. 1). Bei Innovationen handelt es sich somit um etwas „Neuartiges". Die semantische Vielfalt der Erklärungen bietet jedoch eine große Zahl an Begriffskriterien (vgl. Hauschildt/Salomo 2007, S. 3ff.). Innovationen sind stets gekennzeichnet durch neuartige Kombinationen aus Mitteln der Leistungserstellung (z.B. Arbeitsmethoden und Technologien) und Zwecken, also der Nachfrage von Kunden nach konkreten Produkten und artikulierten Bedürfnissen (vgl. Baker/Siegman/Rubenstein 1967, S. 160).

Am Anfang jeder Innovation steht die Idee (vgl. Weis 2014, S. 37f.), welche als konkreter Gedanke zur Lösung eines Problems zu verstehen ist (vgl. Brem/Brem 2013, S. 8). Diese Idee muss relevant sein und neuartige Produkte, Dienstleistungen oder Verfahren ermöglichen (vgl. Weis 2014, S. 38). Basis für neue Ideen ist die Kreativität, die als Denkprozess zur Ideenfindung beschrieben werden kann. Vom lateinischen Begriff „creare" abgeleitet, beschreibt sie ursprünglich die Erschaffung von Neuartigem (vgl. Benedikt 2008, S. 43ff.), während unter ihr nach heutigem Verständnis im weiteren Sinne die Produktion und Selektion neuer, wertvoller Informationen verstanden wird (vgl. Blohm 1973, S. 196). Diese weitere Fassung schließt somit alle technologischen Erfindungen, naturwissenschaftlichen Entdeckungen und künstlerischen Schöpfungen, wie darstellende Kunst oder Musik, ein (vgl. Knieß 2011, S. 112).

Aus den entwickelten Ideen kristallisieren sich die erfolgversprechendsten heraus, welche daraufhin auf Realisierbarkeit geprüft werden. Die Ideen mit dem größten Erfolgspotenzial werden mit den benötigten Ressourcen ausgestattet und weiterentwickelt. Wenn die Ergebnisse erfolgreich am Markt platziert werden können, spricht man von einer Innovation (vgl. Weis 2014, S. 38). Erst mit einer erfolgreichen Markteinführung ist folglich die Bezeichnung Innovation gerechtfertigt.

Der Neuheitsgrad einer Innovation ist subjektiv zu verstehen und in ein Verhältnis mit Unternehmensdaten, wie Mitarbeiteranzahl, Anzahl der Standorte, Branche oder Innovationserfordernis, zu setzen. Unter einer Innovation wird also ein unternehmenssubjektiv neuartiger Gegenstand (vgl. Trommsdorff/Steinhoff 2013, S. 423) verstanden.

2.2 Typologie von Innovationen

2.2.1 Allgemeine Typologie

Innovationen können sich auf die unterschiedlichsten Unternehmensbereiche und Gegenstände beziehen. Es lässt sich zwischen verschiedenen Dimensionen unterscheiden, so dass eine eigene Typologie gebildet werden kann (vgl. Benedix, G. 2003, S. 11).

Differenziert man nach dem Verständnis, lassen sich eine *enge* und eine *weite Fassung des Innovationsbegriffs* unterscheiden. Während sich die *Innovation im weiteren Sinne* auf den gesamten Innovationsprozess, also den Zeitraum zwischen Initiative und erfolgreicher Vermarktung, bezieht, liegt bei der *Innovation im engeren Sinne* der alleinige Schwerpunkt auf dem Innovationsergebnis (vgl. Aregger 1976, S. 101 ff.).

Betrachtet man Innovationen entlang der Wertschöpfungsstufen, richtet sich die *Typologie nach dem Objekt*. Demnach existieren *Prozess-, Produkt-, Organisations- und Sozialinnovationen* (vgl. Heinemann 2007, S. 15 f.). Prozess- und Produktinnovationen beziehen sich auf den betrieblichen Wertschöpfungsprozess bzw. die Art und Gestaltung des angebotenen Produktes. Aufgrund ihrer hohen Relevanz werden sie im folgenden Gliederungspunkt gesondert betrachtet. *Organisationsinnovationen* betreffen die Aufbau- bzw. Ablauforganisation des Unternehmens, stehen also in Verbindung mit Prozess- und Produktinnovationen. Sie zielen jedoch auf eine ganzheitliche Neuerung bestehender Strukturen ab (z. B. bei Fusionen zweier Unternehmen). Sozialinnovationen sind auf den Humanbereich bzw. auf die Gestaltung des Arbeitsplatzes (z. B. Abbau körperlicher Belastungen, ergonomische Möbel, Verbesserung von Arbeits- und Gesundheitsschutz) bezogen (vgl. Pleschak/Sabisch 1996, S. 22 f.).

Die *Typologie der Subjektivität* stellt die Adressaten der Innovation in den Mittelpunkt. Die Innovation kann neue Zielgruppen oder neue Märkte des Unternehmens betreffen. Durch Internationalisierung von Unternehmen und die damit verbundene Erschließung neuer Absatzmärkte lassen sich Innovationen in mehreren Regionen verbreiten, z. B. bei einer weltweiten Expansion eines Unternehmens, das bisher nur in einem Land tätig war. Auch die Expansion in eine neue Branche kann durch Innovation erst ermöglicht werden (vgl. Vahs/Burmester 2005, S. 45).

Eine *Typologie nach Induktionsmechanismen* ist eine weitere Variante zur Klassifizierung (vgl. Corsten/Gössinger/Schneider 2006, S. 30 ff.). Bei *mittelinduzierten Innovationen* - auch *Push-Innovationen* genannt - werden neue Produkte oder Prozesse entwickelt, für welche dann eine entsprechende Anwendungsplattform geschaffen werden muss. Bei *zweckinduzierten Innovationen* - auch als *Pull-Innovationen* bezeichnet - liegt die Initiierung des gesamten Prozesses bei den Kunden. Eine dritte Bezeichnung geht von einer *hybriden Form* der Auslösung der Innovation aus und beschreibt die eigentliche Innovation als Kombination von Mitteln und Zwecken (vgl. Billing 2003, S.14 f.; vgl. Herstatt/Verworn 2007, S. 321).

Die Unterscheidung nach dem *Neuheitsgrad* differenziert zwischen revolutionären und evolutionären Innovationen. *Revolutionäre Innovationen* ziehen radikale Veränderungen nach sich. Diese führen zu Umwälzungen und verändern die Produktlandschaft bzw. die Prozessgestaltung spürbar. *Evolutionäre Innovationen* beschreiben dagegen eine kontinuierliche Verbesserung vorhandener Produkte oder Prozesse. Stetige Maßnahmen führen zu einem fortwährenden Innovationsprozess (vgl. Wahren 2004, S. 15). Beim Neuheitsgrad kann alternativ zwischen radikalen und inkrementellen Innovationen unterschieden werden (vgl. Benedix 2003, S. 13). *Radikale Innovationen* leiten fundamentale Veränderungen ein. So werden für das Unternehmen neue Erfolgspotenziale geschaffen (vgl. Toterdell et al. 2002, S. 359). Die radikalen und revolutionären Innovationen überschneiden sich inhaltlich also stark. Bei *inkrementellen Innovationen* sind keine vollständig neuen Technologien die Ausgangsbasis, jedoch verbessern sie die Wettbewerbssituation. Sie bauen auf bisherigem Wissen auf und haben deshalb starke Ähnlichkeit mit der evolutionären Innovation (vgl. Benedix 2003, S. 13).

2.2.2 Prozess- vs. Produktinnovation

Hinsichtlich der Dimension des Objektes ist zwischen Prozess- und Produktinnovationen zu differenzieren. Diese Ausprägungen werden deshalb im Folgenden erläutert.

Prozessinnovation

Prozesse sind „Abfolgen von Aktivitäten, die in ihrer logischen, funktionsübergreifenden Verknüpfung der Erstellung von Produkten und Leistungen dienen". (Pleschak/Sabisch 1996, S. 20) Bei der Innovation von Prozessen steht die Erhöhung der Effizienz der Leistungserstellung im Vordergrund. Diese kann durch kostengünstigere Herstellungsverfahren, hochwertigere Qualität oder zunehmende Schnelligkeit bzw. Sicherheit herbeigeführt werden (vgl. Hauschildt/Salomo 2007, S. 9). Die im Unternehmen etablierten Arbeitsprozesse und -methoden werden neu strukturiert. Ziel von Prozessinnovationen ist es, Kosten durch effektives Arbeiten zu senken, die Qualität zu steigern und die Produktivität anzuheben (vgl. Pleschak/Sabisch 1996, S. 20). Damit wird direkt und indirekt den Unternehmenszielen entsprochen.

Produktinnovation
Eine grundsätzliche Differenzierung erfolgt zwischen Sachgütern und Dienstleistungen. Produkte befriedigen die Bedürfnisse der Kunden und bestimmen dadurch signifikant die Wettbewerbsfähigkeit der Unternehmung. Wie einleitend erwähnt, verringert sich die Dauer von Produktlebenszyklen, wodurch die Entwicklung neuer Leistungen an Bedeutung gewinnt. Als existenzieller Umsatzstabilisator sind Produkte der häufigste Gegenstand von Innovationen (vgl. Pleschak/Sabisch 1996, S. 14f.). Die Produktinnovation beschreibt die erfolgreiche Einführung von Produkten, die in ihrer Gesamtheit oder ihren Eigenschaften neu oder merklich verbessert wurden.

Produktinnovationen können zum einen auf neuartigen Technologien basieren oder zum anderen durch die Neukombination vorhandener Technologien entstehen. Im Gegensatz zur Prozessinnovation geht es hier vorrangig um die Steigerung von Effektivität und Kundenbindung, indem man es den Kunden ermöglicht, neue Bedürfnisse zu befriedigen oder vorhandene Wünsche auf neuartige Weise zu erfüllen. Es können drei Ausprägungen von Produktinnovationen unterschieden werden.

Echte Innovationen sind gänzlich originäre Produkte, die eine völlig neuartige Nutzenstiftung ermöglichen. In ihrer Gestaltung und Verwendungsform sind sie so bisher noch nie am Markt aufgetreten und somit eine absolute Neuheit. Derartige *Marktneuheiten*, also originäre Eventideen und –konzeptionen, werden üblicherweise sehr rasch von Konkurrenten adaptiert und angepasst.

Quasi-neue Produkte sind ebenfalls neuartig, knüpfen jedoch an vorhandenen Produkten an, um ihre Eigenschaften zu übernehmen und zu verbessern bzw. abzuwandeln und neu zu definieren. Ein quasi-neues Produkt stellt damit keine echte Innovation dar, sondern geht aus echten Innovationen hervor. Quasi-neue Produkte erlauben eine wirksame Differenzierung vom Wettbewerb und die Reduzierung der Nachteile einer echten Innovation (z.B. Investitionsrisiko).

Me-too-Produkte sind Nachahmungen, die einen Nutzen vollständig oder teilweise von einem Original kopieren. Der hohe Forschungs- und Entwicklungsaufwand der Innovation muss nicht betrieben werden. Der Erfolg stellt sich jedoch nur ein, wenn diese Produkte die Qualität des Originals annähernd erreichen und zudem günstiger angeboten werden können. Imitationen sind auf dem Eventmarkt angesichts fehlender Markteintrittsbarrieren an der Tagesordnung. Konkurrenten ahmen erfolgreiche Eventideen und -konzepte nach, indem sie diese mit eigenen Innovationen kombinieren.

Aufgrund einer erforderlichen Durchsetzung am Markt scheint die Produkt- bzw. Leistungsinnovation zunächst schwieriger umsetzbar als die Prozesserneuerung. Ergebnisse empirischer Untersuchungen belegen jedoch, dass Prozesse wesentlich ausgeprägter auf implizitem Wissen beruhen und mit dem gesamten Unternehmenssystem verflochten sind. Damit ist ihr Erfolg jedoch auch komplizierter nachzuvollziehen, so dass es schwieriger ist, den Willen zur Anerkennung und Integration in der Belegschaft zu aktivieren (vgl. Gopalakrishnan/Bierly/Kessler 1999, S. 150 ff.). Im Gegensatz zu Produktinnovationen werden sie langsamer und mit weniger Bereitschaft übernommen (vgl. Damanpour/Gopalakrishnan 2001, S. 55). Es lässt sich ein unmittelbarer Zusammenhang von Prozess- und Produkt- bzw. Leistungsinnovationen ableiten.

3 Qualitative Untersuchung

3.1 Zentrale Fragestellungen der Untersuchung

Wie bereits die Ausführungen im Kapitel der Problem- und Zielstellung dieses Beitrags verdeutlicht haben, hat die Thematik der Produkt- und Prozessinnovationen eine existenzielle Bedeutung für Agenturen für Live-Kommunikation. So sorgen kreative und innovative Eventkonzepte, die zum einen aktuelle gesellschaftliche und technologische Entwicklungen berücksichtigen und zum anderen individuell auf die Ziele des jeweiligen Kunden zugeschnitten sind, für eine Differenzierung von und Profilierung gegenüber den Konkurrenten. Im Hinblick auf die Entwicklung innovativer Eventkonzepte sind dabei ein Innovationsbewusstsein und die gezielte Förderung von Innovationen, die sich in den Arbeitsweisen sowie der Organisationsstruktur der Agentur widerspiegeln, unabdingbar.

Innovationsmanagement in Agenturen für Live-Kommunikation 177

Vor diesem Hintergrund soll das kreative Potenzial der Innovationsakteure und das Innovationsmanagement in Agenturen für Live-Kommunikation untersucht und ganzheitlich betrachtet werden. Um eine solche ganzheitliche Betrachtung zu gewährleisten, werden sowohl wichtige Merkmale der Innovation (z. B. Aktualität, Zukunftsorientierung, Kreativität) als auch der Unternehmenskultur (z. B. Flexibilität in der Arbeitsgestaltung, Austausch zwischen den Mitarbeitern, Interdisziplinarität, Internationalität) aufgegriffen und in der vorliegenden Untersuchung berücksichtigt, so dass sich die folgenden zehn zentralen Fragestellungen ergeben.

- Werden Produkt- bzw. Leistungsinnovationen von Eventagenturen als wichtiger angesehen als Prozessinnovationen?

- Ist das Innovationsmanagement a) in der Organisationsstruktur der Eventagenturen verankert, und b) wird das Innovationsmanagement als definierte Aufgabe im Unternehmen wahrgenommen?

- Von wem kommen hauptsächlich die Impulse für Produkt- bzw. Leistungsinnovationen? Welche Rolle nehmen hierbei die Kunden ein?

- Inwieweit beeinflussen aktuelle Trends und Entwicklungen die Produktentwicklung für die Kunden?

- Erwarten innovationsstarke Unternehmen auch besonders innovative Eventkonzeptionen von den Eventagenturen?

- Existieren standardisierte Leitfäden bzw. Richtlinien zur Konzipierung von Events in den Agenturen, oder wird dies als Hemmnis des Kreativitätsprozesses angesehen?

- Werden in den Eventagenturen regelmäßig und gezielt Kreativitätstechniken zur Ideenfindung eingesetzt?

- Da Menschen in unterschiedlichem Maße und zu individuellen Zeiten kreativ sind, stellt sich die Frage, ob zumindest partiell flexible Arbeitszeiten in den Eventagenturen gewährt werden.

- Betreiben Eventagenturen Wissensmanagement und ein Ideenmanagementsystem? a) Organisieren Eventagenturen dafür einen regelmäßigen Informationsaustausch unter den Mitarbeitern, um eine identische Wissensbasis zu schaffen? b) Werden verworfene und zurückgestellte Ideen im Rahmen eines Ideenmanagementsystems von den Eventagenturen archiviert, damit diese weiterhin verfügbar sind und in anderen Projekten Verwendung finden können?

- Legen Eventagenturen viel Wert auf Interdisziplinarität und Internationalität ihrer Mitarbeiter, um Kreativität und Innovation zu fördern?

Die aufgeworfenen Fragen sollen mithilfe von leitfadengestützen Experteninterviews untersucht werden. Einen Überblick über diese qualitative Erhebungsmethode und deren Vorteile gibt der folgende Gliederungspunkt.

3.2 Methode des leitfadengestützten Experteninterviews

Mit der qualitativen Erhebungsmethode des leitfadengestützten, strukturierten, aber nicht standardisierten Experteninterviews wurde für die Untersuchung eine Sonderform der Befragung ausgewählt. Dabei werden von einem Interviewer alle Fragen eines vorliegenden Fragenkataloges gestellt, deren Reihenfolge jedoch situationsbezogen variiert werden kann. Die Interviewpartner wünschen während des Gesprächs häufig Erläuterungen des Frageninhaltes (vgl. Schnell/Hill/Esser 1992, S. 329f.). Dem Interviewer ist es möglich, bestimmte Probleme und Sachverhalte genauer zu veranschaulichen, um die Gesprächspartner zu tiefergehenden Antworten zu motivieren (vgl. Bär 2006, S. 215). Den Befragten wird viel Freiraum für ihre Antworten gewährt, so dass längere Exkurse möglich sind und Zusatzinformationen in die Ausführungen einfließen (vgl. Hausladen 2001, S. 43).

Der besondere Wert der qualitativen Forschung ist in ihrer Offenheit gegenüber dem Forschungsfeld zu sehen, welche es ermöglicht, Wissenslücken zu schließen und neue Erkenntnisse zu gewinnen (vgl. Kuckartz/Dresing/Rädiker 2008, S. 11f.). Durch die gewisse methodische Freiheit und die offene Gesprächsführung können auch sehr komplexe Themenbereiche behandelt werden. Dem Interviewer obliegt gleichzeitig die Moderation des Gesprächs, so dass er steuern kann, wie viel Zeit welchem Gesprächsthema gewidmet wird (vgl. Bär 2006, S. 215). Auf der anderen Seite tritt die psychologische bzw. subjektive Komponente bei dieser Befragungstechnik in den Vordergrund, denn es lässt es sich kaum vermeiden, dass das Gespräch durch den Interviewereinfluss bewusst oder unbewusst in eine bestimmte Richtung gelenkt wird. Die Anforderungen an den Interviewer sind hoch, denn der Forschungserfolg hängt neben der sinnvollen Gestaltung des Gesprächsleitfadens und der guten Vorbereitung in hohem Maße von seinem Verhalten während des Gesprächs ab (vgl. Schnell/Hill/Esser 1992, S. 391). Sowohl für den Interviewer als auch für die Gesprächspartner entsteht ein deutlich höherer Zeitaufwand als bei standardisierten Befragungen. Die tatsächliche Dauer der Interviews hängt in hohem Maße von der Einstellung der Befragten dazu ab (vgl. Bär 2006, S. 217).

3.3 Auswahl der Experten

Für die qualitativen Interviews eignen sich Gesprächspartner, die Expertise zu den ausgewählten Themenbereichen besitzen. Experten zeichnen sich durch ein besonderes Spezialwissen zum Gegenstand einer Untersuchung aus. Dies verschafft ihnen eine exklusive Stellung innerhalb des untersuchten Kontextes (vgl. Gläser/Laudel 2006, S. 10). Ihr fachspezifisches Wissen haben sie meist im Zuge langjähriger Tätigkeit und die dadurch gewonnene Erfahrung erworben. Der Expertenauswahl lag die Verfügbarkeit dieses spezifischen Wissens als wesentliches Selektionskriterium zugrunde (vgl. Mieg/Näf 2005, S. 7). Bei der gezielten Ansprache von möglichen teilnehmenden Agenturen für Live-Kommunikation waren deren regelmäßige Beteiligung an wichtigen überregionalen Kreativwettbewerben, das Erreichen hoher Platzierungen in Ranglisten der besten bzw. erfolgreichsten Agenturen für Live-Kommunikation sowie ihre Bekanntheit und ihr Renommee ausschlaggebende Faktoren. Für die Teilnahme an den Experteninterviews konnten schließlich mit

- insglück Gesellschaft für Markeninszenierung mbH,
- Full Moon Group,
- George P. Johnson Experience Marketing,
- A-BLOK Germany und
- circ GmbH & Co. KG

fünf namhafte und in Deutschland ansässige Eventagenturen gewonnen werden. Unter den ausgewählten Eventagenturen belegt die insglück Gesellschaft für Markeninszenierung mbH gegenwärtig den Spitzenplatz im Deutschen Event-Kreativranking 2016. Diese Rangliste wird regelmäßig durch den BlachReport veröffentlicht, um kreative Höchstleistungen im Bereich Live-Kommunikation zu würdigen. Die Rangfolge der Agenturen basiert demnach auf der Auswertung der eventspezifischen Kategorien der nationalen und internationalen Wettbewerbe FAMAB AWARD, ADC Wettbewerb, Golden Award of Montreux, BEA BlachReport Event Award, EuBEA Award, EX Award, Gala Award und Galaxy Award. In die Bewertung flossen Gold-, Silber- und Bronze-Platzierungen sowie Auszeichnungen bei den angeführten Wettbewerben ein (vgl. BlachReport 2016).

Des Weiteren nimmt die Stuttgarter Full Moon Group im aktuellen Agenturranking für Live-Kommunikation und Kommunikation im Raum Platz 5 ein. Dieses Ranking, das der Branchenverband FAMAB in Kooperation mit „HORIZONT" und „W&V" erhebt, wird auf der Grundlage des im deutschen Markt erreichten Honorarumsatzes erstellt. In diesen Bereichen erzielte Full Moon im Jahr 2015 im Inland einen Honorarumsatz von 12,81 Millionen Euro, was auch als ein Indikator für die Innovationskraft und die Leistungsfähigkeit der Agentur angesehen werden darf (vgl. Amirkhizi 2016).

Die Untersuchungskonzeption sah es vor, sowohl die Sicht der Managementebene als auch die Perspektive der Mitarbeiter in die Studie einzubeziehen. Deshalb wurden die Agenturen gebeten, jeweils einen Vertreter des Managements und der Mitarbeiter aus dem Kreativbereich an den Experteninterviews teilnehmen zu lassen. Mit diesem Vorgehen sollte geprüft werden, ob sich bei identischen Fragen Unterschiede in den Sichtweisen zwischen den beiden Ebenen erkennen lassen. Zudem konnte auf diese Weise die Korrektheit der Antworten auf unternehmensspezifische Fragen kontrolliert werden. Von der Wiesbadener Agentur circ GmbH & Co. KG stand kein Vertreter der Mitarbeiterebene zur Verfügung. Folgende Expertenauswahl wurde getroffen:

Tab. 1: An den Experteninterviews teilnehmende Agenturen und Experten

Agentur	Funktionen der Experten
insglück Gesellschaft für Markeninszenierung mbH	Geschäftsführer Creative Director
Full Moon Group	Managing Director Project Manager
George P. Johnson Experience Marketing	Vice President Sales & Marketing Senior Manager Concept
A-BLOK Germany	Geschäftsführer Projektleiter
circ GmbH & Co. KG	Geschäftsführer

Quelle: Eigene Darstellung

4 Analyse und Auswertung der Untersuchung

4.1 Vorgehen bei der Datenauswertung mittels qualitativer Inhaltsanalyse

Bei der Auswertung der generierten Daten geht es darum, „die subjektiven Intentionen hinter den objektiv ablesbaren Aussagen zu suchen und diese zu interpretieren." (Mayring 2002, S. 22). Die eigentlichen Forschungsfragen werden somit nicht explizit durch die Interviewpartner beantwortet, sondern durch den Forscher, indem er das gesammelte Datenmaterial einer eingehenden Analyse und Interpretation unterzieht.

Die qualitative Inhaltsanalyse ist eine von Philipp Mayring entwickelte strukturierte und regelgeleitete Auswertungsmethode. Die gesammelten Daten werden systematisch und methodisch kontrolliert schrittweise bearbeitet und ausgewertet (vgl. Mayring/Gahleitner 2010, S. 295ff.). Mittels eines Rückkopplungsverfahrens entsteht sukzessive ein Kategoriensystem, anhand dessen die Auswertung des Datenmaterials vorgenommen wird. Es erfolgt eine systematische Analyse der Texte und deren Übertragung auf ein theoriegeleitetes Kategoriensystem (vgl. Mayring 2008, S. 38). Untersuchungsgegenstand sind manifeste Kommunikationsinhalte - Aussagen von Interviewpartnern, welche diese bewusst und explizit getätigt haben (vgl. Lamnek 2005, S. 517ff.). Das Verfahren baut auf der quantitativen Content Analysis auf und erweitert diese um qualitativ-interpretative Komponenten (vgl. Mayring 2000, S. 2).

Die Präzisierung und theoretische Begründung der Fragestellung sowie die Auswahl des Materials erfolgten bereits mit der Bildung des Gesprächsleitfadens anhand der Forschungsfragen sowie der Auswahl von Experten. Die qualitative Inhaltsanalyse weist mehrere Unterscheidungsmerkmale im Vergleich zu offeneren textanalytischen Methoden auf. Zum einen erfolgt die Textanalyse mittels der Formulierung von Regeln, so genannter Analyseeinheiten oder Ablaufmodelle. Die Sensibilität des Verfahrens nimmt mit der Präzision der einzelnen Analyseeinheiten zu. Das zirkuläre Kontrollverfahren sieht ein mehrmaliges Durch- und Überarbeiten des vorhandenen Materials und der Analyseeinheiten vor. Dennoch bleibt der Modellablauf während des gesamten Auswertungsprozesses konstant (vgl. Mayring 2012, S. 28).

Ein zweites Merkmal von zentraler Bedeutung ist die Bildung eines Kategoriensystems. Die Kategorien können deduktiv, d.h. vorab auf theoretischer Grundlage, oder induktiv aus dem Material heraus definiert werden. Die Zuordnung der Kategorien zum Text ist durch inhaltsanalytische Regeln festgelegt (vgl. Mayring 2010, S. 603).

Das dritte Merkmal ist der systematische Einsatz der Gütekriterien Intracodercheck und Intercoder-Reliabilitätsprüfung. Der Intracodercheck beinhaltet nach Abschluss der Analyse die erneute Überprüfung von Teilen des Materials ohne Berücksichtigung der vorgenommenen Kodierungen, um die Stabilität des Verfahrens zu kontrollieren. Bei der Intercoder-Reliabilitätsprüfung kommt ein zweiter Kodierer zum Einsatz, der einen Teil des Materials untersucht und dabei die Übereinstimmung der Kodierungen mit denen des ursprünglichen Kodierers überprüft (vgl. Mayring 2010, S. 604).

Bei der vorliegenden Untersuchung dominierte aufgrund der Homogenität der Interviewten die deduktive Kategorienbildung.

4.2 Forschungsergebnisse

Im Folgenden sollen anhand der Auswertung der erhobenen Daten die zuvor aufgeworfenen zentralen Fragen beantwortet werden.

Werden Produkt- bzw. Leistungsinnovationen von Eventagenturen als wichtiger angesehen als Prozessinnovationen?

Alle befragten Agenturen betrachteten beide Innovationsarten als wichtig. Produkt- bzw. Leistungsinnovationen besitzen eher Strahlkraft nach außen, während Prozessinnovationen vorwiegend nach innen wirken. Zwei der fünf Agenturen hoben ausdrücklich hervor, dass für erfolgreiche Produktinnovationen ausgereifte und innovative Prozesse die Voraussetzung darstellen. Jede Art von Innovation sollte aber für den Kunden sichtbar sein und sich in der erbrachten Dienstleistung widerspiegeln, da diese die Visitenkarte des Unternehmens ist. Über Produktinnovationen wird der Umsatz generiert, weshalb Prozessinnovationen in der Praxis häufig nicht die Bedeutung beigemessen wird, die ihnen eigentlich zukommen sollte. Einer der befragten Experten des Managements äußerte, dass Produktinnovationen präferiert werden sollten, da man damit letztendlich das Geschäft mit dem Kunden mache. Prozessinnovationen könnten bei geringem Arbeitsaufkommen intensiv entwickelt und vorangetrieben werden. Unterschiede in der Wahrnehmung des Sachverhalts konnten zwischen Management- und Mitarbeiterebene nicht festgestellt werden. Somit lässt sich das Fazit ziehen, dass beide Innovationsarten in Eventagenturen gleichermaßen wichtig sind und, dass von den Experten eine Abhängigkeitsbeziehung zwischen Produkt- und Prozessinnovationen gesehen wird.

Innovationsmanagement in Agenturen für Live-Kommunikation

Ist das Innovationsmanagement a) in der Organisationsstruktur der Eventagenturen verankert, und b) wird das Innovationsmanagement als definierte Aufgabe im Unternehmen wahrgenommen?

Zu Teil a) dieser Frage wurden ausschließlich die Manager befragt. Dabei stellte sich heraus, dass Innovationsmanagement in keiner der Agenturen in der Aufbauorganisation verankert oder schriftlich fixiert ist. Es wird eher dezentral organisiert und als Bestandteil der Unternehmenskultur aufgefasst. Innovationsmanagement scheint in die Aufgaben des einzelnen Mitarbeiters einzufließen, so dass es keine Stelle gibt, welche dafür hauptverantwortlich ist. Ein Experte stellte einen interessanten Zusammenhang zwischen Innovation und Wissen her. Er erachtet sinnvolles und effektives Wissensmanagement als eine Innovationsgrundlage, da Innovationen neuer Ideen bedürfen, die zum einen aus vorhandenem Wissen resultieren und zum anderen auch nur mit vorhandenen Kenntnissen umgesetzt werden können.

Im Teil b) wurde der Aspekt aus der Sicht der Mitarbeiter beleuchtet. Alle Mitarbeiter nehmen Innovationsmanagement als definierte Aufgabe im Unternehmen wahr. Dabei wird deutlich, dass das Innovationsbewusstsein die gesamte Agentur erfassen sollte. Als Initiatoren der Innovation nannten zwei der vier Befragten die Geschäftsführer. Interessant ist jedoch, dass diese nach Ansicht der Experten nur den Impuls geben und Innovationsbewusstsein, -wille und -motivation auf die Mitarbeiter übertragen sollen. Einer der Experten beschrieb Innovationsmanagement „als Teil der Agentur-DNA", was de facto mit einer Integration in die Unternehmenskultur gleichzusetzen ist.

Von wem kommen hauptsächlich die Impulse für Produkt- bzw. Leistungsinnovationen? Welche Rolle nehmen hierbei die Kunden ein?

Zur Erörterung dieser Frage wurden die Experten gebeten, alle erhaltenen Inspirationen für Produkt- bzw. Leistungsinnovationen anteilsmäßig den möglichen Impulsgebern „Mitarbeiter", „Kunden", „Leistungspartner" und „Wettbewerber" zuzuordnen. Die Verteilung dieser Anteile erfolgte durch die Vergabe von Prozentpunkten. Die Ergebnisse sind in der folgenden Tabelle dargestellt.

Tab. 2: Impulsgeber bei Eventagenturen und ihr Einfluss auf die Innovationstätigkeit

Impulsgeber	Management					Ø	Mitarbeiter				Ø	Gesamt
Mitarbeiter	80%	60%	50%	20%	70%	**56%**	80%	30%	40%	50%	**50%**	**53%**
Kunden	5%	30%	25%	20%	10%	**18%**	5%	30%	30%	10%	**18,75%**	**18,4%**
Leistungspartner	10%	5%	0%	40%	15%	**14%**	10%	40%	10%	10%	**17,5%**	**15,7%**
Wettbewerber	5%	5%	25%	20%	5%	**12%**	5%	0%	20%	30%	**13,75%**	**12,9%**
Sonstige	0%	0%	0%	0%	0%	**0%**	0%	0%	0%	0%	**0%**	**0%**

Quelle: Eigene Darstellung

Die in der Tabelle dargestellten Ergebnisse identifizieren die Mitarbeiter mit durchschnittlich 53% als maßgebliche Impulsgeber. Management- und Mitarbeiterebene sind sich dahingehend weitgehend einig. Die Kunden kommen mit durchschnittlich 18,4% auf den zweiten Platz. Dicht dahinter befinden sich die Leistungspartner mit 15,7% und die Wettbewerber mit 12,9%. Betrachtet man die arithmetischen Mittel der Angaben, lassen sich keine wesentlichen Unterschiede zwischen den Meinungen von Managern und Mitarbeitern feststellen. Andere Impulsgeber wurden nicht erwähnt.

Inwieweit beeinflussen aktuelle Trends und Entwicklungen die Produktentwicklung für die Kunden?
Im Hinblick auf diese Frage sind sich alle neun befragten Experten einig. Aktuelle Trends und Entwicklungen fließen maßgeblich in die Entwicklung von Eventkonzepten ein. Dabei wird vor allem gesellschaftlichen und technologischen Trends eine große Bedeutung beigemessen. Kunden sehen sich ebenfalls diesem Umfeld sowie den technologischen Entwicklungen ausgesetzt und greifen diese auch für ihre gewünschten Veranstaltungen auf. Ein hohes Trendbewusstsein ist für Agenturen also wichtig, damit etwaigen Kundenwünschen entsprochen werden kann. Eine gezielte Einbindung erfolgt aber eher auf Anfrage des Kunden und seinen Bedürfnissen entsprechend. Zwei der Experten wiesen darauf hin, dass Entwicklungen in der Eventbranche eher weniger in die Konzipierung von Events einfließen. Greift die Agentur zunehmend bereits bestehende Ideen anderer Agenturen oder Leistungspartner auf, wird das Produkt stärker kopiert als innoviert. Trends sollten also außerhalb der Branche gesucht werden, um sie dann für die Live-Kommunikation umsetzen zu können. Ein Experte äußerte je-

doch, dass radikale Innovationen Kunden eher abschrecken. Konzeptionen, die bereits bei anderen Unternehmen funktioniert haben, werden dagegen gut angenommen. Der Widerspruch ist unübersehbar. Innovationen sollten immer von den Wünschen des Kunden sowie dem Veranstaltungsziel und dem Konzept abhängig gemacht werden.

Erwarten innovationsstarke Unternehmen auch besonders innovative Eventkonzeptionen von den Eventagenturen?
Sechs der neun Experten erwähnten die Automobilbranche als die maßgebliche Kundengruppe, welche nach innovativen Konzepten verlangt. Auch die IT-Branche (vier Nennungen) sowie die Mode- und Medienindustrie (drei Nennungen) und die Finanzdienstleister (zwei Nennungen) wurden angeführt. Dafür ausschlaggebend ist, dass Unternehmen, die innovative Veranstaltungskonzepte umsetzen möchten, zum einen meist selbst sehr innovationsaffin sind, und zum anderen stehen ihnen in der Regel auch die dafür benötigten Budgets zur Verfügung. Innovationsorientierte Zielgruppen fördern die Entwicklung von neuartigen Konzepten.

Existieren standardisierte Leitfäden bzw. Richtlinien zur Konzipierung von Events in den Agenturen, oder wird dies als Hemmnis des Kreativitätsprozesses angesehen?
Die Experten von drei der fünf Agenturen verneinen die Frage nach der Existenz von Leitfäden bzw. Richtlinien für die Erstellung von Eventkonzepten. Es wurde darauf verwiesen, dass es sich bei den angebotenen Leistungen stets um speziell auf den jeweiligen Kunden zugeschnittene Lösungen und nicht um standardisierte Konzepte handele. Allerdings existieren durchaus einheitliche Vorgehensweisen hinsichtlich der Schritte, die nach dem Eingang der Anfrage des Kunden eingeleitet werden. Das Briefing des Kunden sowie dessen Unternehmen werden zunächst analysiert. Nach der Generierung von Ideen zum konkreten Event folgen die Erstellung des Eventkonzeptes und die Pitch-Präsentation bzw. der Versand an den Kunden. Diese Reihenfolge unterscheidet sich von Agentur zu Agentur kaum, denn die Präsentation kann nur mit einem Konzept erfolgen, für welches wiederum erst die relevanten Ideen entwickelt werden müssen. Klare Vorgaben zur Gestaltung von Eventkonzeptionen und zum Ablauf der kreativen Prozesse zur Ideen- und Konzeptentwicklung gibt es jedoch kaum.

Werden in den Eventagenturen regelmäßig und gezielt Kreativitätstechniken zur Ideenfindung eingesetzt?
Der Einsatz einer universellen Kreativitätstechnik wurde mehrfach verneint. Die Auswahl hängt meist von der konkreten Aufgabenstellung des Kunden ab. Einer der be-

fragten Experten erwähnte zudem den Aspekt, dass derartige Techniken vor allem mit Kunden und Nicht-Kreativen (im beruflichen Sinne) durchgeführt werden. Diese sind oft weniger erfahren im Umgang mit ihrer eigenen Kreativität, so dass Kreativitätstechniken als Katalysator fungieren und gleichzeitig die Angst vor der Einbringung eigener Ideen abbauen sollen. Auch selbstentwickelte Techniken finden in den Agenturen Anwendung. Es kann von einer Vielfalt möglicher Herangehensweisen ausgegangen werden. In zwei Fällen kam es zu sehr unterschiedlichen Antworten von Managern und Mitarbeitern. Die Mitarbeiter verneinten die Anwendung jedweder Kreativitätstechnik, während die Manager angaben, durchaus Kreativitätstechniken einzusetzen. Eine mögliche Begründung für diese Diskrepanz könnte mangelndes Kommunikationsverhalten sein. Das Management entwickelt gezielt einen durchdachten Prozess, in welchen sich der Mitarbeiter, unabhängig davon, ob gewollt oder ungewollt, nicht einfügen kann. Einen derartigen Sachverhalt könnte man bei komplexen Strukturen, also in Agenturen mit hoher Mitarbeiterzahl, vermuten. Das Phänomen trat jedoch bei den Agenturen mit der höchsten und der niedrigsten Mitarbeiterzahl auf.

Da Menschen in unterschiedlichem Maße und zu individuellen Zeiten kreativ sind, stellt sich die Frage, ob zumindest partiell flexible Arbeitszeiten in den Eventagenturen gewährt werden?

Keine der befragten Agenturen verfolgt das Modell flexibler Arbeitszeiten, sondern in allen Unternehmen wird innerhalb einer festen Arbeitszeit gearbeitet. Entscheidender Grund dafür ist die Gewährleistung der direkten Erreichbarkeit für Kunden, aber auch für Leistungspartner und Kollegen, um persönliche Absprachen zu ermöglichen. Eine völlig freie Zeiteinteilung ist in keiner der an der Untersuchung teilnehmenden Agenturen gegeben. Die Interviews zeigen jedoch, dass in Bezug auf die Arbeitszeit keine starren Regeln gelten. Als eine individuelle Möglichkeit des Arbeitens wird das Home-Office angeboten, bei welcher der Mitarbeiter flexibel zu Hause tätig sein kann. Eine situative und individuelle Absprache scheint meist möglich und effektiv zu sein. Einer der Experten fasste die Rolle der Kreativen in der Agentur mit dem folgenden Bonmot zusammen: „Kreative werden bezahlt, damit sie jederzeit kreative Ideen abliefern."

Betreiben Eventagenturen Wissensmanagement und ein Ideenmanagementsystem?
a) Organisieren Eventagenturen dafür einen regelmäßigen Informationsaustausch unter den Mitarbeitern, um eine identische Wissensbasis zu schaffen?
Drei der fünf Agenturen haben einen festen Tag (Jour Fixe) eingeführt, an denen regelmäßig Wissen ausgetauscht wird. Eine Agentur verständigt sich wöchentlich an

einem Tag innerhalb von einer Stunde zu neuen Leistungspartnern, Entwicklungen, Beobachtungen oder sonstigen interessanten Informationen. Dazu wird vor allem die Präsentationstechnik des Pecha Kucha genutzt, die aus Japan stammt und bei der 20 Präsentationscharts innerhalb von 6 Minuten und 40 Sekunden vorgestellt werden, so dass aller 20 Sekunden die Präsentationsfolie wechselt. Eine weitere Agentur führt ebenfalls zum Wochenbeginn ein Meeting zu aktuellen Projekten und Informationen durch. Einmal im Jahr kommen zusätzlich alle Projektleiter und Geschäftsführer zu einem größeren Meeting zusammen, um sich u.a. zu Trends und Innovationen in der Branche auszutauschen. Eine dritte Agentur gestaltet den Informationsaustausch im Rahmen von Präsentationsabenden, die meist aller zwei Monate stattfinden. Die zwei verbleibenden Agenturen versenden Informationen eher ungefiltert und punktuell untereinander. Dazu werden beispielsweise interne E-Mails oder eigene soziale Netzwerke genutzt. Eine interessante Entwicklung ist die Implementierung von firmenspezifischen Wikis - internetbasierter Wissenssammlungen, die von jedem Nutzer ergänzt und verändert werden können - für das Wissensmanagement in zwei der fünf Agenturen. So soll eine einheitliche Wissensbasis geschaffen und Wissenstransfer vereinfacht werden. Auf einem Server werden neben Arbeitsprozessen auch Ideen und Inspirationen für alle Mitarbeiter zugänglich hinterlegt.

b) Werden verworfene und zurückgestellte Ideen im Rahmen eines Ideenmanagementsystems von den Eventagenturen archiviert, damit diese weiterhin verfügbar sind und in anderen Projekten Verwendung finden können?
Bei der Auswertung wurde zunächst ein überraschendes Phänomen sichtbar. In allen vier Agenturen, bei denen Manager und Mitarbeiter befragt werden konnten, gab es ausschließlich unterschiedliche Antworten. Zwei der Manager und zwei der Mitarbeiter verneinten das Vorhandensein eines Ideenmanagementsystems in ihrer Agentur. Der jeweils andere Experte der Agentur antwortete jedoch, dass eine Sammlung nicht verwendeter Ideen erfolgt. Es entstand dadurch der Eindruck, dass es durchaus Bestrebungen für ein sinnvolles Ideenmanagement gibt, diese jedoch nicht die gesamte Agenturstruktur durchdringen, da der Aufwand erheblich ist. Zwei der Agenturen gaben an, dass sie für Kundenanfragen lieber komplett neu beginnen als auf alte Ideen zurückzugreifen. Je größer ein Event werden soll, desto stärker scheint auch der Anspruch zu sein, dafür ein innovatives und individuelles Konzept zu entwickeln.

Legen Eventagenturen viel Wert auf Interdisziplinarität und Internationalität ihrer Mitarbeiter, um Kreativität und Innovation zu fördern?

Beide Faktoren werden von allen Befragten geschätzt. Die Interdisziplinarität erachten alle Experten als unabdingbar für Innovationsprozesse und bei der Produkterstellung. Die Mitarbeiter der Agenturen sind dabei durch die verschiedensten Bildungswege und beruflichen Hintergründe geprägt. Neben Eventmarketing und -management haben die Mitarbeiter beispielsweise Betriebswirtschaftslehre, Germanistik, Publizistik, Mediendesign, Theaterwissenschaft und Hotelmanagement studiert bzw. in diesen Bereichen gearbeitet. Die Interdisziplinarität und Heterogenität der Agenturmitarbeiter ist somit gegeben. Internationalität wird dagegen zwar als ebenso wichtig empfunden, jedoch nicht derart bewusst verfolgt wie die Interdisziplinarität. Sie wird begrüßt und als Vorzug empfunden, besitzt aber überwiegend keine so hohe Bedeutung wie erwartet. Bei lediglich einer Agentur ist die Belegschaft stark von Mitarbeitern unterschiedlichster Herkunft geprägt. Dieser Aspekt wird unterschiedlich betrachtet und ist auch wesentlich von den (gewachsenen) Strukturen und den Standorten der Agenturen abhängig. Diese Ergebnisse zeigen, dass die Interdisziplinarität ihrer Mitarbeiter für Eventagenturen bedeutsam ist, die Relevanz der Internationalität jedoch von Agentur zu Agentur deutlich differiert.

5 Zusammenfassung und Ableitung von Handlungsempfehlungen für eine Innovationskultur

Die Forschungsergebnisse sollen nun zusammengefasst und Handlungsempfehlungen für die Etablierung und Gestaltung einer Innovationskultur in Agenturen für Live-Kommunikation abgeleitet werden. Im Folgenden werden drei Ebenen betrachtet, auf denen Unternehmenskultur beeinflusst werden kann - die Ebenen der Organisation, des Teams und des Individuums.

Ebene der Organisation

Zunächst ist es für Eventagenturen wichtig, das Innovationsbewusstsein im unternehmerischen Wertesystem zu verankern, um sich sowohl nach innen als auch nach außen zur Innovation zu bekennen. Dabei ist es hilfreich, Visionen für das Unternehmen zu prägen, die als Leitziele fungieren und so identitätsstiftend für Mitarbeiter wirken. Auch ein Trendbewusstsein sollte im Leitbild implementiert werden, um stets auf dem aktuellen Informationsstand zu technologischen und gesellschaftlichen Trends zu bleiben. Den Mitarbeitern sollte jedoch auch ausreichend Zeit eingeräumt werden, sich über derartige Entwicklungen zu informieren und sich mit ihnen zu beschäftigen. Organisationsstrukturell ist es sinnvoll, flache Hierarchien zu etablieren. So können Entscheidungswege verringert und die Abstimmung unter den Beschäftigten vereinfacht werden. Weiterhin sollte geprüft werden, inwiefern sich die Unternehmensstrukturen flexibel an aktuelle Gegebenheiten, Mitarbeiterpotenziale und -qualifikationen sowie Interessen anpassen lassen. Empfehlenswert ist, sich vom Zwang zu lösen, Mitarbeiter unbedingt in die bestehenden Strukturen integrieren zu müssen. Zur Orientierung kann die Adhocracy-Unternehmenskultur dienen, die durch Unternehmertum, Kreativität und Anpassungsfähigkeit gekennzeichnet ist und Innovationen begünstigt. Die strategischen Prioritäten des Unternehmens sollten unter der Berücksichtigung der eigenen Markenidentität auf Innovationsförderung und Wachstum liegen. Führungskräfte müssen als Innovatoren auftreten, um Vorbilder für die Mitarbeiter zu sein. Für Eventagenturen ist die Wettbewerbsstrategie der Innovationsführerschaft (First to Market-Strategie) als Ausprägung der Differenzierungsstrategie (vgl. Porter 1985) erfolgversprechend. Die Nebensaisons sollten genutzt werden, um Prozessinnovationen zu verfolgen, die ein innovationsfreundliches Klima und effiziente Arbeitsmethoden zur Entwicklung von Produktinnovationen ermöglichen. Dafür ist es förderlich, ein Ideenmanagement- sowie ein Wissensmanagementsystem zu etablieren.

Ebene des Teams

Innovationsbewusstsein trägt positiv zur Übertragung der Innovationskultur auf das Teamklima bei. Die Zusammenstellung von Innovationsteams sollte auf der profunden Kenntnis der Charakteristika der einzelnen Mitglieder basieren. Ein Mix aus formellen und informellen Rollen sowie Heterogenität und Interdisziplinarität der Teammitglieder fördern den Wissensaustausch und sorgen für vielfältige Betrachtungsweisen und einen Perspektivenwechsel. Eine Ausrichtung der Gruppe an der zu erfüllenden Aufgabe ist empfehlenswert. So kann die Motivation, ein ideales und hochwertiges Ergebnis hervorzubringen, gesteigert werden. Dabei sollte auf Fehlertoleranz geachtet werden, um ein Querdenken der Mitglieder zu fördern und die Hemmschwelle vor der Äußerung von Ideen abzubauen. Das geteilte Interesse an absoluter Bestleistung sowie ein akzeptierter kritischer Umgang miteinander schaffen ein authentisches und gemeinschaftliches Teamklima.

Für den Prozess der Ideenfindung sollten organische Strukturen geschaffen und von starren Richtlinien abgesehen werden. Es können gezielt Kreativitätstechniken eingesetzt werden, die nach Art und Umfang der zu lösenden Aufgabenstellung auszuwählen sind. Es bietet sich für die Ideenfindung außerdem zuweilen an, das Büro bewusst zu verlassen und eine anregendere Umgebung aufzusuchen. Dazu eignen sich beispielsweise Naturnähe oder Orte, die einen Bezug zur Aufgabenstellung aufweisen.

Ebene des Individuums

Die Experteninterviews zeigten, dass die Identifikation mit dem Unternehmen ein äußerst wichtiger Faktor der Arbeitszufriedenheit ist. Das Management sollte eine von Vertrauen geprägte Unternehmenskultur kreieren. Auf der Ebene des Individuums spielen Fehlerakzeptanz und ein gewisser kreativer Freiraum für die Mitarbeiter eine wichtige Rolle. Besonders die bewusste Förderung von neuen und ungewöhnlichen Ideen ist lohnenswert. Dazu gehören die Auszeichnung von innovativen Mitarbeitern mit einem Preis, dem sogenannten "Innovator Award", und die Ermutigung zu Vorträgen und Veröffentlichungen (vgl. Noé 2013, S. 54). Im Einklang mit dem unternehmerischen Wissensmanagement sollte den Mitarbeitern die Möglichkeit zur Weiterbildung angeboten werden. So können Innovationsimpulse in das Unternehmen gelangen. Die Mitarbeiter haben sich als hauptsächliche Treiber bei Innovationen erwiesen. Deren Vernetzung und individuelle Netzwerkbildung erhöhen Synergiepotenziale.

Zur innovationsfreundlichen Gestaltung der Arbeitsbedingungen sollten entstandene Mehrstunden zeitnah durch Freizeit ausgeglichen werden können, um eine rasche Regeneration zu ermöglichen. Im Einzelfall kann geprüft werden, ob die Gewährung eines Sabbaticals angebracht ist. Eine derartige bewusste Auszeit vom Unternehmensalltag wird gewählt, um Abstand und neue Perspektiven zu gewinnen.

Abschließend ist darauf hinzuweisen, dass für die Gestaltung der Unternehmenskultur als Innovationskultur ein ganzheitlicher Ansatz verfolgt werden muss. Erfolgversprechend und innovationsfördernd ist ausschließlich eine Kombination vielfältiger Empfehlungen, denn Einzelmaßnahmen werden in der Praxis kaum Wirkung entfalten.

Literaturverzeichnis

AMIRKHIZI, M. (2016): RANKING LIVE-KOMMUNIKATION. Avantgarde bleibt die Nummer 1 - vor Vok Dams und Uniplan, 15. September 2016, online unter: http://www.horizont.net, Zugriff am 06.02.2017.

AREGGER, K. (1976): Innovation in sozialen Systemen – 1. Einführung in die Innovationstheorie der Organisation, Bern u. a. 1976.

BÄR, S. (2006): Ganzheitliches Tourismus-Marketing. Die Gestaltung regionaler Kooperationsbeziehungen, Wiesbaden 2006.

BAKER, N. R.; SIEGMAN, J.; RUBENSTEIN, A. H. (1967): The Effects of Perceived Needs and Means on the Generation of Ideas for Industrial Research and Development Projects, in: IEEE Transactions on Engineering Management, Vol. EM 14, 1967, pp. 156-163.

BENEDIKT, M. (2008): Wie lässt sich Kreativität messen?, in: Dresler, M.; Baudson, T.G. (Hrsg.): Kreativität - Beiträge aus den Natur- und Geisteswissenschaften, Stuttgart 2008, S. 43-51.

BENEDIX, G. (2003): Innovationsmanagement – Konzept zur systematischen Gestaltung und Umsetzung, Kaiserslautern 2003.

BILLING, F. (2003): Koordination in radikalen Innovationsvorhaben, Wiesbaden 2003.

BLACHREPORT (2016): Deutsches Event-Kreativranking 2016, 25. Januar 2016, online unter: http://www.blachreport.de, Zugriff am 06.02.2017.

BLOHM, H. (1973): Das Schöpferische der Management-Aufgabe im Spannungsfeld von Intuition und Rationalität, in: Hax, K.; Pentzlin, K. (Hrsg.): Instrumente der Unternehmensführung, München 1973, S. 195–200

BREM, A.; BREM, S. (2013): Kreativität und Innovation im Unternehmen, Stuttgart.

CORSTEN, H.; GÖSSINGER, R.; SCHNEIDER, H. (2006): Grundlagen des Innovationsmanagement, München 2006.

DAMANPOUR, F.; GOPALAKRISHNAN, S. (2001): The Dynamics of Adaptation of Product and Process Innovations in Organizations, in: Journal of Management Studies, Vol. 38, 2001, No.1, pp. 45 – 65.

FAMAB [HRSG.] (2016): FAMAB RESEARCH – Die Zukunft des Marketing, Kommunikationsstudie 2015, Rheda-Wiedenbrück: FAMAB.

GLÄSER, J.; LAUDEL, G. (2006): Experteninterviews und qualitative Inhaltsanalyse als Instrumente rekonstruierender Untersuchungen, 2. Aufl., Wiesbaden 2006.

GOPALAKRISHNAN, S.; BIERLY, P.; KESSLER E. H. (1999): A Reexamination of Product and Process Innovations Using a Knowledge-Based View, in: Journal of High Technology Management, Vol. 10, 1999, No. 1, pp. 147-166.

HAUSCHILD, J.; SALOMO, S. (2007): Innovationsmanagement, 4. Aufl., München.

HAUSLADEN, H. (2001): Regionales Marketing. Ein Marketing-Management-Ansatz für kleinräumige Kooperationsprojekte zur Erzielung regionaler Wettbewerbsvorteile, Kiel 2001.

HEINEMANN, F. (2007): Organisation von Projekten zur Neuproduktentwicklung, Wiesbaden 2007.

HERSTATT, C.; VERWORN, B. (2007): Bedeutung und Charakteristika der frühen Phasen des Innovationsprozesses, in: Herstatt, C.; Verworn, B. (Hrsg.): Management der frühen Innovationsphasen. Grundlagen – Methoden – Neue Ansätze, 2. Aufl., Wiesbaden 2007, S. 3-22.

KNIEß, M. (2011): Kreativität, in: Lewinski-Reuter, V.; Lüddemann, S. (Hrsg.): Glossar Kulturmanagement, Wiesbaden 2011, S. 112-122.

KUCKARTZ, U.; DRESING, T.; RÄDIKER, S. (2008): Qualitative Evaluation, 2. Aufl., Wiesbaden 2008.

LAMNEK, S. (2005): Qualitative Sozialforschung, 4., vollständig überarbeitete Aufl., Weinheim, Basel 2005.

MAYRING, P. (2000): Qualitative Content Analysis, in: Forum Qualitative Sozialforschung/Forum: Qualitative Social Research (Online Journal), Vol. 1, 2000, No. 2, Art. 20 – June 2000, 10 S.

MAYRING, P. (2002): Einführung in die qualitative Sozialforschung. 5., überarbeitete und neu ausgestattete Aufl., Weinheim, Basel 2002.

MAYRING, P. (2008): Qualitative Inhaltsanalyse. Grundlagen und Techniken, 10. Aufl., Weinheim 2008.

MAYRING, P. (2010): Qualitative Inhaltsanalyse, in: Mey, G.; Mruck, K. (Hrsg.): Handbuch Qualitative Forschung in der Psychologie, Wiesbaden 2010, S. 601-613.

MAYRING, P. (2012): Qualitative Inhaltsanalyse - ein Beispiel für Mixed Methods, in: Gläser-Zikuda, M.; Seidel, T.; Rohlfs, C.; Gröschner, A.; Ziegelbauer, S. (Hrsg.): Mixed Methods in der empirischen Bildungsforschung, Münster 2012, S. 27-36.

MAYRING, P.; GAHLEITNER, S. (2010): Qualitative Inhaltsanalyse, in: Bock, K.; Miethe, I. (Hrsg.): Handbuch Qualitative Methoden in der Sozialen Arbeit, Opladen, Farmington Hills 2010, S. 295-304.

MIEG, H. A.; NÄF, M. (2005): Experteninterviews, 2. Aufl., Zürich 2005.

NOÉ, M. (2013): Innovation 2.0 – Unternehmenserfolg durch intelligentes und effizientes Innovieren, Wiesbaden 2013.

PLESCHAK, F.; SABISCH, H. (1996): Innovationsmanagement, Stuttgart.

PORTER, M. E. (1985): Competitive Advantage: Creating and Sustaining Superior Performance, New York 1985.

ROGERS, E. M. (1962): Diffusion of Innovations, New York 1962.

ROGERS, E. M. (1983): Diffusion of Innovations, 3rd Ed., New York 1983.

SCHERER, J. (2009): Kreativitätstechniken, 2. Aufl., Offenbach 2009.

SCHNELL, R.; HILL, P. B.; ESSER, E. (1992): Methoden der empirischen Sozialforschung, 3. Aufl., München, Wien 1992.

TOTTERDELL, P.; LEACH, D.; BIRDI, K.; CLEGG, C.; WALL, T. (2002): An Investigation of the Contents and Consequences of Major Organizational Innovations, in: International Journal of Innovation Management, Vol. 6, 2002, No. 4, pp. 343–368.

TROMMSDORFF, V.; SCHNEIDER, P. (1990): Grundzüge des betrieblichen Innovationsmanagements, in: Trommsdorff, V. (Hrsg.): Innovationsmanagement, München 1990, S. 1-25.

TROMMSDORFF, V.; STEINHOFF, F. (2013): Innovationsmarketing, 2. Aufl., München 2013.

VAHS, D.; BURMESTER, R. (2005): Innovationsmanagement: Von der Produktidee zur erfolgreichen Vermarktung, 3. Aufl., Stuttgart 2005.

WAGNER, A. (2013): „Agenturen der Zukunft". Jenseits der Komfortzone, in: tagungswirtschaft tw, 37. Jg., 2013, Nr. 2, S. 46–47.

WAHREN, H.-K. (2004): Erfolgsfaktor Innovation, Berlin u. a. 2004.

WEIS, B. X. (2014): Praxishandbuch Innovation. Leitfaden für Erfinder, Entscheider und Unternehmen, 2. Aufl., Wiesbaden 2014.

Mathias Scheithauer
**Corporate Events als Innovationsinstrumente –
Einsatz und Bedeutung in deutschen Innovationskonzernen**

1 Einleitung

2 Strategischer Einsatz von Corporate Events

3 Kommunikation im Innovationsprozess

4 Befragung deutscher Großkonzerne mit Innovationsschwerpunkt

   4.1 Zielstellung

   4.2 Empirisches Vorgehen

   4.3 Ergebnisse

      4.3.1 Profile der Teilnehmer und Rahmenbedingungen der Unternehmen

      4.3.2 Motive des Maßnahmeneinsatzes

      4.3.3 Durchführung von Corporate Events

      4.3.4 Bedeutungseinschätzung als Innovationsmethode

5 Zusammenfassung, Fazit und Ausblick

Literaturverzeichnis

1 Einleitung

Innovationsfähigkeit ist eine essentielle Voraussetzung für Unternehmen im 21. Jahrhundert. Sich fortwährend verändernde Marktstrukturen und damit einhergehend wandelnde Kundenbedürfnisse und Leistungserstellungsverfahren bringen sie dazu, ihre Produkte und Dienstleistungen, aber auch ihre internen Produktionsprozesse stetig weiterzuentwickeln. Unter den verschiedenen Faktoren, die den ökonomischen Erfolg des Innovationsmanagements beeinflussen können, besitzt Kommunikation eine zentrale Rolle. So leistet sie unter anderem einen Beitrag zur Schaffung einer innovationsfördernden Kultur oder baut Widerstände gegen Innovationen ab. In der Praxis der Innovationskommunikation kommen dabei zahlreiche Instrumente zum Einsatz. Vor allem kreativitätsfördernde Maßnahmen gelten als einflussreicher Faktor für die Herausbildung und Durchsetzung neuer Unternehmensangebote, indem sie die Mitarbeiter zu intrinsischem, offenem Innovationshandeln motivieren (vgl. Zerfaß/Möslein 2009, S. 418ff.).

Neben internen und externen massenmedialen Kommunikationsmöglichkeiten ist es plausibel, dass auch Maßnahmen der Direktkommunikation als Möglichkeit der Innovationsvermittlung eingesetzt werden (vgl. Mast/Huck/Zerfaß 2006, S. 12). Dafür spricht, dass im Kommunikationsportfolio von Organisationen für Live-Kommunikationsinstrumente ein stetig hoher und weiter ansteigender Budgetanteil aufgewendet wird (vgl. Kirchgeorg/Ermer 2014, S. 693). Eine der zentralen Instrumente im Live-Mix sind Events und insbesondere Corporate Events, welche vorrangig interne Zielgruppen ansprechen (vgl. Lies/Vaih-Baur 2015, S. 97). Angewendet auf die Zielsetzung, innovatives Handeln im Organisationskontext zu fördern, gelten für sie spezifische Rahmenbedingungen und Einsatzmöglichkeiten, die bisher noch nicht ergründet wurden. Das kann daran liegen, dass beide Disziplinen, Innovationskommunikations- und Eventforschung, recht jung sind und bisher nur rudimentär in Verbindung miteinander betrachtet wurden.

Diese Ausgangslage vorliegend hat der folgende Beitrag zum Ziel, einen Überblick über den Einsatz und den Stellenwert von Corporate Events als Instrumente der Innovationskommunikation zu schaffen. Daraus ergibt sich die übergeordnete Fragestellung: Wie sind Corporate Events als Instrumente der Innovationskommunikation etabliert? Schließlich sollen auf untergeordneter Ebene fundierte Aussagen zu ihrer strategischen Einbindung und operativen Gestaltung in Unternehmen gefällt werden.

2 Strategischer Einsatz von Corporate Events

Corporate Events als spezielle Form von erlebnisorientierten Unternehmensveranstaltungen lassen sich grundlegend zunächst von Public Events unterscheiden, die sich an externe, heterogene Adressatengruppen richten und für öffentliche Besucher, wie Kunden oder die breite Öffentlichkeit, konzipiert sind (vgl. Erber 2009, S. 25). Corporate Events sprechen im Vergleich dazu vorrangig interne Zielgruppen an, die vorab genau bestimmt und eingeschränkt wurden, und dienen daher häufig leistungserstellungsbezogenen Zielen, wie der Steigerung der betrieblichen Produktivität (vgl. Lies/Vaih-Baur 2015, S. 97; Zanger 2001b; Zanger 2001a, S. 836f.). Sie richten sich vor allem an die Zielgruppen der Mitarbeiter, Manager und Geschäftspartner, wie Händler oder auch Franchisenehmer, und werden inhaltlich in Präsentations-, Informations- und Motivationsform erlebnisorientiert durchgeführt. Beispiele für Typen von Corporate Events sind Konferenzen, Produktvorstellungen, Wettbewerbe und projektorientierte Formate wie Kick-off-Meetings. Auch B-to-B-Veranstaltungen können zu dem Leistungsspektrum gezählt werden (vgl. Zanger 2001a, S. 441).

Das eigentliche, physisch-umgesetzte Event wird durch inhaltliche und formale Maßnahmen gestaltet, die im direkten Kontakt mit den Veranstaltungsteilnehmern zur Geltung kommen. Der vom Veranstalter ausgewählte Eventtypus und die Zielsetzungen des Events haben dabei einen konstitutiven Einfluss auf ihre Form und Ausprägung. Eine professionelle Inszenierung und dramaturgische Verknüpfung sorgt im Idealfall dafür, dass sie sich in ihrer höchstmöglichen Intensität entfalten (vgl. Herbst 2007, S. 482).

Aus der Herausbildung von Events als etabliertes Mittel der strategischen Unternehmenskommunikation hat sich als Folge eine Notwendigkeit ihrer strategisch geplanten Umsetzung ergeben, mit der sich das Eventmanagement beschäftigt. Entsprechend des Grundmodells der Unternehmenssteuerung besteht das Management kommunikativer Unternehmensaufgaben aus verschiedenen zyklischen Dimensionen: Der Analyse-, Planungs-, Realisierungs- und Kontrollphase (vgl. Zerfaß 2014, S. 68f.).

In der präparierenden Analysephase des Event-Managements erfolgt zunächst idealtypisch eine möglichst genaue Erfassung der externen Situation von Umwelt und Markt sowie der internen Unternehmenssituation (vgl. Kirchgeorg/Ermer 2014, S. 694). So sollen die Chancen und Risiken, die nach außen auf das Unternehmen getragen werden, den eigenen Stärken und Schwächen gegenübergestellt werden, um schließlich

Corporate Events als Innovationsinstrumente 199

die Frage nach der Sinnhaftigkeit des Eventeinsatzes beantworten zu können. Hierfür können beispielsweise empirische Studien zum Status Quo der Eventkommunikation einen Überblick verschaffen und Managementmethoden Hilfestellung leisten. Ist diese Grundlage gegeben, können Ziele festgelegt und eine konkrete Implementierungsstrategie entwickelt werden (vgl. Kirchgeorg/Springer/Brühe 2009, S. 42).

Daraufhin folgt die Planungsphase von Events, die notwendige Bedingung für eine erfolgreiche Instrumenteimplementierung ist und daher einen größeren Umfang aufweist. Es erfolgt eine „bewusste und verbindliche Festlegung mittel- und längerfristiger Verhaltenspläne, die Maßgaben über Anzahl, Inszenierungsrichtlinien und Typen von Events beinhaltet, mit denen die [Ziele] eines Unternehmens erreicht werden sollen." (Bruhn 1997, S. 800). Nickel und Esch (2007) überführen dieses Anforderungsspektrum in ein Prozessmodell zur Festlegung einer übergeordneten Eventstrategie, das aus mehreren Dimensionen besteht.

Zunächst wird festgelegt welches Eventobjekt, bzw. im übertragenen Sinne Eventziel, im Mittelpunkt der Veranstaltung steht. Neben dem Unternehmen selbst können dies beispielsweise eine seiner Marken, Produktlinien oder bestimmter Produktfeatures sein (vgl. Nickel/Esch 2007, S. 65). Anschließend werden die Zielgruppen bestimmt, die nach ihrem Kommunikationsverhalten und ihren Bedürfnissen segmentiert werden (vgl. Kirchgeorg/Ermer 2014, S. 694). Ihnen werden gleichzeitig untergeordnete Kommunikationsziele zugesprochen (vgl. Kirchgeorg/Springer/Brühe 2009, S. 143). Zentrales Element einer Eventstrategie ist die Eventbotschaft, die entweder explizit oder implizit formuliert wird und durch die Umsetzung vermittelt werden soll (vgl. Bruhn 2014, S. 266). Stehen diese Dimensionen fest, kann die Eventtypenselektion erfolgen. Aus dem Repertoire zur Verfügung stehender Eventformate, die in Bezug auf Zielgruppenstruktur und Inhalt der zu vermittelnden Botschaft zur Zielerreichung besonders geeignet sind, werden eine oder mehrere Umsetzungsformen selegiert (vgl. Nickel/Esch 2007, S. 65). Dann werden die Inszenierungsrichtlinien für einen geschlossenen und prägnanten Auftritt des Bezugsobjektes festgelegt, durch die die kurzfristigen Eventwirkungen und schließlich die längerfristigen Erinnerungseffekte bei den Zielgruppen gewährleistet werden sollen (vgl. ebd.). Dabei geht es darum, ein stimmiges Gesamterlebnis zu entwickeln, das zum Inhalt der zu vermittelnden Botschaft passt (vgl. Erber 2009, S. 157). Schließlich wird die Eventintensität bestimmt. Der Zeitraum, auf den sich die Eventstrategie beziehen soll, wird festgelegt ebenso wie die Frequenz der Events, die in diesem Zeitraum inszeniert werden sollen (vgl. Nickel/Esch 2007, S. 65).

Steht das Gerüst der strategischen Eventplanung, erfolgt mit näherwerdendem Umsetzungsdatum die Realisierungsphase von Events, in der sie gestaltet und umgesetzt werden (vgl. Kirchgeorg/Ermer 2014, S. 695). Sie läuft idealtypisch in drei Stufen ab. In der Vorbereitungsphase werden konkrete Veranstaltungsorte bestimmt, geeignete Dienstleister involviert, Maßnahmen vorbereitet und die Adressaten eingeladen und gegebenenfalls medial auf das bevorstehende Event im Sinne eines „Sensation Managements" eingestimmt. In der Während-Phase erfolgt dann die Umsetzung des Events. Dabei ist das Aufmerksamkeits-, Aktivierungs- und Erinnerungslevel der Teilnehmer größer, je mehr sich die Veranstaltung von bisher erlebten abhebt. In der Nachbereitungsphase des Events kann der Spannungsbogen über das physische Ereignis hinaus durch Follow-Up-Maßnahmen, wie der Distribution von Foto- oder Videomaterial als nachträgliche Kommunikation, thematisch verlängert werden (vgl. Kirchgeorg/Springer/Brühe 2009, S. 142ff.).

In einer letzten Kontrollphase wird der Erfolg des Events überprüft. Dies läuft vonstatten indem einerseits die Wirkung der Eventmaßnahmen über Messinstrumente bei den Zielgruppen erhoben und evaluiert wird und andererseits aus den internen Erfahrungen Feedback für die einzelnen Prozessschritte des Eventmanagements im Nachgang kommuniziert und in die Planung zukünftiger Events eingearbeitet wird. Dieser letzte Schritt gewinnt aufgrund des stetig steigenden Rechtfertigungsdrucks stetig an Relevanz (vgl. Kirchgeorg/Ermer 2014, S. 695; Lasslop/Burmann/Nitschke 2007, S. 118ff.).

3 Kommunikation im Innovationsprozess

Die ersten Arbeiten zur Innovationskommunikation im deutschsprachigen Raum sind auf das Jahr 2004 zurückzuführen. Seither bemüht sich der Forschungszweig, Innovationskommunikation als „mehr als bloße Produkt- oder Fach-PR, Wissenschaftskommunikation oder spezialisierte Kommunikation in der Tradition des Technikjournalismus" (Zerfaß/Huck 2007, S. 848) zu positionieren. Mit Hilfe einer ganzheitlichen Betrachtung der konsequenten Einbindung der Kommunikation ins Innovationsmanagement und einer Auseinandersetzung mit entsprechenden betriebswirtschaftlichen und volkswirtschaftlichen Konzepten innerhalb der Managementforschung soll Innovationskommunikation von anderen Forschungsbereichen emanzipiert werden (vgl. ebd.).

Corporate Events als Innovationsinstrumente

Dabei hat sich das Begriffsverständnis im Zeitverlauf gewandelt. Zur Anfangszeit herrschte noch eine instrumentelle Auffassung, die sich vor allem auf die Vermittlung von Innovationen beschränkte (vgl. Zerfaß/Sandhu/Huck 2004b; Mast/Zerfaß 2005). Später wurde mit dem Einläuten des Zeitalters der „Open Innovation" das Verständnis erweitert und sozialwissenschaftlich fundiert. So leitete Zerfaß auf sozialwissenschaftlicher Grundlage ab, dass Kommunikation die betrieblichen Rahmenbedingungen und Ressourcen der Innovation beeinflusst. Er formulierte dementsprechend:

„Innovationskommunikation kann [...] definiert werden als systematische Initiierung von Kommunikationsprozessen mit internen und externen Stakeholdern, in denen technische, ökonomische oder soziale Neuerungen befördert werden sollen

a) durch den interessengeleiteten Aufbau, die Revision oder Zerstörung sozial geteilter Bedeutungsmuster und kommunikativer Ressourcen und

b) durch die Stimulierung inhaltlicher Impulse für die Entwicklung sowie durch die professionelle Vermittlung von Neuheiten" (2009, S. 42).

Aus diesem neuen, mehrdimensionalen Begriffsverständnis, das neben der instrumentellen auch die funktionale Perspektive der Interessensaushandlung und -vermittlung mit einbezieht, erschließen sich neue Aufgabenbereiche für Verantwortliche des Kommunikationsmanagements. Neben der reinen Bekanntmachung von Innovationen obliegt ihrem Arbeitsbereich dementsprechend Unterstützung zu leisten bei der Identifizierung potenzieller Ideen und eventuell auftretender Barrieren, der Beziehungspflege innovationsrelevanter Bezugsgruppen und der Vermittlung kommunikativer Kompetenz direkt innovativ-tätiger Berufsgruppen, wie Forschern, Entwicklern oder Produktmanagern, also konkret Unterstützung zu leisten bei der Herausbildung und Entwicklung von Innovationen (vgl. Zerfaß 2009, S. 44).

Innovationsprozesse erfolgen im Unternehmenskontext nicht zum Selbstzweck, sondern verfolgen in aller Regel übergeordnete strategische Ziele. Die eigenen Mitarbeiter gelten dabei als erfolgskritischste Bezugsgruppe für Innovationen. Sie fungieren als Botschafter des Unternehmens und müssen die Vorteile einer Innovation als Erste verstehen. Daher ist es für den Innovationserfolg essentiell, dass unternehmensinterne Bezugsgruppen bestimmte Eigenschaften („Wollen") und Fähigkeiten („Können") mitbringen, die sich in den Stufen des Innovationsprozesses niederschlagen (vgl. Stern/Jaberg 2010, S. 13ff.).

Der Frage, welche Faktoren typisch für erfolgreiche Innovationsprozesse sind und welche Grundmuster sich unter ihnen erkennen lassen, geht die betriebswirtschaftliche Sichtweise der Innovationsforschung im Kern nach. So beschäftigen sich zahlreiche Studien damit, welche an die Mitarbeiter gerichteten Maßnahmen förderlich für den Innovationserfolg sind (vgl. Hauschildt/Salomo 2011, S. 31ff.).

Stern und Jaberg (2010) leiten ihre Erfolgsfaktoren in einem mehrstufigen Prozess aus Literaturrecherche, Expertengesprächen und Forschung in Unternehmen ab. Ihre Analyse der Faktoren ergab mehrere Grundmuster, die zwei Arten zugeordnet werden können: Soft Skills und Organisation des Innovationsprozesses (vgl. ebd., S. 13ff).

Abb. 1: Arten von Grundmustern erfolgreicher Innovationsprozesse

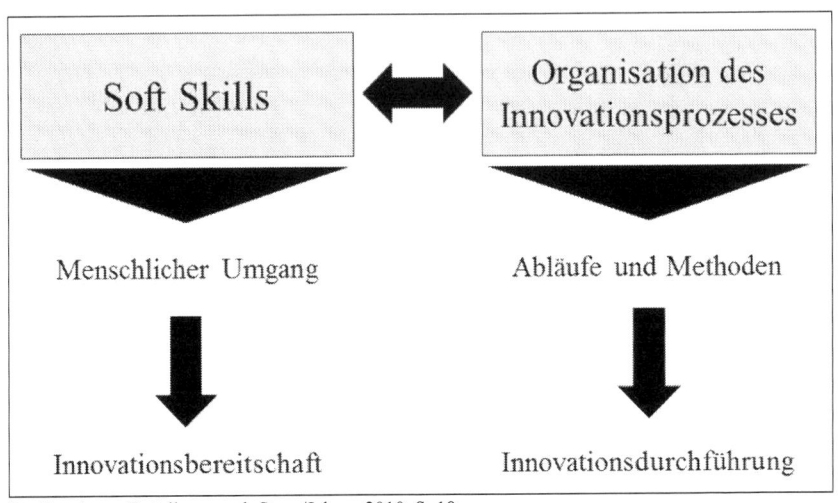

Soft Skills	⟷	Organisation des Innovationsprozesses
Menschlicher Umgang		Abläufe und Methoden
⬇		⬇
Innovationsbereitschaft		Innovationsdurchführung

Quelle: eigene Erstellung nach Stern/Jaberg 2010, S. 18

Innovationsförderliche Soft Skills kommen gleichermaßen in allen Phasen des Innovationsprozesses zur Geltung und werden daher als „permanente Grundmuster" beschrieben. Sie betreffen den zwischenmenschlichen Umgang und bilden die Bereitschaft und den Willen der Mitarbeiter zur Innovation ab. Prozesswerkzeuge, die die Organisation des Innovationsprozesses im Sinne von erlernten Abläufen und Methoden manifestieren, kommen in den verschiedenen Innovationsphasen in unterschiedlicher Intensität vor und werden daher als „variable Grundmuster" bezeichnet. Sie tragen zu einem effizienten Ablauf des Innovationsprozesses bei (vgl. ebd., S. 19f.).

Bezüglich der Kommunikation im Innovationsprozess bilden Zerfaß, Sandhu und Huck in einem frühen theoretischen Ansatz einen interdisziplinären Bezugsrahmen, durch den das Phänomen der Innovationskommunikation aus kommunikations-, sozialwissenschaftlicher und betriebswirtschaftlicher Sicht beleuchtet wird. Aus dem integrierten Ansatz wird abgeleitet, dass Innovationskommunikation sich auf drei Ebenen vollzieht, in denen sie als Katalysator und Treiber der Innovationsfähigkeit wirkt: Mikro-, Meso- und Makroebene – sowohl auf der Ebene der innovations-bezogenen Führungskommunikation als auch auf gesamtbetrieblicher Ebene und auf der breiteren gesamtgesellschaftlichen Ebene. Dabei ist Innovationskommunikation auf jeder dieser Ebenen unterschiedlich ausgeprägt und weist unterschiedliche Funktionen auf (vgl. Zerfaß 2005, S. 25f.).

Die Mesoebene, in der Innovationskommunikation als Teil der an Organisationsziele gerichteten Unternehmenskommunikation agiert, wurde in dem Ansatz weiter ausdifferenziert. Das erweiterte Handlungsspektrum von Innovationskommunikationsverantwortlichen im Spannungsfeld von Stakeholderinteressen lässt sich dementsprechend nach verschiedenen kommunikativen Handlungsfeldern aufteilen, die den gesamten Innovationsprozess abdecken: interne Innovationskommunikation, Innovationsmarketing und Innovations-PR. In dem Feld der internen Innovationskommunikation steht die Handlungskoordination und Interessenklärung mit allen unternehmensinternen Bezugsgruppen im Mittelpunkt, zu denen beispielsweise neben den Mitarbeitern unter anderem das Führungspersonal, die Eigentümer und die Gesellschafter gehören (vgl. Zerfaß/Sandhu/Huck 2004a, S. 15f.).

Aus dem theoretischen Ansatz zur Innovationskommunikation lassen sich ferner auf der Mesoebene Wertschöpfungspotenziale interner Innovationskommunikation identifizieren, indem die Rolle von kommunikativen Prozessen auf die zuvor präsentierten zwei Erfolgsgrundmuster, Innovationsbereitschaft und Innovationsdurchführung, abgeleitet wird. Dies kann in Orientierung des Ansatzes wertorientierter Unternehmensführung von Zerfaß (2014) erfolgen. Er weist unter Bezugnahme einer notwendigen Ausgestaltung und Verknüpfung des strategischen und operativen Managements die Dualität der kommunikativen Funktion auf, die sich durch den Aufbau von immateriellem Kapital und der Unterstützung der Leistungserstellung äußert (vgl. ebd., S. 26f.). Diese beiden Wertschöpfungsfunktionen können im Kontext der Innovationsförderung zur betrieblichen Wertsteigerung in psychographischer und operativer Weise zur Geltung kommen.

Kommunikation besitzt im Hinblick auf die psychographische Dimension der Innovationsbereitschaft der Mitarbeiter eine doppelte Funktion. Einerseits können kommunikative Prozesse eine **Innovationskultur** manifestieren, die beteiligte Akteure motiviert, Neuerungen zu generieren und deren Auswirkungen kognitiv wie emotional zu bewältigen. Ferner führt die Innovationskultur dazu, eine Fehlerbereitschaft im Unternehmen zu etablieren, die den Mitarbeitern Freiheiten im kreativen Denken verschafft und ihnen Ängste des Scheiterns nimmt (vgl. Mast 2009, S. 271; Zerfaß/Sandhu/Huck 2004a, S. 1f.). Andererseits hilft Kommunikation beim **Abbau von Widerständen**. Häufig existieren Vorbehalte unter den Mitarbeitern, vor allem gegenüber Veränderungen bestehender Produkte oder Verfahren, die zu einem potenziellen Arbeitsplatzverlust führen könnten. Durch kommunikative Aufklärungsprozesse kann dieses Widerstreben abgebaut werden, indem beispielsweise Vorteile von Innovationen und dessen mögliches Geschäftspotenzial vermittelt werden (vgl. Zerfaß/Sandhu/Huck 2004b, S. 57).

Hinsichtlich der operativen Dimension der Innovationsdurchführung in Unternehmen besitzt Kommunikation ebenfalls eine Funktion in zweifacher Hinsicht. Sie wirkt unterstützend auf den Aufbau und die Pflege eines **offenen Wissensnetzwerks**. Die „Denkweise eines […], auf Kooperation und Netzwerken beruhenden Innovationsprozesses schlägt sich in zahlreichen Managementkonzepten nieder" (Mast/Huck/Zerfaß 2006, S. 11) und gewinnt immer mehr an Praxisrelevanz. Kommunikation trägt dazu bei, dass die Unternehmensführung alle relevanten internen Stakeholder in die verschiedenen Innovationsstufen einbinden kann, und so die für neuartige Faktorkombinationen notwendigen Wissens- und Informationsressourcen verfügbar zu machen (vgl. Zerfaß 2005, S. 26f.; Zerfaß 2009, S. 24f.). Außerdem helfen kommunikative Prozesse betriebsintern bei der **Diffusion von Innovationen** und ihrer Durchsetzung im Unternehmen oder am Markt. Durch die Planung und Realisierung integrierter Kommunikationsaktivitäten können Neuheiten zu ihrer erfolgreichen Implementierung innerhalb des Unternehmens gezielt positioniert und bekannt gemacht werden. Je nach Innovationstyp können die Mitarbeiter dabei unterschiedliche Rollen bei der Durchsetzung einnehmen, zum Beispiel als Botschafter einer Neuerung oder als Koordinatoren ihrer Implementierung (vgl. Zerfass/Huck 2007, S. 848).

Corporate Events als Innovationsinstrumente 205

4 Befragung deutscher Großkonzerne mit Innovationsschwerpunkt

4.1 Zielstellung

Um verschiedene Facetten der Etablierung von Corporate Events in der Innovationskommunikation, Einflussmerkmale und Zusammenhänge näher zu betrachten, wurde eine empirische Untersuchung durchgeführt. Dabei fokussierte sich das Interesse auf die vorgelagerten **Motive**, die **Durchführung** der Events und der **Bedeutungseinschätzung** des Eventeinsatzes im betrieblichen Innovationskontext. Auf Grundlage der vorhergegangenen theoretischen Erörterungen ergibt sich daraus die folgende tabellarische Übersicht der Untersuchungsdimensionen.

Tab. 1: Fragen und Teildimensionen der empirischen Untersuchung

Typ	Frage	Teildimension	
Funktionsfragen	Personenmerkmale	Position, Geschlecht und Alter	Verankerung, Unterschiede und **Zusammenhänge** von Corporate Events in der Innovationskommunikation
	Unternehmensmerkmale	Branche und Mitarbeiterzahl	
		Innovationsstrategie, Innovationskultur und Kommunikationskultur	
Untersuchungsfragen	Motive	Eventzielgruppen	
		Eventziele	
		Eventwirkung	
	Durchführung	Live-Innovationskommunikation	
		Einsatz von Corporate Events	
		Eventtypenselektion: Format	
		Eventtypenselektion: Größe	
		Eventintensität	
		Inhaltliche Gestaltung	
		Formale Gestaltung	
		Budget	
		Personal	
		Organisatorische Verankerung der Verantwortung	
	Einschätzung	Relevanz von Corporate Events	
		Grund für Inaktivität	

Quelle: eigene Erstellung

Da davon auszugehen ist, dass die Motive der Umsetzung vorgelagert sind, sollen zudem Abhängigkeiten zwischen den beiden Fragekomplexen aufgewiesen werden. Außerdem ist von Interesse, den Einfluss von Personen- und Unternehmensmerkmalen auf die Ausprägung der drei Fragedimensionen zu zeigen. Durch die Ergebnisse soll schließlich ein Überblick über typische Muster des Methodenumgangs im Innovationsmanagement und zum Stellenwert der Kommunikationsmethode Corporate Events geliefert werden, aus dem sich Implikationen, Handlungsempfehlungen und Ansatzpunkte für die Weiterentwicklung in der Unternehmenspraxis ergeben.

4.2 Empirisches Vorgehen

Als Erhebungsverfahren wurde eine Online-Befragung angewendet, die anvisierten Untersuchungsteilnehmer auf eine Internetseite geführt, auf der sie seitenweise die vom Forscher vorgefertigten Fragen beantworteten (vgl. Möhring/Schlütz 2010, S. 132). In Orientierung an den untersuchungsleitenden Fragedimensionen erfolgte die Erstellung des Fragebogens. Dieser hatte zur Aufgabe, die Programmfragen, auf die Antworten gesucht wurden, in sogenannte Testfragen, die den Teilnehmern gestellt wurden, zu operationalisieren (vgl. ebd., S. 23). Unterscheidbar sind mehrere Typen von Testfragen, von denen bei der vorliegenden Untersuchung vorrangig Verhaltens- und Einstellungsfragen verwendet wurden (vgl. Brosius/Haas/Koschel 2012, S. 94f.).

Zu Beginn wurden die Teilnehmer auf eine Begrüßungsseite geleitet (vgl. Eichhorn 2004, S. 18ff.). Daraufhin folgten 20 Fragen, die teilweise in Unterfragen gegliedert wurden. Aufteilen lassen sie sich grob in einen Einleitungsteil, in dem die formalen und informellen Regeln abgefragt wurden, einem Hauptteil, der die unterschiedlichen Facetten zum Management singulärer Corporate Events umfasste, und einem Schlussteil, in dem das Unternehmensprofil und soziodemographische Merkmale abgefragt wurden. An diversen Stellen wurden als Hilfestellung Erörterungen zu möglicherweise unbekannten Begriffen geliefert. Zur korrekten Führung der Teilnehmer und um zu vermeiden, dass sie Fragen vorgelegt bekommen, die sie nicht beantworten können, wurden zudem an zwei Stellen Filterfunktionen eingebaut (vgl. ebd., S. 24). Die Fragen des Fragebogens waren größtenteils als geschlossene Fragen konzipiert, also mit vorgegebenen Antwortmöglichkeiten (vgl. Brosius/Haas/Koschel 2012, S. 82).

Die Ziehung der Stichprobe erfolgte in drei Schritten. In einem ersten Schritt wurden generell Großunternehmen recherchiert. Durch die Liste „Die 500 größten Unternehmen in Deutschland" von *DIE WELT* (vgl. DIE WELT 2014) wurden zunächst die 500 umsatzstärksten Unternehmen mit deutschem Firmensitz aus dem Jahr 2014 identifiziert. Aus diesen 500 Unternehmen wurden in einem zweiten Schritt mit Hilfe der Recherchedatenbank „DEPATISnet" des *Deutschen Patent- und Markenamts* innovativ tätige Unternehmen anhand des Merkmals angemeldeter und veröffentlichter Patente ausgesucht (vgl. DPMA 2016). Eine Recherche der Unternehmen, die im Jahr 2014 ein oder mehrere Patente angemeldet haben, ergab einen Apparat von insgesamt 212 Innovationskonzernen. Aus diesen Unternehmen wurden schließlich im dritten Schritt durch eine systematische Internetrecherche Profile von Innovationsmanagern auf den Online-Karrierenetzwerken *Xing* und *LinkedIn* gesucht, um so Informationen zu Ihrer Identität und beruflichen Position zu erlangen. Die Identifizierung erfolgte durch die massenhafte Recherche der Ergebnisse aus individualisierten Suchanfragen in der Suchmaschine *Google*. Für alle 212 Unternehmen wurden Suchanfragen, beispielsweise in Form des Suchstrings „*Name des Unternehmens*+Innovation+Xing.de", gestellt und die ersten Seiten der Ergebnislisten auf brauchbare Treffer geprüft. Daraus ergab sich schließlich eine Auswahl von 360 Treffern, in der Innovationsverantwortliche über alle Hierarchiestufen hinweg vorhanden waren. Aus den Namen der Personen wurde schließlich durch eine weitergehende Internetrecherche ihre E-Mail-Adresse rekonstruiert. Nachdem einige Personen weggefallen sind, zum Beispiel weil ihre E-Mail-Adressen nicht auffindbar oder ihre Angaben auf *Xing* und *LinkedIn* veraltet oder unkorrekt waren, entstand so eine Stichprobenliste mit insgesamt 321 kontaktierbaren Personen, aus denen die Befragungsteilnehmer rekrutiert werden konnten (vgl. Brosius/Haas/Koschel 2012, S. 113).

Die Haupterhebung wurde vom 10. Februar 2016 bis zum 11. März 2016 durchgeführt, also über einen Zeitraum von etwas mehr als vier Wochen.. Die Antworten der Teilnehmer wurden in drei Wellen eingeholt. Insgesamt zeigte sich ein positiver Rücklauf der Befragung, weshalb abgesehen von der regulären Einladung per E-Mail keine weiteren Maßnahmen zur Rekrutierung, wie beispielsweise Zuhilfenahme von Arbeitskreisen von Verbänden oder Kontaktnetzwerke von Universitäten, unternommen werden mussten. Letztendlich wurden insgesamt 321 Innovationsmanager kontaktiert, von denen insgesamt 87 Personen den Fragebogen geöffnet haben. Am Ende ergab die Umfrage insgesamt 76 vollständig ausgefüllte Fragebögen, die in die Auswertung genommen werden können. Die Diskrepanz zwischen geöffneten und vollständig ausgefüllten Fragebögen lässt sich dadurch erklären, dass 11 Personen den Fragebogen vorzeitig abgebrochen haben. Somit liegt die Rücklaufquote, die das Verhältnis zwischen Grundgesamtheit und vollständig ausgefüllten Fragebögen angibt, bei 23,7 Prozent (vgl. Bortz/Döring 2006, S. 256f.).

4.3 Ergebnisse

4.3.1 Profile der Teilnehmer und Rahmenbedingungen der Unternehmen

Die 76 Personen, die sich vollständig an der Befragung beteiligten, lassen sich zunächst hinsichtlich ihrer hierarchischen **Berufspositionen** in die Berufsgruppen Teammitglied (43,4 %), Abteilungs- oder Teamleitung (36,8 %) und Leitung für den gesamten Aufgabenbereich (19,7 %) einordnen. Insgesamt zeigte sich zudem ein mittlerer **Altersdurchschnitt** von 42 Jahren (SD = 10,24)

Die Probanden stammten aus insgesamt elf der abgefragten **Branchen**, vor allem die Unternehmenszweige Chemie und Rohstoffe (18,4 %), Automobilhersteller und -zulieferer (15,8 %) und Telekommunikation/Informationstechnologie (10,5 %) waren stark vertreten. Mit 52,6 % wiesen die meisten Unternehmen eine **Größe** zwischen 10.001 und 50.000 Mitarbeitern auf. Die anderen verteilten sich wie folgt: Bis zu 1.000 Mitarbeitern hatten 2,6 %, zwischen 1.001 und 10.000 Mitarbeitern 13,2%, zwischen 50.001 und 100.000 Mitarbeitern ebenfalls 13,2 % und mehr als 100.000 Mitarbeiter hatten 18,4 % der befragten Unternehmen.

Abbildung 2 bestätigt, dass die befragten Unternehmen Innovationen eine hohe **strategische Relevanz** zuschreiben, die vor allem schwerpunktmäßig auf Produkt- (94,7 %), Prozess- (80,2 %) und Serviceinnovationen (79,0 %) liegt. Das zeigt auch der indexierte Mittelwert aller fünf abgefragten Innovationsvariablen, der auf einer 5er-Skala bei I_{ST} = 4,09 (SD = 0,58) und damit insgesamt tendenziell hoch liegt.

Corporate Events als Innovationsinstrumente 209

Abb. 2: Relevanz der Innovationstypen für die befragten Unternehmen

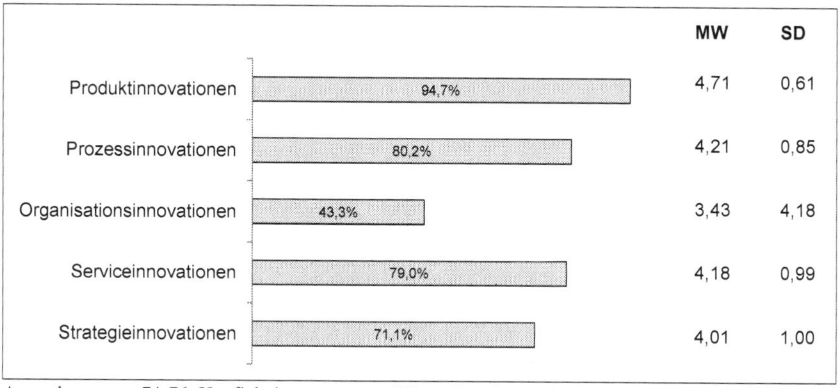

		MW	SD
Produktinnovationen	94,7%	4,71	0,61
Prozessinnovationen	80,2%	4,21	0,85
Organisationsinnovationen	43,3%	3,43	4,18
Serviceinnovationen	79,0%	4,18	0,99
Strategieinnovationen	71,1%	4,01	1,00

Anmerkung: n = 74-76. Häufigkeitsauswertung (Werte 4 und 5), Mittelwerte und Standardabweichungen von F1: In welchem Umfang sind die folgenden Typen von Innovationen für das Geschäft Ihres Unternehmens relevant? (1 = überhaupt nicht relevant; 5 = sehr relevant). Alle Mittelwerte weisen höchste Signifikanz *** auf (p<0,001).
Quelle: eigene Erstellung

Ein differenzierteres Bild zeigen die Fragen nach der etablierten **Innovations-** und **Kommunikationskultur**, die zwischen den Polen geschlossen bzw. zentralisiert und offen einzuordnen waren. Dabei zeigte sich immerhin eine generelle Offenheit hinsichtlich der Innovations- (MW = 1,29 auf einer Skala von -3 bis +3, SD = 1,25) und Kommunikationskultur (MW = 0,55 auf einer Skala von -3 bis +3, SD = 1,25).

4.3.2 Motive des Maßnahmeneinsatzes

Zunächst hat sich bei den Motiven des Einsatzes von Corporate Events als Innovationsmaßnahme gezeigt, dass die hauptsächlichen **Zielgruppen** interner Innovationsveranstaltungen neben Managern (78,9 %) und Mitarbeitern aus Forschung und Entwicklung (73,7 %) auch Beschäftigte anderer Bereiche (64,5 %) sind. Eindeutig weniger relevant, aber dennoch involviert, sind Mitarbeiter der Produktion und Beschaffung (47,4 %) und aus dem Vertrieb (43,4 %). Eine untergeordnete Rolle spielen externe Partner, die bei 33,8 % der Veranstaltungen eingeladen werden. Es zeigt sich ein linearer, schwach ausgeprägter positiver Zusammenhang (Pearson r = 0,23, p < 0,10) zwischen Innovationskultur und Anzahl der Teilnehmer. Außerdem zeigt diese Statistik, dass interne Innovationsevents kollaborativ ausgerichtet sind: Sie werden nicht nur für einzelne isolierte Abteilungen ausgerichtet, sondern für Vertreter mehrerer Unternehmensbereiche, die so eine Gelegenheit erhalten, physisch miteinander in Kontakt zu treten.

Als vordergründige **Kommunikationsziele** mit strategischer Ausrichtung haben sich vor allem die Förderung einer Innovationskultur (MW = 4,42 auf einer 5er-Skala, SD = 0,70), aber auch die Schaffung eines Kontaktnetzwerks (MW = 4,29, SD = 0,87) gezeigt. Von geringerer strategischer Relevanz wurde der Abbau von Widerständen (MW = 3,71, SD = 1,09) und die Durchsetzungsförderung von Innovationen (MW = 3,41, SD = 1,30) angegeben.

Schließlich wurden die Absichten der unmittelbaren **Eventwirkung** abgefragt. Dabei ergab sich, dass die Aufmerksamkeitserregung mit einem Mittelwert von 4,63 (5er Skala, SD = 0,53), die Vermittlung von Inhalten mit einem Mittelwert von 4,44 (SD = 0,78) und die emotionale Anregung mit einem Mittelwert von 4,31 (SD = 0,76) in etwa eine gleichhohe Bedeutung für die Eventinitiatoren haben. Die Teilnehmer interner Innovationsevents werden also multimodal auf verschiedenen Rezeptionsebenen gleichzeitig angesprochen.

Tab. 2: Ausrichtung der Innovationsstrategie und Eventziele

	... eine **Innovationskultur** zu schaffen...	... **Widerstände** und Vorbehalte (...) abzubauen.	... ein **Kontaktnetzwerk** (...) aufzubauen...	... die **Durchsetzung** (...) zu fördern.
Produktinnovationen	0,156	-0,069	**0,257(*)**	0,022
Prozessinnovationen	**0,383***	0,075	-0,006	0,101
Organisations- innovationen	0,024	0,095	-0,159	0,161
Serviceinnovationen	**0,236(*)**	0,003	0,041	-0,017
Strategieinnovationen	0,169	-0,021	-0,020	0,067
Index (Mittelwert aller Variablen)	**0,263(*)**	-0,001	-0,031	0,172

Anmerkung: n = 51-52. Korrelationskoeffizienten Pearson r von F1: In welchem Umfang sind die folgenden Typen von Innovationen für das Geschäft Ihres Unternehmens relevant? (1 = überhaupt nicht; 5 = sehr relevant) und F14: In welchem Umfang sollte das Innovationsevent dazu beitragen, die folgenden Ziele zu erreichen? (1 = trifft überhaupt nicht zu; 5 = trifft voll und ganz zu). Signifikante Korrelationen (p < 0,05) mit * und trendmäßige Korrelationen (p < 0,1) mit (*) markiert. Werte ab 0,2 (schwacher linearer Zusammenhang) in Fettschrift.

Quelle: eigene Erstellung

Corporate Events als Innovationsinstrumente

4.3.3 Durchführung von Corporate Events

Angesetzt hat die Untersuchung bei der Analyse verschiedener Aspekte der Durchführung von Corporate Events in der Innovationskommunikation zunächst auf der übergeordneten Ebene der **Live-Innovationskommunikation**. Die Ergebnisse verdeutlichen, dass sich Live-Kanäle als Innovationsmaßnahmen bei den befragten Unternehmen bereits flächendeckend etabliert haben. Vor allem Messen und Ausstellungen (86,8 %), Corporate Events (85,5 %) und Public Events (59,2 %) finden Beliebtheit bei der Anwendung.

Abb. 3: Umsetzung von Live-Kommunikation als Innovationsmaßnahme

Corporate Events	Public Events	Messen und Ausstellungen	Brand Lands oder Showrooms	Roadshows
85,5%	59,2%	86,8%	46,1%	47,4%

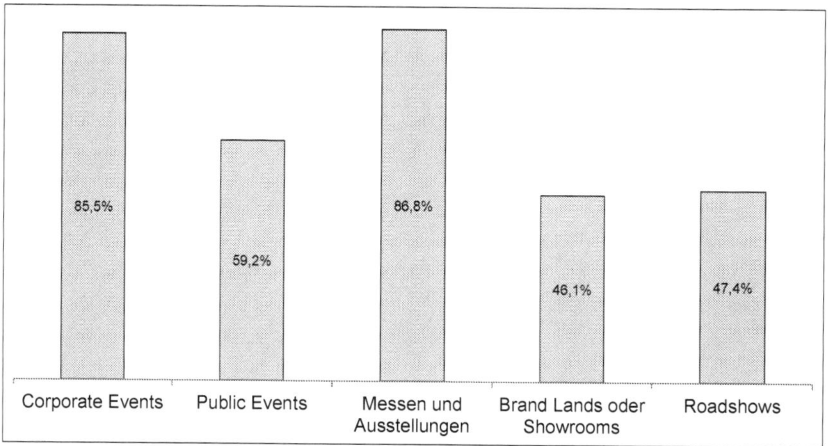

Anmerkung: n = 65. Häufigkeitsverteilung von F4: Welche der folgenden „Live"-Kommunikationsmaßnahmen werden von Ihrem Unternehmen als Innovationsmaßnahmen umgesetzt?
Quelle: eigene Erstellung

Es ergab sich, dass die Unternehmen nach ihrer Größe Unterschiede beim **Einsatz von Corporate Events** aufweisen. Während keines der Unternehmen mit einer Größe von unter 1.000 Mitarbeitern angab, Corporate Events überhaupt anzuwenden, zeigte sich bei den größeren Unternehmen im Hinblick auf dieses Untersuchungsmerkmal ein anderes Bild. 80,0 % der Unternehmen mit zwischen 1.001 und 10.000 Mitarbeitern, 85,0 % derer mit zwischen 10.001 und 50.000 Mitarbeitern, 90,0 % derer mit zwischen 50.001 und 100.000 Mitarbeitern und alle befragten Unternehmen mit mehr als 100.000 Mitarbeitern (100,0 %) verwenden Corporate Events als Maßnahme der Innovationskommunikation. Die Frage der Häufigkeit des Einsatzes wurde bei den Unternehmen, die die Maßnahme betreiben (n = 65), in Bezug auf die Nutzungsfrequenz weiter spezifiziert. Im Schnitt werden interne Innovationsevents mit einer mittleren Häufigkeit von 3,48 (SD = 0,99) auf einer 6er-Skala (1 = sehr selten; 6 = sehr oft) umgesetzt. Nur die Unternehmen aus der IT- (MW = 4,17, SD = 1,12), Elektronik- (MW = 4,00, SD = 0,58), Energie- (MW = 4,00, SD = 0,00) sowie Luft- und Raumfahrtbranche (MW = 4,00, SD = 1,00) gaben im Schnitt eine leicht erhöhte Nutzungshäufigkeit an. Unterschiede zeigten sich auch hinsichtlich der Unternehmensgröße und der Nutzungsfrequenz. Während kleinere Unternehmen mit 1.001 bis 10.000 Mitarbeitern Corporate Events als Innovationsmaßnahme eher selten anwenden (MW = 2,63, SD = 0,74), ist die Häufigkeit bei größeren Unternehmen mit zwischen 10.001 und 50.000 Mitarbeitern (MW = 3,53, SD = 0,90) und mehr als 100.000 Mitarbeitern (MW = 3,53, SD = 1,16) mittelgroß. Tendenziell häufig ist die Nutzung bei Unternehmen mit einer mittelgroßen Mitarbeiterzahl von zwischen 50.001 und 100.000 Personen (MW = 4,00, SD = 0,87). Schließlich wurden die Zusammenhänge zwischen Umsetzungsfrequenz und Innovations- und Kommunikationskultur ermittelt. Es zeigte sich, dass ein sichtbarer positiver Zusammenhang zwischen ersterem und der Eventhäufigkeit existiert (Pearson r = 0,42, p < 0,001). Corporate Events sind dementsprechend nicht nur Mittel, sondern auch Ausdruck einer „Open Innovation"-Mentalität. Im Vergleich dazu zeigte sich bezüglich der Kommunikationskultur eine weitaus schwächere Korrelation von Pearson r = 0,24 (p < 0,10) und somit ein geringer positiver Zusammenhang zwischen der Kommunikationskultur und Umsetzungsfrequenz.

Betrachtet wurden außerdem die umgesetzten **Formate** von Corporate Events. Es ergab sich, dass über die Hälfte der Veranstaltungen entweder Firmenkonferenzen oder Produktvorstellungen sind. Die genauen Häufigkeiten verteilten sich wie folgt: Firmenkonferenzen oder -galas sind 32,3 %, Produkt- oder Prototypenvorstellungen 24,6 %, Wettbewerbe oder Preisverleihungen sowie Kick-off-Meetings oder andere projektbezogene Events jeweils 13,8 % und B-to-B-Veranstaltungen sind 4,6 % der umgesetzten Corporate Events. Incentive-Reisen wurden nicht genannt und 10,8 % der Nennungen entfielen auf sonstige Eventformate, wie „Startup-Veranstaltung" oder „interner Hackathon".

Corporate Events als Innovationsinstrumente 213

Abb. 4: Formate von internen Innovationsevents

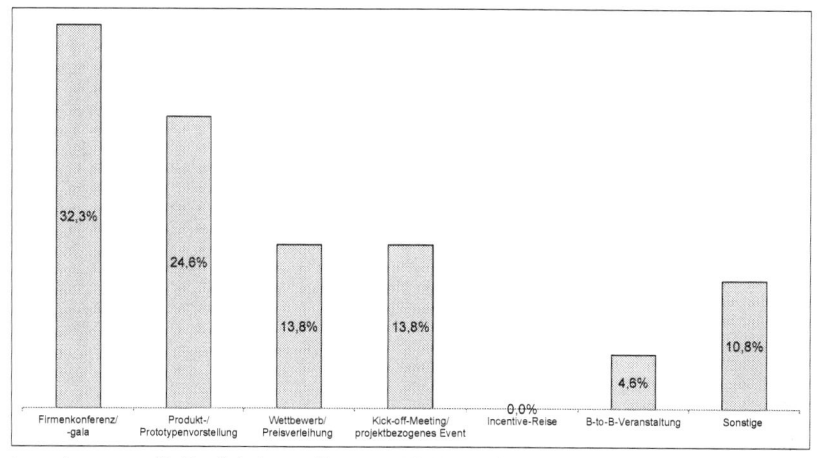

Format	%
Firmenkonferenz/-gala	32,3%
Produkt-/Prototypenvorstellung	24,6%
Wettbewerb/Preisverleihung	13,8%
Kick-off-Meeting/projektbezogenes Event	13,8%
Incentive-Reise	0,0%
B-to-B-Veranstaltung	4,6%
Sonstige	10,8%

Anmerkung: n = 65. Häufigkeitsverteilung von F9: Um welche Art von Corporate Event handelte es sich?
Quelle: eigene Erstellung

Bezüglich der **Größe** der internen Innovationsveranstaltungen wurde auf Grundlage der empirischen Vorergebnisse angenommen, dass die meisten Events weniger als 100 Teilnehmer haben. Tatsächlich hat die Untersuchung ergeben, dass 40,0 % und damit der größte Anteil der Veranstaltungen, zwischen 101 und 250 Teilnehmer haben, also größer als erwartet haben. Am zweithäufigsten (26,7 %) hatten die Events weniger als 100 Teilnehmer. Events mit 251 bis 500 Gästen nehmen mit 18,3 % den dritten Rang ein. Hingegen machen Events mit 501 bis 1.000 Gästen mit 8,3 %, Events mit 1.001 bis 5.000 Gästen sowie mehr als 5.000 Gästen mit jeweils 3,3 % den kleineren Teil aus. Der Trend zeigt, dass Konferenzen und Produktvorstellungen mit tendenziell vielen, und Projektveranstaltungen mit eher wenigen Teilnehmern durchgeführt werden.

Außerdem wurde die **Intensität** in Gestalt der Frequenz der Veranstaltungen abgefragt. Mit 49,1 % werden fast die Hälfte der Veranstaltungen mit jährlicher Wiederholung abgehalten. Dahinter liegen mit 16,4 % Events mit halbjährlicher Frequenz und mit 14,5 % Events die regelmäßig stattfinden, aber seltener als ein Mal pro Jahr. Eher seltener sind mit 10,9 % einmalige, mit 7,3 % dreimonatige und mit 1,8 % monatige Veranstaltungen. Hinsichtlich der Eventformate traten zudem deutliche Unterschiede hervor. Während Wettbewerbe fast durchgängig (83,3 %) jährlich veranstaltet werden, sind B-to-B-Veranstaltungen die einzigen Formate, mit einer erwähnenswerten einmaligen Frequenz (33,3 %).

Aus den Ergebnissen der Befragung ergibt sich außerdem, dass **inhaltliche Gestaltungsmaßnahmen** bei den Events breit eingesetzt werden. Bei drei Vierteln der Veranstaltungen, und damit besonders oft, werden Multimediaausstellungen und interaktive Workshops verwendet. Ebenfalls häufig verwenden die Aussteller Informationsstände (73,3 %) und fachliche Expertenvorträge (71,7 %). Digitale Tools beispielsweise werden im Vergleich dazu nur in 46,7 % der Fälle genutzt. Sie sind damit zwar noch nicht fest etabliert, werden aber schon regelmäßig angewendet.

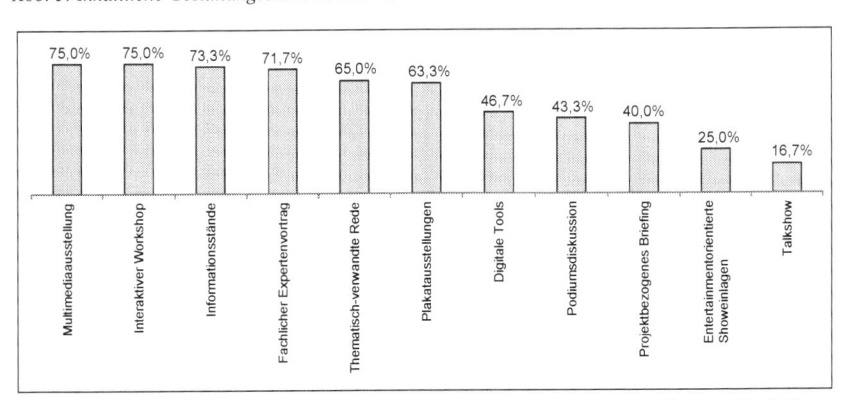

Abb. 5: Inhaltliche Gestaltungselemente interner Innovationsevents

Element	Prozent
Multimediaausstellung	75,0%
Interaktiver Workshop	75,0%
Informationsstände	73,3%
Fachlicher Expertenvortrag	71,7%
Thematisch-verwandte Rede	65,0%
Plakatausstellungen	63,3%
Digitale Tools	46,7%
Podiumsdiskussion	43,3%
Projektbezogenes Briefing	40,0%
Entertainmentorientierte Showeinlagen	25,0%
Talkshow	16,7%

Anmerkung: n = 60. Häufigkeitsverteilung von F12a, b, c: Welche Elemente zur Präsentation/Information/Motivation und Aktivierung der Mitarbeiter wurden eingesetzt?
Quelle: eigene Erstellung

Bei der Auswahl an **formalen Gestaltungsmitteln**, wie Raumambiente oder Rahmenprogramm, zeigte sich bei den Ergebnissen eine breite Varianz an Elementen. Um einen beispielhaften Einblick zu bieten: Mit dem Einsatz von „Startup-Location und -Atmosphäre" oder „Bällebädern" und „Kreativräumen" über „Vorabendveranstaltungen" bis hin zum „Catering" und „Einsatz von Musik und Licht" bemühen sich die Veranstalter auf vielfältige Weise, bei den Gästen für ein besonderes Erlebnis und damit eine bleibende Erinnerung an den Veranstaltungsbesuch zu sorgen.

Bezogen auf das **Budget** der umgesetzten internen Innovationsveranstaltungen hat sich gezeigt, dass alle Preisklassen vorhanden sind und teilweise die hohe Budgetgrenze von 250.000 € überschritten wurde. Im Einzelnen lauteten die im Nachgang gruppier-

Corporate Events als Innovationsinstrumente 215

ten Ergebnisse (n = 33): Bis zu 1.000 € und zwischen 1.001 und 5.000 € wurden für 18,2 %, zwischen 5.001 und 10.000 € für 15.2 %, zwischen 10.001 und 50.000 € für 27,3 %, zwischen 50.001 und 150.000 € für 15,2 % und mehr als 250.000 € wurden für 6,1 % der Veranstaltungen aufgewendet.

Ebenfalls sollte die Anzahl der an der Eventumsetzung **beteiligten Personen** beziffert werden. Die Auswertung der Angaben (n = 49), die im Nachgang gruppiert wurden, hat ergeben, dass über die Hälfte der Events von kleinen Teams mit bis zu zehn Personen umgesetzt werden. Im Detail sind die Teams in 30,6 % Prozent der Fälle bis zu fünf Personen groß, in 26,5 % zwischen 6 und 10 Personen, in 28,6 % zwischen 11 und 20 Personen, in 8,2 % zwischen 21 und 30 Personen und jeweils 2,0 % zwischen 31 und 40, 41 und 50 und mehr als 50 Personen groß.

Ein eindeutigeres Bild zeigt schließlich die **organisatorische Verankerung der Verantwortung** für die Umsetzung der Events. Die Auswertung der Daten (n = 55) hat ergeben, dass mit 78,2 % der Großteil der Veranstaltungen von Innovationsabteilungen selbst koordiniert werden. Nur ein geringer Anteil von 7,3 % wurde von einer Kommunikationsabteilung und von 3,6 % von einer externen Agentur umgesetzt. Sonstige Instanzen, wie „HR", „Marketing" oder „verschiedene Abteilungen" koordinierten hauptsächlich die Umsetzung in 10,9 % der Fälle.

4.3.4 Bedeutungseinschätzung als Innovationsmethode

Die Innovationsverantwortlichen wurden an zwei Stellen im Fragebogen zu ihrer persönlichen Meinung befragt. Zum einen war ihre Einschätzung zur **zukünftigen Relevanz** interner Innovationsveranstaltungen von Interesse. 56,6 % der befragten Innovationsverantwortlichen prognostizieren eine steigende Bedeutung des Maßnahmeneinsatzes, während 40,8 % angaben, sie bleibe gleich, und nur 2,6 % von einer sinkenden Bedeutung ausgingen. Der Vergleich der Umsetzungsfrequenz der drei Einschätzungsgruppen zeigt wie erwartet, dass vor allem diejenigen eine zukünftig höhere Relevanz voraussagen, die Corporate Events bereits regelmäßig zur Innovationskommunikation nutzen.

Außerdem wurden diejenigen Teilnehmer, dessen Unternehmen bislang keine Corporate Events zum Innovationszweck einsetzen (n = 11), gefragt, was die eingeschätzten **Gründe für die Nicht-Nutzung** seien. Es ergab sich daraus, dass die überwiegenden Gründe dafür der Mangel an zeitlichen und personellen Kapazitäten sind (45,5 %), während jeweils 18,2 % angaben, sie setzen bereits genug andere Innovationsmaßnahmen um und dass sie Corporate Events nicht für geeignet erachten. Nur 9,1 % gaben an, ihnen fehlen dafür die finanziellen Mittel. Damit überwiegen die externen Faktoren nur leicht. Als sonstiger Grund (9,1 %) wurde angegeben, Corporate Events werden für andere Zwecke, zum Beispiel das Qualitätsmanagement, eingesetzt.

5 Zusammenfassung, Fazit und Ausblick

Zusammenfassend hat die Untersuchung gezeigt, dass Corporate Events gezielt als unternehmensinterne Open Innovation-Maßnahmen zur Förderung der Innovationskultur und Vernetzung der eigenen Innovations-Community eingesetzt werden. Die Events sind dabei auf Kollaboration ausgerichtet: In den häufigsten Fällen sind Mitarbeiter unterschiedlicher Abteilungen eingeladen, die teilweise keinen direkten Innovationsbezug aufweisen. Diese Tatsache unterstreicht implizit, dass die Umsetzung von Open Innovation-Aktivitäten für die Unternehmenskommunikation weiterhin an Bedeutung gewinnt (vgl. Ernst/Zerfaß 2009, S. 63). Die Veranstaltungen sind so aufgebaut, dass die Besucher multimodal gleichsam auf verschiedenen Wirkungsebenen – aktivierend, kognitiv und affektiv – adressiert werden.

Aus den Ergebnissen ist darüber hinaus ersichtlich geworden, dass sich Live-Instrumente nicht nur als externe, sondern auch als interne Innovationsmaßnahmen etabliert haben (vgl. ebd., S. 73). Neben Messen und Public Events, die ebenfalls eine hohe Zustimmungsquote bei den Probanden aufwiesen, setzen 85 % der Unternehmen Corporate Events zur Förderung ihrer Innovationsfähigkeit ein. Sie sind dabei nicht nur Mittel, sondern auch Ausdruck der Innovationskultur: Je offener das Verständnis des Innovationsprozesses von den Unternehmen aufgefasst wurde, desto häufiger findet ein Einsatz statt. Außerdem korrelierte die Umsetzungsfrequenz positiv mit der Unternehmensgröße.

Über die Hälfte der umgesetzten internen Innovationsveranstaltungen sind Firmenkonferenzen oder Produktvorstellungen. Dabei ist in Bezug auf die Eventintensität aufgefallen, dass die meisten Veranstaltungen in jährlichem Turnus wiederholt werden. 30 % der internen Innovationsevents hatten weniger als 100 Teilnehmer, während sogenannte „Megaevents" mit mehr als 1.000 Teilnehmern eher die Ausnahme bilden. Besonders beliebt zur inhaltlichen Gestaltung sind Multimediaausstellungen und interaktive Workshops, digitale Tools haben sich im Vergleich dazu trotz ihres rekursiven Innovationspotenzials noch nicht fest etabliert. Auch zur formalen Gestaltung werden Elemente wie Raumambiente oder Rahmenprogramm regelmäßig eingesetzt, um den

Veranstaltungen einen besonderen Rahmen zu geben und so ihre kommunikative Wirkung bei den Besuchern zu verstärken.

Die durchgeführten Events weisen zudem unterschiedliche Ressourcensituationen auf. Mit Blick auf das aufgewendete Budget war eine breite Streuung an Preisklassen vorhanden. Teilweise geben die Unternehmen sogar bis zu 250.000 € pro Veranstaltung aus, wobei das höchste durchschnittliche Budget für Produktvorstellungen investiert wird. Hinsichtlich des Personals fiel auf, dass über die Hälfte der Events von eher kleineren Teams umgesetzt wurde, die aus weniger als zehn Personen bestehen. Bezüglich der organisatorischen Verankerung der Verantwortung zeigt sich, dass sich die Professionalisierung des Eventmanagements auch auf angrenzende Berufsprofile übertragen hat (vgl. Zanger 2007, S. 101ff.). Die Umsetzung wird hauptsächlich von den Innovationsverantwortlichen selbst koordiniert. Kommunikationsexperten haben in ihrer Rolle als interne Dienstleister demzufolge nur eine untergeordnete Rolle.

Schließlich erlaubt die Bedeutungseinschätzung der Probanden einen Blick in die Zukunft. 60 % der Innovationsmanager attestieren dem Instrument eine steigende Bedeutung. Vor allem in Unternehmen, in denen interne Innovationsevents bereits intensiv eingesetzt werden, wird zukünftig eine höhere Relevanz prognostiziert. Daher kann weniger von einem vorübergehenden Trend, als mehr von einem kontinuierlichen Innovationsformat ausgegangen werden, das auch in Zukunft verstärkt Anwendung findet. Unterstrichen wird dies dadurch, dass eine Nicht-Nutzung der Methode auf Faktoren wie Zeit- und Personalmangel, und nicht der Einschätzung als nicht geeignete Innovationsmaßnahme, zurückgeht.

Am Ende der Untersuchung bleiben offene Fragen und damit Anknüpfungspunkte für weitere Anschlussuntersuchungen. So fokussiert sie sich sehr stark auf die Ebene des kommunikativen Inputs und lässt die Output-Ebene weitestgehend ausgeklammert. In einer Anschlussuntersuchung wäre es möglich, die kommunikativen Wirkungen von internen Innovationsveranstaltungen auf Seiten der Adressaten zu untersuchen, um so Rückschlüsse des Einflusses auf den Innovationsprozess und damit die unternehmerische Wertschöpfung zu rekonstruieren. Außerdem ist die Untersuchung auf den Kanal der Corporate Events beschränkt, der nur einer von mehreren Live-Instrumenten ist. Die Erhebung hat gezeigt, dass außerdem noch Messen und Public Events intensiv eingesetzt werden. Quantitativ angelegte Anschlussuntersuchungen zum Einsatz dieser

Kanäle könnten weitere aufschlussreiche Erkenntnisse und damit ein ganzheitliches Bild der Live-Innovationskommunikation schaffen.

In Zukunft ist zu erwarten, dass Innovationen weiterhin immer mehr als Treiber des wirtschaftlichen Erfolgs von Unternehmen im freien marktwirtschaftlichen Wettbewerb angesehen werden. Gleichzeitig werden die Innovations-Lebenszyklen, getrieben von externen Entwicklungen wie der Digitalisierung oder der Globalisierung, immer kürzer; ihre Entwicklung muss daher immer schneller und effizienter erfolgen. Die nahe liegende Konsequenz, den Innovationsprozess nach außen zu öffnen und vielfältige Stakeholder in die Ideenfindung mit einzubinden, könnte Gefahren zum Beispiel des Datendiebstahls mit sich bringen. Daher bietet sich als Alternative an, Open Innovation intern gerichtet zu betreiben und bereits vorhandene Innovationspotenziale der eigenen Mitarbeiter auszuschöpfen, wobei deren Bereitschaft und Fähigkeit zu innovativem Handeln für ein erfolgreiches Vorgehen gefordert ist. Wie in dem Beitrag herausgearbeitet wurde, eignen sich Corporate Events dazu, diese Grundlagen zu vermitteln. Innovationsverantwortliche haben dieses Potenzial bereits erkannt, weshalb auch zukünftig vermehrt mit internen Innovationsveranstaltungen zu rechnen sein wird.

Literaturverzeichnis

BORTZ, J.; DÖRING, N. (2006): Forschungsmethoden und Evaluation. Für Human- und Sozialwissenschaftler, 4. Aufl., Berlin, Heidelberg 2006.

BROSIUS, H.-B.; HAAS, A.; KOSCHEL, F. (2012): Methoden der empirischen Kommunikationsforschung. Eine Einführung, 6. Aufl., Wiesbaden 2012.

BRUHN, M. (1997): Kommunikationspolitik. Bedeutung - Strategien - Instrumente. Vahlens Handbücher der Wirtschafts- und Sozialwissenschaften, München 1997.

BRUHN, M. (2014): Integrierte Unternehmens- und Markenkommunikation. Strategische Planung und operative Umsetzung, 6. Aufl., Stuttgart 2015.

DIE WELT (2014): Die 500 größten Unternehmen in Deutschland, online verfügbar unter: http://top500.welt.de/, zuletzt abgerufen am 04.12.2016.

DPMA (2016): Deutsches Patent- und Markenamt. DEPATISnet, online verfügbar unter:https://depatisnet.dpma.de/DepatisNet/depatisnet?window=1&space=menu&content=index&action=index, zuletzt abgerufen am 04.12.2016.

EICHHORN, W. (2004): Online-Befragung. Methodische Grundlagen, Problemfelder, praktische Durchführung, online verfügbar unter: http://www2.ifkw.uni-muenchen.de/ps/we/cc/onlinebefragung-rev1.0.pdf zuletzt abgerufen am 04.12.2016.

ERBER, S. (2009): Eventmarketing. Erlebnisstrategien für Marken, München 2009.

ERNST, N.; ZERFAß, A. (2009): Kommunikation und Innovation in deutschen Unternehmen. Eine empirische Typologie in Zukunftstechnologie-Branchen, in: Zerfaß, A.; Möslein, K. M. (Hrsg.): Kommunikation als Erfolgsfaktor im Innovationsmanagement. Strategien im Zeitalter der Open Innovation, Wiesbaden 2009, S. 57–81.

HAUSCHILDT, J.; SALOMO, S. (2011): Innovationsmanagement, 5. Aufl., München 2011.

HERBST, D. (2007): Eventkommunikation. Strategische Botschaften erlebbar machen, in: Piwinger, M.; Zerfaß, A. (Hrsg.): Handbuch Unternehmenskommunikation, Wiesbaden 2007, S. 477–486.

KIRCHGEORG, M.; ERMER, B. (2014): Live Communication. Potenziale von Events, Veranstaltungen, Messen und Erlebniswelten, in: Zerfaß, A.; Piwinger, M. (Hrsg.): Handbuch Unternehmenskommunikation. Strategie - Management - Wertschöpfung, 2. Aufl., Wiesbaden 2014, S. 691–706.

KIRCHGEORG, M.; SPRINGER, C.; BRÜHE, C. (2009): Live Communication Management. Ein strategischer Leitfaden zur Konzeption, Umsetzung und Erfolgskontrolle, Wiesbaden 2009.

LASSLOP, I.; BURMANN, C.; NITSCHKE, A. (2007): Erfolgsbeurteilung von Events, in: Nickel, O. (Hrsg.): Eventmarketing. Grundlagen und Erfolgsbeispiele, 2. Aufl., München 2007, S. 117–134.

LIES, J.; VAIH-BAUR, C. (2015): Public Relations als Eventmanagement, in: Lies, J. (Hrsg.): Praxis des PR-Managements. Strategien - Instrumente - Anwendung, Wiesbaden 2015, S. 91–109.

MAST, C. (2009): Mitarbeiterkommunikation, Change und Innovationskultur. Balance von Informationen und Innovationen, in: Zerfaß, A.; Möslein, K. M. (Hrsg.): Kommunikation als Erfolgsfaktor im Innovationsmanagement. Strategien im Zeitalter der Open Innovation, Wiesbaden 2009, S. 271–288.

MAST, C.; HUCK, S.; ZERFAß, A. (2006): Innovationskommunikation in dynamischen Märkten. Empirische Ergebnisse und Fallstudien. Medien, Bd. 13, Berlin, Münster 2006.

MAST, C.; ZERFAß, A. (2005): Innovation durch Kommunikation. Herausforderung für Unternehmen und Medien, in: Kommunikationsmanager, 2. Jg., 2005, Nr. 1, S. 16.

MÖHRING, W.; SCHLÜTZ, D. (2010): Die Befragung in der Medien- und Kommunikationswissenschaft. Eine praxisorientierte Einführung, 2. Aufl., Wiesbaden 2010.

NICKEL, O.; ESCH, F.-R. (2007): Markentechnische und verhaltenswissenschaftliche Aspekte erfolgreicher Marketingevents, in: Nickel, O. (Hrsg.): Eventmarketing. Grundlagen und Erfolgsbeispiele, 2. Aufl., München 2007, S. 53–79.

STERN, T.; JABERG, H. (2010): Erfolgreiches Innovationsmanagement. Erfolgsfaktoren - Grundmuster - Fallbeispiele, 4. Aufl., Wiesbaden 2010.

ZANGER, C. (2001A): Event-Marketing, in: Diller, H. (Hrsg.): Vahlens großes Marketinglexikon, 2. Aufl., München 2001, S. 439–442.

ZANGER, C. (2001B): Event-Verständnis, online verfügbar unter: http://www.event fischer.eu/event/event.html zuletzt abgerufen am 04.12.2016.

ZANGER, C. (2007): Eventmarketing als Kommunikationsinstrument. Entwicklungsstand in Wissenschaft und Praxis, in: Nickel, O. (Hrsg.): Eventmarketing. Grundlagen und Erfolgsbeispiele, 2. Aufl., München 2007, S. 3–16.

ZERFAß, A. (2005): Innovationsmanagement und Innovationskommunikation. Erfolgsfaktor für Unternehmen und Region, in: Mast, C.; Zerfaß, A. (Hrsg.): Neue Ideen erfolgreich durchsetzen. Das Handbuch der Innovationskommunikation, Frankfurt am Main 2005, S. 16–42.

ZERFAß, A. (2009): Kommunikation als konstitutives Element im Innovationsmanagement. Soziologische und kommunikationswissenschaftliche Grundlagen der Open Innovation, in: Zerfaß, A.; Möslein, K. M. (Hrsg.): Kommunikation als Erfolgsfaktor im Innovationsmanagement. Strategien im Zeitalter der Open Innovation, Wiesbaden 2009, S. 23–55.

ZERFAß, A. (2014): Unternehmenskommunikation und Kommunikationsmanage-ment. Strategie, Management und Controlling, in: Zerfaß, A.; Piwinger, M. (Hrsg.): Handbuch Unternehmenskommunikation. Strategie - Management - Wertschöpfung, 2. Aufl., Wiesbaden 2014, S. 21–79.

ZERFAß, A.; HUCK, S. (2007): Innovation, Communication, and Leadership. New Developments in Strategic Communication, in: International Journal of Strategic Communication, Vol. 1, 2007, No. 2, pp. 107–122.

ZERFAß, A.; HUCK, S. (2007): Innovationskommunikation. Neue Produkte, Ideen und Technologien erfolgreich positionieren, in: Piwinger, M.; Zerfaß, A. (Hrsg.): Handbuch Unternehmenskommunikation, Wiesbaden 2007, S. 847–858.

ZERFAß, A.; MÖSLEIN, K. M. (2009): Kommunikation im Innovationsprozess. Thesen für eine effektive Zusammenarbeit, in: Zerfaß, A.; Möslein, K. M. (Hrsg.): Kommunikation als Erfolgsfaktor im Innovationsmanagement. Strategien im Zeitalter der Open Innovation, Wiesbaden 2009, S. 417–422.

ZERFAß, A.; SANDHU, S.; HUCK, S. (2004A): Innovationskommunikation. Strategisches Handlungsfeld für Corporate Communications, in: Bentele, G.; Piwinger, M.; Eschborn, G. (Hrsg.): Kommunikationsmanagement. Strategien, Wissen, Lösungen [Loseblattwerke], Neuwied 2004, S. 1–30.

ZERFAß, A.; SANDHU, S.; HUCK, S. (2004B): Kommunikation von Innovationen. Neue Ideen und Produkte erfolgreich positionieren, in: Kommunikationsmanager, 1. Jg., 2004, Nr. 2, S. 56–58.

Thomas Duschlbauer
Events im Zeitalter der postmodernen Erlebnisindustrie

1 Einleitung

2 Die Event-City

3 Das Vermächtnis der Situationisten

4 Kritik und Methode

5 Marketing: Von der Wissenschaft zur Kunst

6 Formell vs. informell

7 Die Switcher

8 Der Weg zur Improvisation

9 Events als komplexe Designaufgabe

Literaturverzeichnis

1 Einleitung

„Das Spektakel und die wirkliche gesellschaftliche Tätigkeit lassen sich nicht abstrakt einander entgegensetzen; diese Verdoppelung ist selbst doppelt. Das Spektakel, das das Wirkliche verkehrt, wird wirklich erzeugt. ... Ins Spektakel tritt die Wirklichkeit ein, und das Spektakel ist wirklich. Diese gegenseitige Entfremdung ist das Wesen und die Stütze der bestehenden Gesellschaft." Guy Debord, Die Gesellschaft des Spektakels 1967

Neue Technologien, die Urbanisierung und veränderte Gewohnheiten der Konsumenten sind wesentliche Faktoren dafür, dass Events immer stärker in unsere Alltagserfahrung integriert werden. Dies kann nicht losgelöst von gesellschaftpolitischen Facetten betrachtet werden.

Postmodernes Marketing orientiert sich heute diesbezüglich am Erlebnis und inszeniert daher zunehmend emotionalisierende Ereignisse, an denen die Konsumenten auch aktiv teilnehmen können. Solche Ereignisse sind temporärer Natur oder finden auch dauerhaft, etwa in Markenarchitekturen wie beispielsweise den Swarovski Kristallwelten oder im Mercedes-Benz Museum, statt. Aber auch die „Konsumenten" werden aktiv und agieren selbst als „Prosumer", indem sie beispielsweise Flashmobs inszenieren und diese über soziale Medien verbreiten. Neben dem Flashmob treten zudem im öffentlichen und zumeist urbanen Raum noch andere Aktionsformen und Interventionen in unseren Alltag (vgl. Duschlbauer 2015, S. 49).

2 Die Event-City

Vor allem die Stadt wird dabei immer mehr zum Schauplatz von Inszenierungen unterschiedlichster Art. Denn die unglaubliche Wandlungsfähigkeit des Kapitalismus hat auch den Städten ihren Stempel aufgedrückt. Aus den Zentren des Bürgertums mit ihren kleinbetrieblichen Strukturen wurden bis zum 20. Jahrhundert aufstrebende Industriestandorte, da hier der Bedarf an Arbeitskräften am leichtesten zu decken war. Aus der Massenproduktion zur anfänglichen Deckung der Grundbedürfnisse entwickelte sich schließlich eine neue Spielart des Kapitalismus: jener der Massenkonsumption, der sich neu verortete und beispielsweise mit den 3. Orten auch neue räumliche Erfahrungen mit sich brachte. Die Stadt ist mehr als eine bloße Gebärmaschine des anonym Dinglichen, sie ist auch ein Ort der Repräsentation ihrer Individuen. Die stinkende, dreckige und hektische Industriestadt ist vielerorts somit eine nostalgische Erzählung und ihre Rudimente wurden hippen Neuinterpretationen unterworfen. Nur so können innerhalb des städtischen Raumes von den anderen auch jene Bühnen und Laufstege ungestört wahrgenommen werden, auf denen wir uns mit modischen und technischen Accessoires, Lebensmittelintoleranzen etc. selbst inszenieren (vgl. Duschlbauer 2015, S. 49 f.). Nur so können wir uns auch permanent von den anderen unterscheiden.

3 Das Vermächtnis der Situationisten

Äußerst kompatibel mit dieser Situation sind aufgrund ihrer Theorie und Kritik an der Konsumkultur die Ideen der Situationistischen Internationale (SI). Die Gruppe, die im Wesentlichen durch die Arbeit von Guy Debord bekannt wurde, entwickelte in den 60er-Jahren eine Kritik an der so genannten „Gesellschaft des Spektakels". Der Kern dieses Ansatzes bestand darin, dass der Kapitalismus seine Reichweite insofern ausgedehnt hätte, als es nicht mehr bloß um die Warenbeziehungen im Kontext der Arbeitswelt geht, sondern die Sphäre des Produktes durch die Dominanz des Spektakels auch alle Facetten des Alltagslebens durchdringt. Der marxistische Klassenkampf hätte sich demnach von der Arbeitswelt in die Welt der Freizeit bzw. des Freizeitkosums verlagert. Durch zunehmend ablenkende und phantasmagorische Spektakel würden nun so gut wie alle Bereiche des sozialen Lebens verdinglicht werden. Die Kritik der Situationisten richtete sich damals gegen den passiven Konsum des Spektakels und argumentierte damit, dass dieser die Menschen davon abhalten würde, aktiv ihr eigenes Leben zu gestalten (vgl. Ritzer 2001, 180 f.).

Diese „Gesellschaft des Spektakels", welche vom Künstler und Kapitalismuskritiker Guy Debord vor bald 50 Jahren skizziert wurde, erfährt heute eine radikale Neudefinition: In seiner Konsum- und Medienkritik beschrieb Debord bereits 1967 eine Gesellschaft, deren Alltagserfahrung zunehmend von Werbung und PR durchdrungen und inszeniert ist. Die Menschen agieren darin quasi wie hypnotisiert und kompensieren das, was ihnen im Alltag versagt bleibt, über den Starkult (Debord 1978, Abs. 60 – 61). Deshalb ist auch die Politik zu einem Showbusiness geworden, wie man es beispielsweise im US-Wahlkampf mit Donald Trump oder dem Politclown Pepe Grillo in Italien sieht.

Debord konnte als einer der bedeutendsten Vertreter des Situationismus damals allerdings noch nicht jene Auswirkungen erahnen, die mit der Entwicklung des Internets, mobilen Anwendungen der Kommunikation und sozialer Medien ausgelöst wurden. Denn unmittelbar nach der Geburt des World Wide Webs beging er im November 1994 Selbstmord. Die Kugel traf ihn direkt ins Herz, wodurch er seinem Credo treu blieb, dass der Selbstmord die reinste Form des Widerstandes gegenüber dem Spektakel wäre.

Mit Hilfe dieser neuen und ganz und gar disruptiven Technologie des Internets ausgestattet, wurde es nun auch einzelnen Individuen möglich, Alternativen zum dominanten Sender-Empfänger-Modell in der Kommunikation zu finden, das von Debord aufgrund seiner „Einseitigkeit" kritisiert wurde (vgl. Debord, Abs. 24). In Folge unterstützen die Möglichkeiten der neuen Medien die Menschen auch darin, in die Inszenierungen des Spektakels einzugreifen, sogar selbst inszenatorisch tätig zu werden und so beispielsweise Anliegen einer Gegenöffentlichkeit zu stärken. Da Events schon zu unserem Alltag gehören, eignen sich subversive Gruppen wie etwa das Berliner Peng Collective sogar fremde Events an, um eine Plattform für ihre Anliegen zu erhalten. All diese Aktivitäten sind gekoppelt mit Anwendungen der neuen Medien. So leben diese Events u. a. von der Aufmerksamkeit, die sie beispielsweise über Facebook oder Youtube generieren (vgl. Duschlbauer 2015, S. 50).

Guy Debords „Gesellschaft des Spektakels" ist daher kein theoretisch-intellektuelles Hirngespinst, sondern längst die bestimmende Realität unserer Zeit. Denn mittlerweile fällt es schon schwer, für eine Handlung, der wir beiwohnen, nicht den Begriff „Event" zu verwenden, zumal unser Freizeitleben zunehmend durchinszeniert wird. Für manche Unternehmen wie etwa Red Bull ist die Inszenierung ihrer Produkte schon selbst zu einem Produkt geworden.

Auch wenn Debord die Auswirkungen neuer Medientechnologien in den späten 60er-Jahren wahrscheinlich noch nicht vorhersehen konnte, so ist der Begriff des „Spektakels" heute noch zutreffender als zu seiner Zeit. Mehr denn je geht es nicht so sehr um das Gezeigte, sondern um das Zeigen an sich. Medien werden ganz im Sinne des damaligen Zeitgenossen Marshall McLuhan selbst zur Botschaft. So ist das Spektakel für Debord auch lediglich die Akkumulation von Kapital bis zu jenem Punkt, wo es bildhaft wird (vgl. Debord, Abs. 34). Dabei ist das Spektakel „nicht ein Ganzes von Bildern, sondern ein durch Bilder vermitteltes gesellschaftliches Verhältnis zwischen Personen", (Debord, Abs. 4) wie wir es heute in perfekter Form aus sozialen Medien wie Facebook und Instagram kennen.

Während der Begriff „Event" lediglich auf ein Ereignis verweist – unabhängig von der Art seiner Wahrnehmung – ist das Spektakel unweigerlich mit der Sichtbarmachung eines Ereignisses verbunden. Angesichts der Omnipräsenz der Medien ist es heute sogar fraglich, ob ein Ereignis als solches überhaupt taugt, wenn es nicht der Sichtbarmachung unterworfen werden kann. Es ist dann bloß ein reines Geschehen. Indem die Medien den Charakter eines Ereignisses hin zu einem Spektakel prägen – wenn sie beispielsweise dessen Größe oder Dynamik für das Publikum dokumentieren – tragen sie sicherlich zum Erhalt einer Ordnung im Sinne von Repräsentation bei: „Das Spektakel kann nicht als Übertreibung einer Welt des Schauens, als Produkt der Techniken der Massenverarbreitung (sic) von Bildern begriffen werden. Es ist vielmehr eine tatsächlich gewordene, ins Materielle übertragene Weltanschauung. Es ist eine Anschauung der Welt, die sich vergegenständlicht hat", so Debord (Debord, Abs. 5.).

Allerdings ermöglichen neue mediale Anwendungen die Legitimation dieser Ordnung durch die Massenmedien auch wieder in Frage zu stellen. Denn ein wesentliches Merkmal, welches ein Spektakel bislang konstituiert hat, war die Trennung zwischen den Akteuren und dem Publikum. Im Zeitalter der sozialen Medien, der Flashmobs, spontaner Interventionen im öffentlichen Raum etc. wird diese Trennung zwischen aktiv und passiv zusehends aufgehoben. Es gibt immer weniger fix definierte Räume wie Theaterbühnen, Galerien etc. mehr, wo man nach Belieben das Gesellschaftskritische aufsuchen konnte, so wie es angesichts von Smartphones und sozialer Medien auch kaum noch etwas Privates gibt, das wir nicht in die Öffentlichkeit hinaustragen.

Die Orte des „kultivierten Spektakels", wo man mit Anzug und Krawatte selbstbestimmt hingeht, um zu erfahren, wie entfremdet man ist, die verlieren an Bedeutung. Das Subversive der Kunst hat die Katakomben verlassen und konfrontiert die Menschen unmittelbar in deren Lebenswelt mit ihren Utopien. Es lädt ein zur Interaktion, zur Nachahmung, zum Liken und zum Teilen. Diese Aufhebung der traditionellen Trennung zwischen den Delinquenten und den Schaulustigen, zwischen den Akteuren und dem Publikum, zwischen Sender und Empfänger führt auch zu Konflikten rund um die Autorität und die Bestimmung über ein Ereignis, wie wir sie beispielsweise anhand der Ausschreitungen von Hooligans bei der letzten Fußball Europameisterschaft wieder miterleben konnten. Bestimmung und Stimmung sind auf der Ebene des Spektakels sehr eng miteinander gekoppelt.

Auch die Sehnsucht nach der Rückkehr zum Informellen geht mit diesem Aspekt einher. Darüber hinaus ist das Spektakel nicht nur seit Debord eng mit Fragen rund um die Ökonomie und den Daseinsbedingungen der Menschen gekoppelt, sondern große Ereignisse und deren Sichtbarmachung standen schon länger im Kontext wirtschaftlicher Voraussetzungen. Wenn sich durch die neuen Bedingungen der Sichtbarmachung heute allerdings die Machtverhältnisse bzw. die Regeln der „Spiele" verändern, wie sieht es dann mit dem „Brot" aus? Welchen Interessen dient das Spektakel und welcher spektakulären Techniken können sich heute Menschen bedienen, um diese Interessen transparent zu machen, sie zu kommentieren, bewusst zu überzeichnen oder zu dekonstruieren?

4 Kritik und Methode

Obwohl sich seit dem Ende der 60er-Jahre die Voraussetzungen hinsichtlich des Konsums sowie der Rezeption von Medien grundlegend verändert haben, so konnten die Situationisten dennoch einen Beitrag zum Verständnis dieser Veränderungen leisten. Denn jenseits ihrer Kapitalismuskritik existiert nach wie vor das Bild des Spektakels, das gegenwärtig sicherlich neu zu denken ist – beispielsweise, um auch der aktiven Rolle von Konsumenten gerecht zu werden, die Funktion sozialer Medien näher zu beleuchten oder generell zu erörtern, durch welche Aktivitäten Gemeinschaftssinn gestiftet wird. Kann sich heute die Macht – wo auch immer diese verortet ist – tatsächlich alleinig durch Formen wie Zwang, Verführung und Vermittlung in ihrer Existenz behaupten oder sind mittlerweile andere Mechanismen am Werk? Auch die Rolle der Technologie, die im ursprünglichen Konzept als ein Werkzeug zur Isolation der Individuen angesehen wurde, ist neu zu überdenken, zumal wir heute auch von so genannten „hybriden" Events sprechen und Techniken wie Augmented und Virtual Reality einsetzen.

Die Situationisten beschrieben in den 60er-Jahren zwar eine Gesellschaft, die noch keine der Errungenschaften des Internets kannte. Jedoch sahen auch sie trotz ihrer Kapitalismuskritik und ihrer kulturpessimistischen Sicht der Welt durchaus Handlungsspielräume für kreatives Engagement vor. So galt die Technik des *Detournement* als eine Form des Widerstands gegen das Spektakel. Dabei ging es darum, dass bestehende Bilder und Bedeutungen aus dem Kontext gerissen und gestört werden. Auf der Ebene von Produkten drückte sich das beispielsweise so aus, dass diese spontan anders verwendet wurden, als vorgesehen (vgl. Ritzer 2001, S. 194).

Eine andere Form des Widerstands fand ihren Ausdruck im *Derive*. Dieses sollte dazu dienen, dass die Menschen das Spektakel meiden und für sich Bereiche des Alltagslebens ausfindig machen, die davon noch nicht berührt sind. Dabei lässt sich ein Individuum oder eine Gruppe im Alltagsleben treiben, um jene Orte zu identifizieren, an denen das Spektakel noch um seine Vorherrschaft zu ringen hat (vgl. Ritzer 2001, S. 194). Die Personen können zudem im Kontext des Spektakels auch eine andere Rolle spielen als es ihnen offensichtlich zugedacht ist. Der Zugang zu diesem Unterfangen wurde von den Situationisten als ein wissenschaftliches Unternehmen gesehen und erhielt auch die Bezeichnung *Psycho-Geographie* (vgl. Ritzer 2001, S. 196 ff.).

Wie schwierig solche Formen des Widerstands gegen das Spektakel und den permanenten Hype heute allerdings umzusetzen sind, zeigt sich anhand der Hipster des 21. Jahrhunderts. Obwohl oder gerade weil sich die Jugendlichen und jungen Erwachsenen als Angehörige einer alternativen Subkultur verstehen, sind sie bei ihrer Suche nach Authentizität und Andersartigkeit inzwischen zum Mainstream aufgestiegen. Darin zeigt sich auch eine Schwäche des Ansatzes der Situationisten, die offenbar darin liegt, dass es bei den subversiven Praktiken darum geht, „Situationen" zu schaffen, die lediglich von einer kleinen Gruppe wahrgenommen und geteilt werden. Will man diese „Situationen" bzw. deren Wahrnehmung skalieren, dann geht nicht nur die Spontanität, die Face-to-face-Kommunikation, das Improvisatorische und Informelle verloren, sondern es werden auf der Makro-Ebene auch manipulative Mechanismen bemüht, die mit dem Spektakel durchaus verwandt sind (vgl. Ritzer 2001, S. 196 f.).

Als eine zeitgemäße bzw. auf die neuen Möglichkeiten der Kommunikation eingehende und nicht weniger subversive Abwandlung des *Derive* kann das so genannte *Context Hacking* gesehen werden, das von der Wiener Künstlergruppe monochrom ins Leben gerufen wurde. Die Arbeitsweise des *Context Hacking* verweist auf die Hacker-Kultur, die einen kreativen und emanzipatorischen Zugang zu den Technologien des digitalen Zeitalters propagiert und sich so gegen die Fortsetzung des digitalen Zeitalters wehrt, dass durch exklusiven Zugang zu Wissen und durch Expertenhierarchien geprägt ist. Dank der elektronischen Massenmedien der Gegenwart erscheint die Möglichkeit, die Produktionsmittel zu demokratisieren und zu sozialisieren, erstmals realisierbar geworden – ohne der Notwendigkeit einer anderen Revolution jenseits der Technik. Kontext-Hacking überträgt die Ziele und Methoden der Hacker auf das Netzwerk sozialer Beziehungen, in denen die künstlerische Produktion auftritt und auf die sie angewiesen ist. In einem metaphorischen Sinne haben diese Beziehungen auch einen Quellcode. Programme laufen in ihnen, und unsere Interaktion mit ihnen ist durch eine Benutzeroberfläche strukturiert. Wenn wir wissen, wie ein Raum, eine Nische, eine Szene, eine Subkultur oder eine Medien- oder politische Praxis funktioniert, können wir sie verändern und „recodieren", ihre Machtverhältnisse dekonstruieren und

Events im Zeitalter der postmodernen Erlebnisindustrie 231

uns von ihren Zwängen und Verpackungsrichtlinien emanzipieren (vgl. Friesinger/Grenzfurthner/Schneider 2013).

Eine solche subversive Zugangsweise lässt sich natürlich auch in Kombination mit Offline-Aktivitäten bzw. im öffentlichen Raum umsetzen, sofern die Codes bekannt sind, was beispielsweise von Künstlerkollektiven wie dem „Zentrum für politische Schönheit" in Deutschland oder der „Social Impact Aktionsgemeinschaft" in Österreich praktiziert wird.

Abb. 1: Inszenierung der „Freunde des Wohlstands" anlässlich der Salzburger Festspiele

Quelle: Social Impact Aktionsgemeinschaft

Im Umfeld des Spektakels können deren Aktionen, die auch einen starken informellen und improvisatorischen Charakter haben, als „Gegeninszenierungen" interpretiert werden. Wichtig ist dabei auch der Anspruch des Partizipatorischen und der sozialen Interaktion. Beides soll möglichst ohne die Vermittlung auf der Ebene der Warenwelt stattfinden.

Natürlich hat auf der anderen Seite auch das Spektakel die Partizipation für sich entdeckt. Das Spektakel erlaubt nicht nur Partizipation, es fordert sogar dazu auf und versucht sein Publikum interaktiv einzubinden. Gleichzeitig determiniert es durch neue

Technologien sehr genau die Art und Weise sowie das Ausmaß der Teilnahme, wodurch mitunter nur sehr affektive Rückmeldungen an das System möglich sind. Anwendungen wie beispielsweise Virtual Reality erlauben Interaktion, jedoch lediglich nach zuvor programmierten Mustern, so wie die Kommunikation mit einem Mitarbeiter eines Themenparks ebenfalls nach einem Skript abläuft, das einem Monitoring unterworfen ist. Die neuen Möglichkeiten der Partizipation beanspruchen nicht nur unsere Aufmerksamkeit, sie beobachten uns auch (vgl. Ritzer 2001, 198).

5 Marketing: Von der Wissenschaft zur Kunst

Die Gesellschaft des Spektakels ist gleichzeitig eine Gesellschaft, welche ununterbrochen an unsere Vergesslichkeit appelliert. Das vorgeblich Neue und dessen medialer Hype verstellen uns den Blick auf das Geschichtliche, die Historie, die nun durch das Storytelling ersetzt wird. Das vorgeblich Andere, das uns präsentiert wird, verstellt uns den Blick auf uns Selbst. Die Eventmanager, welche heute den Stadtbetrieb dominieren, sind de facto eine edle Bande von legalen Fluchthelfern und Schleppern, die uns dabei unterstützen vor uns und der Eigentlichkeit unseres Seins davon zu laufen.

So wie bei Feuerbach beispielsweise das Christlich-Religiöse nicht zwingend als eine Verehrung des Göttlichen gesehen werden kann, sondern als eine Hingabe an die bloße Inszenierung von Glaubenskundgebungen, so müssen wir heute auch in der profanen Welt des Marketings daran zweifeln, dass wir uns einem Produkt oder einer Marke tatsächlich zugetan fühlen. Vielmehr ist es lediglich die Inszenierung der damit als Verheißung und Erlösung angepriesenen Glücksmomente (vgl. Feuerbach) in den dafür vorgesehenen urbanen Räumen wie Entertainment-Komplexe, Lounges und Themen-Restaurants.

Wenn solche Prinzipien des Inszenatorischen tatsächlich maßgeblich für die Entwicklung unserer Gesellschaften wären – und eine Reihe von Ereignissen der letzten Zeit deuten darauf hin – dann muss auch die ketzerische Frage erlaubt sein, ob denn das Marketing noch als eine Disziplin der Wissenschaft erachtet werden soll. Sind die bisherigen wissenschaftlichen Annahmen und Voraussetzungen tatsächlich noch haltbar, wenn es immer weniger um das Faktische eines Produktes oder einer Dienstleistung geht, sondern vielmehr um das, was die Menschen aus der bloßen Inszenierung für sich, für ihre Erwartungen, Hoffnungen und ihre sich im ständigen Fluss befindliche Identität beziehen? Ist denn Marketing nicht eher eine künstlerische Praxis, die sich anderer Deutungsmuster bedienen sollte?

Denn gerade die bisherigen Deutungsmuster des Marketings waren es, die auch dazu beigetragen haben, dass die Konsumenten ihr eigenes Verhalten zunehmend reflektieren und sich nicht länger in Schubladen ablegen lassen. Sie schreiben an ihrem eigenen Skript, wollen ebenfalls überraschen und stemmen sich gegen jede Form des Vorhersagbaren. Die neuen Konsumenten können durchaus als wissend, zumindest als durchschauend angesehen werden – und sie drücken die Reflexion ihres Handelns in weiteren Handlungen aus, die als ironisches Statement vielleicht nicht immer auf Anhieb nachvollziehbar sind. Abgesehen davon müssen demografische Kriterien wie Alter, Geschlecht und Herkunft heute so gut wie nichts Zwingendes mehr mit unserem Selbst zu tun haben. Selbst die neueren psychografischen Ansätze hinsichtlich der Marktsegmentation, basierend auf emotionalen und psychologischen Faktoren, können der Komplexität eines Konsumenten-Selbstbildes, das sich immer stärker von anderen differenzieren möchte, nicht mehr gerecht werden (vgl. Bilton 2007, S. 139).

Neben diesen Fragen rund um die Identität der Konsumenten geht es auch um die Frage, was für Vorteile Produkte und Dienstleistungen für die Konsumenten haben können. Modernes strategisches Marketing hat sich insofern so weit bewegt, dass es nicht das Produkt an sich, sondern den „benefit" ins Zentrum der Überlegungen stellt. So widmen die Studierenden dieser Disziplin gegenwärtig ihre Aufmerksamkeit der Quantifizierung von Vorteilen. Es geht dabei nicht so sehr um den Fokus auf das Produkt, sondern darum, was das Produkt für den Konsumenten auslöst. Gestützt wird dies theoretisch unter anderem durch die Maslow'sche Bedürfnispyramide, die ebenfalls die Bedeutung und den Wert von Produkten und Dienstleistungen in den Vordergrund stellt (vgl. Bilton 2007, S. 140).

Ist diese Sichtweise aber heute konsequent genug? Denn wenn das Produkt weniger wichtig ist als das, was die Konsumenten daraus machen, dann bewegt sich die Aufmerksamkeit ohnehin noch stärker auf den Konsumenten an sich. Dann ist es dieser Logik folgend auch kein weiter Schritt mehr, sich eingehenden mit dessen Erfahrungen und Erlebnissen zu beschäftigen. Das Erlebnis des Konsumenten ist eine subjektive Projektion der objektiven Vorteile, wie sie durch das Marketing identifiziert wurden. Bedeutend dabei ist jedoch, dass diese subjektiven Erlebnisse aus der Sicht des Marketings nicht wirklich vorauszusagen sind, denn die Bedeutung einer Ware oder Dienstleistung ereignet sich nicht bei ihrer Produktion, sondern erst im Rahmen der Konsumption. Diese Bedeutung ist zudem ganz stark an den Kontext der Konsumption gebunden – daran wie etwa Subkulturen damit umgehen und eine Marke für sich beanspruchen (vgl. Bilton 2007, S. 141).

Dies gilt natürlich auch für den Eventbereich. Wenn etwa beim progressiven Nova Rock Festival als Late Night Act alte Größen wie David Hasselhoff oder die Austropop-Legende Wolfgang Ambros auftreten, dann erleben die beiden Sänger nicht nur ein Comeback, sondern auch die Festivalteilnehmer feiern die Adaption und Inbesitznahme von „Marken", denen ihre Elterngeneration noch ganz anders gegenüberstand.

6 Formell vs. informell

In dieser neuen Ökonomie der Zeichen, in der die Bedeutungen zunehmend losgelöst von der objektiven Realität sind und nichts unbedingt das repräsentiert, was es zu sein scheint, wird Realität durch *Sprachspiele* gefiltert (vgl. Bilton 2007, S. 141). Zurückzuführen ist dieses Konzept auf Ludwig Wittgenstein. Die Sprachspiele regulieren unsere Aussagen über die Welt durch semantische und syntaktische Voraussetzungen in ihrer Grammatik. In diesem Kontext ermöglicht die Idee von Regeln das authentische und praktische Nachdenken unabhängig von Kausalität und Teleologie. Darüber hinaus eröffnet es eine Perspektive jenseits von Logik und Erklärung, weshalb wir Regeln mitunter „blind" folgen. Wittgenstein bezeichnet das Sprachspiel auch als das *Hinzunehmende* und er sieht Sprache auch als eine Praxis, die eher unterschiedliche Fertigkeiten und Formen des Wissens einbezieht als eine tiefere Struktur von Regeln, die auf ein theoretisches Wissen reduziert werden können (vgl. Wittgenstein 1964, §§ 217-219). Es sieht daher so aus, als dürfte die Sprache ihre beiden Hauptfunktionen, nämlich Repräsentation und Legitimation, verloren haben. Wir können nun wählen: Entweder leben wir mit Widersprüchen oder mit Tautologien.

Denn der Begriff ist wie er ist und er ist, weil er ist, weshalb der Begriff keinen Experten benötigt und das wissenschaftliche Wissen nur indirekte Bezüge zu den Sprachspielen aufweist. Dort kann alles einfach passieren, weil sich nichts als etwas ausgeben und sich mit etwas anderem messen muss, um auf Anerkennung zu stoßen. Dort existiert das Neue nicht als eine von einem Absender losgelöste Botschaft, weil wir darin noch Wirklichkeit sind. Im Sprachspiel sind wir die Gegenwart des Neuen, denn jeder spielerische Zug verändert unsere Position und unsere Perspektive und sie verändert uns auch in der Wahrnehmung der anderen. Diese Veränderungen werden sowohl auf der Ebene des Senders als auch des Empfängers wahrgenommen. Das Sprachspiel macht uns sowohl zu Protagonisten als auch zu Beobachtern, Theorie und Praxis unterliegen darin einer permanenten Oszillation.

In dieser neuen Welt, die neuerdings auch als eine Welt des Postfaktischen beschrieben wird, entstehen rund um Marken, Produkte und Dienstleistungen Netze symbolischer Assoziationen, die es den Konsumenten erlauben, ihre eigenen bedeutungsvollen Erfahrungen zu konstruieren. Sie werden dadurch zu aktiven Teilnehmern und sind längst keine passiven Rezipienten mehr. Wenn Markenhersteller wie Mercedes, Adidas und Nike beispielsweise Kurzfilme produzieren lassen, deren Bilder und Geschichten keinerlei Hinweis auf das geben, was verkauft wird, dann ist das Involvement der Konsumenten das Hauptziel geworden; der Verkauf ist lediglich ein Nebenprodukt, das weniger wichtig ist als das Erlebnis des Konsumenten. Denn dies ist schließlich die Basis dieser neuen Ökonomie (vgl. Bilton 2007, S. 141).

Sichtbar wird dies auch beim „Nebenprodukt" selbst, denn auch der Verkauf unterliegt immer mehr dem Inszenatorischen. So liegt das Hauptproblem des Verkaufs wahrscheinlich gar nicht in der Beziehung zwischen „online" und „offline", sondern in der Beziehung zwischen dem Konsumenten und dem Shop. Während das Shopping früher meist am Bedarf nach bestimmten Produkten orientiert war, geht es für den Konsumenten heute vielmehr darum, sich nach einer speziellen Rolle umzusehen, welche so ausgefüllt wird, dass sie die eigene Identität ein Stück verändert. Der Verkauf stellt dabei die Bühne zur Verfügung, weshalb wir uns bei einem Discounter daher beispielsweise wie ein archaischer Jäger fühlen können. Viele Shops schaffen daher auch zusätzliche Angebote, um ihre Bühne zu erweitern. So entstehen in Buchgeschäften Cafés, während Cafés mit Bücherecken locken. Ein Lebensmittelhändler entwickelt sich zum Restaurant und ein Sportartikelhändler schafft einen Bereich, worin die Kunden selbst sportlich aktiv sein können, um die Produkte vor Ort zu testen (vgl. Jensen 2013, S. 84). Immer mehr Angebote werden also geschaffen, die sich auch daran orientieren, dass die Kunden an Narrationen anknüpfen und Rollen spielen können. Die Annahme besteht dabei darin, dass die Bedürfnisse der Kunden emotionaler und nicht vorwiegend praktischer Natur sind.

Das Inszenatorische ist daher längst kein dekoratives Element der Warenwelt und weit mehr als ein beliebiges Kommunikationsinstrument. Es fungiert als Supplement, als Ersatz und gleichzeitig Ergänzung der Warenwelt und überhaupt allen Eigentlichen. Das Eigentliche, und in diesem Sog auch das Informelle, werden allerdings vielerorts an den Rand der Inszenierung gedrängt. Auch jenseits jener Events, die dem Verkauf und dem Vertrieb von Produkten und Dienstleistungen dienen, lässt sich ersehen, dass in der Inszenierung das Formelle gegenüber dem Informellen die Oberhand gewinnt.

Ein gutes Beispiel dafür sind die Aufführungen der irischen Formation Riverdance, die sich ursprünglich am Folkloristischen orientierte und dessen Fortentwicklung sich heute darauf fokussiert, dass die Kostüme, das Bühnenbild, die Effekte etc. immer aufwendiger und bombastischer gestaltet werden. Das ursprüngliche Motiv und somit das Spielerisch-Improvisatorische bzw. die Abwandlung von Tanzschritten aus einer spontanen Interaktion heraus ist mehr oder weniger nebensächlich geworden. Die Sehnsucht nach dem Informellen, dem Jammen, dem Experimentieren und Erproben ist bei den Menschen jedoch erhalten geblieben, weshalb sich diesbezüglich auch ein Gegentrend etabliert hat – mitunter auch, um dabei ein Könnertum zu demonstrieren und diese Fähigkeiten mit anderen zu teilen.

7 Die Switcher

Mit dieser Gegenbewegung korrespondiert auch die Verhaltensweise des Switchens bei den Konsumenten. Zuletzt konnten sich vor allem jene Produkte und Dienstleistungen am Markt durchsetzen, die den Konsumenten eine spontane Änderung ihrer Nutzung erlauben. Es geht dabei darum, dass verschiedene Optionen vorhanden sind, selbst wenn diese auch nie vollkommen ausgeschöpft werden. Gefragt sind also nicht unbedingt solche Produkte, die in unterschiedlichen Variationen angeboten werden, sondern jene, die sämtliche mögliche Nutzungen bereits in sich vereint haben, so dass Konsumenten spontan von einem Modus in den anderen „switchen" können. Beispielhaft dafür ist das SUV in der Automobilbranche oder das Loft mit seinen offenen Grundrissen im Bereich des Wohnens.

Hinsichtlich der Freizeitgestaltung sind daher zunehmend solche Angebote gefragt, die ebenfalls spontanes „Switchen" erlauben. Hier sind beispielsweise Kreuzfahrten zu nennen, aber auch das Wandern, wo ich mich gemeinsam mit anderen einmal auf die Natur und dann wieder auf ein Gespräch konzentrieren kann. Das Kinocenter, das Jazzkonzert und der Kabarettabend sind ebenfalls solche Angebote, wie auch jene, die dem Bereich der Renaissance urbaner Salonkultur zugehörig sind. Der Salon eröffnet den Menschen die Möglichkeit, etwas einfach nur passiv zu rezipieren, selbst als Akteur aufzutreten oder mit anderen über ein Werk zu diskutieren.

8 Der Weg zur Improvisation

Durch derartige Veränderungen rückt auch der Aspekt des Improvisatorischen stärker in den Vordergrund, wenn es um die Gestaltung von Events geht. Um die Idee der Improvisation noch besser zu verstehen, bietet sich die Musik als Analogie zu Prozessen der Organisation und Planung in der Eventbranche an. Auf der einen Seite sehen wir die bürokratische Organisation, die allgemein wie ein Sinfonieorchester funktioniert. Auf der anderen Seite existiert die Vorstellung einer Jazzband, die gänzlich auf Improvisation beruht. Der Wirtschaftswissenschaftler Frank J. Barret hat als begeisterter Jazzvirtuose mittlerweile sehr viel zur Erforschung dieser Verbindung zwischen Kreativität und Improvisation in solchen so genannten Jazz-Organisationen (vgl. Barrett, 1998) beigetragen und stützt sich dabei auch auf Karl Weick, der einen Prototyp für eine Organisation vorschlägt, die einer Jazzband gleichkommt. In seinen Augen agieren Jazzmusiker wie solche charismatischen Menschen, die ständig neue Antworten „erfinden" – ohne einen nachvollziehbaren Plan oder die Gewissheit von Erfolg zu haben. Sie entdecken jedes Mal aufs Neue, dass sich die künftige Tragfähigkeit ihrer Handlungen einzig und alleine dadurch erweist, dass sie stattfinden und ihnen die Möglichkeit geben, sich zu entfalten. (vgl. Barret 1998, S. 6).

Crossan und seine Kollegen erklären dieses Phänomen damit, dass die Vorgänge in unserer Umwelt in ihrer zunehmenden Dynamik zwar nicht voraussagbar, aber (vgl. Crossan et al. 1996) zu einem gewissen Grad dennoch für unser Verständnis „einsehbar" sind. Sie beziehen sich dabei auf die Chaostheorie, die besagt, dass noch bessere Kenntnisse von komplizierten, dynamischen Systemen bis zu einem bestimmten Punkt wenig hilfreich sind, um unsere Fähigkeit dahingehend zu verbessern, dass wir auch den Horizont der Voraussagbarkeit jener Systeme erweitern können (vergl. Crossan et al. 1996, S. 21). In solchen Systemen ist langfristige Vorhersage, wie wir sie beispielsweise oft aus der Marktforschung beziehen, so gut wie nutzlos. Improvisation ist daher als ein Instrument zu sehen, um mit dieser Unklarheit nicht nur fertig zu werden, sondern daraus eventuell sogar gezielt Vorteile zu beziehen. So kennen die Chinesen beispielsweise das Stratagem „Das Wasser trüben, um die Fische zu fangen".

Bei der Annäherung an das Phänomen der Improvisation werden wir leicht verleitet, diese als eine einfache Aufgabe zu verstehen. Jedoch ist selbst Improvisation ohne eine gewisse Vorbereitung und ein Training nicht erfolgreich. Wenn wir uns wieder der Metapher des Sinfonie-Orchesters zuwenden, dann würde dies bedeuten, dass die Jazz-Improvisation ohne Übung und ohne irgendeine Vorbereitung lediglich Geräusche erzeugen würde.

Wann arbeitet Improvisation also nun am besten? Bis jetzt haben wir erfahren, dass Improvisation besonders dann nützlich ist, wenn der Grad der Unklarheit hoch ist. Auch Crossan et. al (vgl. Crossan et al. 1996) schließen sich dem an und meinen, dass wir angesichts unklarer Prognosen zu improvisieren lernen sollten. Auch in jenen Situationen, in denen es gilt, neue Optionen zu erforschen, ist Improvisation ein nützliches Werkzeug, weil es – wie beim Improvisationstheater oder der improvisierten Jazz-Session – das Publikum bzw. den Kunden mit einbezieht.

9 Resümee: Events als komplexe Designaufgabe

All diese Veränderungen und damit einhergehenden Herausforderungen machen die Konzeption und Inszenierung eines Events nicht unbedingt einfacher, da es immer mehr Anknüpfungspunkte zu verschiedenen Gestaltungsprinzipien und medialen Dimensionen gibt und auch Anforderungen an die Nachhaltigkeit, wie etwa bei einem Green Event, bestehen. Zudem liegt die Aufgabe darin, sich wirklich auf das Erleben zu konzentrieren und dabei auch ganz gezielt mit Erwartungen zu brechen. Im Sinne der Situationisten ginge es dabei beispielsweise darum, *disruptive images* bzw. ungewöhnliche Bilder und Narrationen zu kreieren oder gewöhnliche Bilder und Narrationen zu dekonstruieren, sie beispielsweise zu überzeichnen und zu verfremden.

Auch die Nutzung von Kommunikations-Tools könnte nicht bloß rein deskriptiv oder in der gewohnten Weise, sondern in einem anderen Kontext oder mit einem anderen Content erfolgen. Darüber hinaus gilt es den Methodenbaukasten zu erweitern. Denn es ist widersinnig, einerseits „unbeschreibliche" Momente und Erlebnisse schaffen zu wollen und dann davon auszugehen, dass man diese mit einem standardisierten Fragebogen evaluieren könne.

Oft geht es bei Events aber auch nur darum, zwischen unterschiedlichen Aktivitäten zu modulieren und richtig auf das Bedürfnis des „Switchens" einzugehen. Diese Arbeit an den unterschiedlichen gestalterischen Schnittstellen ist durchaus mit einer komplexen Designaufgabe zu vergleichen und wird künftig auch verstärkt mit iterativen Methoden wie etwa dem Design Thinking durchdrungen werden. Auch die Auseinandersetzung mit Prozessen der Selbstorganisation, wie etwa bei einem Nicht-Event wie dem Barcamp, wird noch einen höheren Stellenwert erlangen.

Literaturverzeichnis

BARRET, J. F. (2012): Yes to the mess. Surprising leadership lessons from jazz, Boston 2012.

BILTON, C. (2007): Management and creativity. From creative industries to creative management, Malden, Oxford, Carlton 2007.

CROSSAN, M. M.; LANE, H. W.; WHITE, R. E.; KLUS, L. (1996): The improvising organization: Where planning meets opportunity, in: Organizational Dynamics, Oxford 1996, pp.25-35.

DEBORD, G. (1978): Die Gesellschaft des Spektakels, Hamburg 1978.

DUSCHLBAUER, T. (2015): Das Urbane als Schein und Wirklichkeit, in Xing Magazin, Wien 2015, S. 49-52.

FEUERBACH, L.: Das Wesen der Religion – Kapitel 3, online verfügbar unter: http://gutenberg.spiegel.de/buch/das-wesen-der-religion-3456/3

FRIESINGER, G.; GRENZFURTHNER, J.; SCHNEIDER, F. A. (2013): How to mess with art, media, law and the market, Wien 2013.

JENSEN, R.; AALTONEN, M. (2013): The Renaissance society, New York 2013.

RITZER, G. (2001): Explorations in the sociology of consumption. Fast food, credit cards and casinos, London 2001.

WITTGENSTEIN, L. (1953): Philosophical investigations, Oxford 1953.

Thorsten Rietbrock
Digitalisierung in der Live-Kommunikation

1 Einleitung

2 Dialog und Information

3 Smarte Gebäude

4 Emotionen versenden

5 Zeit überwinden

6 Erweiterung der Realität

7 Chancen und Herausforderungen

Digitalisierung in der Live-Kommunikation 243

1 Einleitung

Die Digitalisierung ist kein Zustand, der irgendwann erreicht ist. Man kann nicht sagen: jetzt ist die Kommunikation digitalisiert. Das würde den Begriff zu eng fassen und der Bedeutung absolut nicht gerecht werden. Die Digitalisierung ist vielmehr ein Prozess, der immer weiter fortschreitet. Und wie jeder bedeutungsvolle Prozess muss sie genutzt aber auch zwingend begleitet werden. Man kann sich der Digitalisierung nicht entziehen. Sie ist kein Trend, der weder demnächst noch irgendwann einmal aus der Mode kommt. Nicht umsonst spricht man von der dritten industriellen Revolution.

Eine Revolution als grundlegender Wandel eines bestehenden Systems tangiert nicht nur einen einzelnen, sondern nahezu alle Bereiche des privaten und öffentlichen Lebens. Die Grenzen sind dabei noch gar nicht abzusehen – so es denn überhaupt welche gibt. Betrachten wir als Kommunikationsexperten aber die Digitalisierung, so kommen wir beim Beantworten der Frage nach dem wesentlichen Merkmal derselben mit Sicherheit nicht daran vorbei, das Wort Dialog in den Mund zu nehmen. Eine individualisierte Ansprache wird zunehmend vom Konsumenten eingefordert und ist schon lange wichtiger Teil eines positiven Images für Unternehmen.

Übersetzt auf die Live-Kommunikation heißt das, dass der Gast eines Events nicht mehr nur Zuschauer sein möchte. Er möchte seiner Interessen und Präferenzen entsprechend nicht nur angesprochen, sondern auch eingebunden werden. Er möchte etwas Einzigartiges und Überraschendes erleben. Etwas, was er noch nie gesehen hat und vielleicht als erster mit seinem eigenen Netzwerk teilen kann. Und genau das stellt die Live-Kommunikation vor eine große Herausforderung. Der Druck, Außergewöhnliches und Neues zu schaffen, steigt stetig an. Durch die extreme soziale Vernetzung ist ein Trend schnell viral und damit global bekannt. Bereits nach wenigen Events hat eine tolle Idee ihren Überraschungseffekt verloren. Auf der anderen Seite ist die technologische Entwicklung noch nie so schnell gewesen wie heute. Um also überraschende Events zu gestalten, muss man sich der ständigen Marktneuheiten bedienen und diese in überraschender Art und Weise in die Eventkonzeption mit einbinden.

2 Dialog und Information

Ein wesentlicher Aspekt während der Weiterentwicklung des Internets zum Web 2.0, der Entwicklung und anschließenden Entdeckung von Blogs, Sozialen Netzwerken, Microblogs etc. durch die große Öffentlichkeit ist die Tatsache, dass es keine geordneten Gruppen von Sendern und Empfängern mehr gibt. Jeder ist beides zugleich. Jeder ist erreich- und ansprechbar, woraus auch schon längst ein Anspruch erwachsen ist. Nicht ansprechbar zu sein wird nicht mehr akzeptiert, weder in der Politik noch in der Wirtschaft. Die alleinige Produktion von Gütern und Dienstleistungen reicht längst nicht mehr aus. Die Kommunikation mit dem Endkunden wird eingefordert und das Ausbleiben derselben bringt einen starken Imageverlust mit sich. Dafür kann eine ordentliche und pfiffige Onlineredaktion positive Wellen schlagen und für gute Presse sorgen. Unternehmen sind nicht länger anonym. Sie bekommen mehr denn je ein Gesicht für den Verbraucher.

Auf der anderen Seite möchte auch der Verbraucher als Individuum verstanden und behandelt werden. Er möchte persönlich Dialog führen, zu seinen Bedingungen. Er möchte individuell angesprochen werden und er weiß, dass die Digitalisierung dazu auch Möglichkeit gibt. Dieses Verlangen nach Individualität schlägt sich ebenso in einem veränderten Wunsch nach Unterhaltung nieder. Der Gast möchte nicht mehr nur Zuschauer, sondern vielmehr Teilnehmer sein. Um das zu erreichen, ist er auf der anderen Seite auch gerne dazu bereit, Informationen über sich preis zu geben.

Der Mensch heute ist überall zu jeder Zeit. Durch sein mobiles Endgerät ist er ständig mit jeder Information und jedem Ort verbunden. Niemand muss mehr „ins Internet gehen", um online zu sein. Wir alle sind ständig live. Dabei nutzen wir unser Smartphone nicht nur zur Kommunikation, sondern speichern darauf auch Informationen über uns, Fotos, Kontakte, fast das gesamte Leben. Das Gerät ist aus dem Privaten kaum mehr wegzudenken. Im beruflichen Umfeld ist das noch nicht so. Während wir oftmals wissen, wo unsere Freunde sind und was sie zu Abend essen, können wir nicht mit Sicherheit sagen, warum unser Kunde der Einladung zur Messe nun gefolgt ist und welche Erwartungshaltung er uns entgegenbringt. Dabei ist die Entwicklung des Dialogs auch hier einfacher denn je. Gerade die Digitalisierung gibt uns dazu alle Möglichkeiten – auch in der Live-Kommunikation.

Setzt man sich den direkten Dialog mit dem Kunden oder Gast zum Ziel, heißt das in erster Konsequenz, dass dieser Dialog von Beginn eines Projektes an stehen muss und nicht abreißen darf. Das wiederum bedeutet, dass bereits die verschickte Einladung aus der Tradition der Einbahnstraßen-Kommunikation herausfallen muss. Der Inhalt darf nicht mehr allgemein gehalten sein und die Zielgruppe darf auch nicht mehr „irgendwie alle" lauten.

Digitalisierung in der Live-Kommunikation

Echte Live-Kommunikation ist heute schneller, vielfältiger und kann ohne viel Aufwand sehr persönlich ablaufen. Aktuelle Software für das Gästemanagement sollte nicht nur maximalen Komfort bei der Registrierung bieten, sondern eben auch eine individualisierte Ansprache. Ausgangspunkt ist die recht simple Frage: „Was willst du bei uns sehen, lieber Gast? Was interessiert dich?" Das mag banal klingen, aber: So beginnt ein Dialog. Man spricht nicht zu den Kunden, man spricht mit den Kunden. Die Einladung wird zum Dialog-Instrument. Das hat den entscheidenden Vorteil, dass ein Anbieter, basierend auf Rückmeldungen, Kundenwünschen und Interessensgebieten zum Beispiel einen wesentlich gezielteren Messeauftritt gestalten kann – und dass er zudem den Gast frühzeitig einbindet, eine Beziehung zu ihm aufbaut. Eine Beziehung, wie sie in Sozialen Netzwerken längst üblich ist und wie sie – allein schon aus der Gewohnheit heraus – erwartet wird. Es ist der Weg, in Kontakt zu bleiben. Heute mindestens so wichtig wie ein spektakulärer Auftritt. Je mehr der Gast dabei im Vorfeld einer Veranstaltung befragt wird und mehr Informationen er über sich preisgibt, desto maßgeschneiderter ist dann auch die Ansprache.

Die Kunst besteht dann darin, den Gast nicht aus den Augen zu verlieren. Weder vorher, noch hinterher, und vor allem nicht während der Veranstaltung. Ein Scannen einer Einlasskarte, eines Bar- oder QF-Codes ist nicht mehr nötig, wenn man die Einladung mittels RFID für ein verstecktes System lesbar macht. Diese Einladungskarte könnte natürlich auch eine Fliege sein, wenn der Dresscode „Black Tie" vorgibt. Oder ein ferngesteuertes Leuchtarmband für das große Gemeinschaftsgefühl. Anschließend kann dem Gast beispielsweise der Weg gewiesen werden, und er erhält Zugang zu exklusiven Eventbereichen. Sensoren dienen dabei nicht nur als Eintrittskarten, sie erlauben auch eine Kontaktaufnahme der Gäste untereinander, das so genannte Matchmaking und damit die Möglichkeit, ein Get-Together zu organisieren und die aus Unternehmenssicht richtigen Menschen zusammenzubringen.

3 Smarte Gebäude

Doch nicht nur die Gäste, auch die Räume kommunizieren. Einst gab es in einem Raum nur einen Lichtschalter, um einen Raum hell zu machen. Heute kann man ohne weiteres Gebäude „intelligent" machen. Beacons bieten eine weit umfangreichere „Erhellung" eines Raumes. Sie sorgen dafür, dass der Raum auf den Gast reagiert. Beacons sind kleine Sendemodule, die an verschiedenen Stellen im Raum installiert sind und über Bluetooth und Nearfield Communication miteinander kommunizieren. Ist auf dem Smartphone die entsprechende App geladen, können dem Gast gezielt Informationen auf seinem Display anzeigt werden – ganz ohne GPS oder WLAN-Verbindung. Die Position des Gastes wird bestimmt durch die Anzahl und Position der Beacons, die ihn erreichen. Erweitert man nun dieses Netz durch einen eigenen Speicher und Medien, können auf das Smartphone des Besuchers Medien und Informationen gespielt werden. Dieses System ermöglicht die genaue Zuordnung einer bestimmten Information oder Aktion zu einem bestimmten Ort. Gleichzeitig ist der Hardwareeinsatz überschaubar und auch der benötigte Platz kann wesentlich besser genutzt werden. Ein virtuelles Ausstellungsfahrzeug ist nun einmal für die Planung von Rettungs- und Fluchtwege nicht von Belang.

Wenn der Dialog mit dem Gast an dieser Stelle bereits eingeleitet ist, können dieser Zuordnung noch weitere Merkmale hinzugefügt werden, wie zum Beispiel persönliche Interessen. Liegen die individuellen Schwerpunkte auf neuer Motorentechnologie beispielsweise, kann der Raum darauf reagieren und auf den Displays des Exponats die entsprechenden Medien gezeigt werden. Auch hier hilft aktuelle Software, exakt diese Inhalte präzise und kundengerecht zu steuern. Sie erkennt, wer kommt und was ihn interessiert – und das bei Einhaltung höchster Datenschutzstandards.

Auf der anderen Seite ist der Einsatz digitaler Wegeleitungssysteme natürlich auch ein Quelle an nützlichen Informationen für den Veranstalter. Besucherströme, Verweildauer vor verschiedenen Exponaten, Abspieldauer der Medien etc. werden zu jeder Zeit erfasst und können ausgewertet werden – entweder live vor Ort oder im Nachhinein zur Evaluation der Veranstaltung. Gleichzeitig können die individualisierten Inhalte dazu genutzt werden, die Verweildauer an bestimmten Punkten im Raum oder auf dem Gelände zu erhöhen. Wenn ich weiß, dass die Wartezeit in Halle 9 derzeit 30 Minuten beträgt, lasse ich mir in Halle 8 noch ein wenig mehr Zeit.

4 Emotionen versenden

Eines hat sich durch die Digitalisierung nicht geändert: der Wunsch, etwas zu erleben, ist Motor der Live-Kommunikation. Bewegende Momente, Spannung, große Emotionen sind das, was Kunden und Gäste von Events erwarten. Und das tolle Bild. Denn – und das darf nicht vergessen und muss als Chance verstanden werden – noch mehr denn je ist ein Kunde und Gast auch Multiplikator. Durch die sozialen Netzwerke sogar mit einer Reichweite, die schnell einer Werbekampagne mit mittelgroßem Budget gleicht – vor allem dann, wenn etwas schief läuft. Das Außergewöhnliche reißt mit und das persönliche Erleben ist einmalig. Bei der „Farbenspiel"-Tour von Schlagerstar

Helene Fischer konnten die Besucher beispielsweise eine App herunter laden, die mit Signalen synchron zur Musik gesteuert wurde. Sie mussten dann nur ihre Handys hoch halten und wurden so ein Teil der Bühnen-Lightshow. Coldplay verblüffte durch den Einsatz von Xylobands zu ihren Konzerten. Das ist ein entscheidender Aspekt der Digitalisierung: Sie ermöglicht dem Nutzer, Teil von etwas zu werden, eingebunden zu sein, emotional berührt zu sein. Und an diesem Punkt muss dem Besucher die Möglichkeit gegeben werden, sich mitzuteilen. Am besten genau zu dem Zeitpunkt, wo er noch berauscht ist vom Erlebten. Dann entstehen die News nicht erst im Nachhinein, sondern zeitgleich zur Veranstaltung und das gemeinsame Erleben wird über den Veranstaltungsort hinausgetragen.

Als Veranstalter kann man das auch aktiv betreiben. Die Digitalisierung ermöglicht es, die Dimension Raum aufzubrechen und die Grenze der Eventlocation zu überwinden. Mittels VR-Technologie können Menschen, die sich an einem völlig anderen Ort befinden, virtuell an der Veranstaltung teilhaben. Damit wird das Konzert auch zu Hause zum Erlebnis im Gegensatz zu einer Sendung. Man wird Teil des Publikums und sitzt nicht nur als Zuschauer vorm TV. Man blickt nach rechts und sieht die Dame oder den Herrn neben sich, man schaut nach hinten in die Scheinwerfer und vor einem findet das Spektakel statt. Man ist live dabei und fühlt sich vor Ort, ebenfalls als Teil des Ganzen.

Aber auch die Gegebenheiten der Location an sich können selbst verändert werden. Mittels Mediatektur kann man einen Raum vor den Augen der Gäste verändern. Durch die geschickte Ansteuerung eines Verbundes aus Projektoren ist es möglich, jeden Raum zur aktiven Kulisse werden zu lassen. Da wird vor den Augen der Besucher die Fassade eines Denkmals durch den in der Show entfesselten Drachen eingerissen, oder der Bühnenrücksetzer wird auf verschiedenen Ebenen zur Darstellung begleitender Informationen zum Vortrag genutzt und wird so zum überdimensionalen Screen.

5 Zeit überwinden

Zeit ist eine weitere Grenze, die durch Digitalisierung aufgebrochen wird. Zum einen können Besucher durch das Bereitstellen einer ordentlich produzierten Event-Dokumentation im Netz zu jeder Zeit wieder an der Veranstaltung teilnehmen. Neue Technologien ermöglichen aber auch, längst vergangene Persönlichkeiten aus vergangenen Tagen auferstehen zu lassen, auf die Bühne zu holen und mit dem Moderator oder dem Publikum zu interagieren – als volumetrisches Display oder auch Hologramm. Der heutige Stand der Technik macht es möglich, einem echten Gesicht die eigenen Worte live in den Mund zu legen. Auf der einen Seite eine beängstigende Vorstellung aber dennoch längst Realität. Die Interaktion mit lebensgroßen Hologrammen auf der Showbühne ist spätestens seit dem Auftritt von Tupac mit Snoop Dogg auf dem Coachella Festival im Jahre 2012 bekannt – immerhin 16 Jahre nach dessen Tod. Möglich macht das eine lebensechte Animation und eine hochwertige Präsentation die sich in einer extrem dünnen Folie spiegelt. Der Rest passiert im Kopf des Publikums.

Und gerade jetzt gibt es bereits die ersten Hologramme, die nicht mittels Spiegelung auf transparenten Flächen erzeugt werden, sondern tatsächlich durch Brechung von Licht im elektrisch aufgeladenen Feld.

6   Erweiterung der Realität

Während das Farbenspiel auf dem eigenen Handy die Besucher des Konzertes von Helene Fischer emotional ansprach und sie Teil eines großen Ganzen werden ließ, kann die so genannte Second Screen Anwendung natürlich auch dazu genutzt werden, ganz individuelle Informationen zu einem laufenden Vortrag anzubieten. So kann der Gast tiefer in eine Materie eintauchen, als der Nachbar neben ihm. Auch hier gilt: ist der Dialog bereits in Gang gesetzt und der Interessenschwerpunkt bekannt, kann die Zuordnung der Inhalte vom System übernommen werden. Oder vom Regisseur der Veranstaltung selbst, der die Inhalte des Second Screen mit dem First Screen abstimmt und so auch wieder Einfluss auf das Erleben der Besucher nehmen kann.

Das Prinzip des Second Screen ist auch auf die Realität anwendbar. Augmented Reality Applikationen verknüpfen beispielsweise klassische Werbung mit einer weiteren Ebene. So beginnt das Großflächenplakat der Politikerin beim Abfilmen mit dem Handy persönlich zum Betrachter zu sprechen. Oder das abgefilmte Fahrzeug wird in Teilen transparent und legt auf dem Bildschirm seine innersten Teile frei, beginnt zu fahren oder aber der Entwickler selbst nimmt mich mit auf eine Entdeckungstour. Jede Katalogseite oder Postkarte wird damit zum Tor in eine weitere Welt voller Entdeckungen und weiterer Informationen für den Verbraucher. Andererseits kann dieser aber auch mittels App live sein Wohnzimmer umgestalten oder sich die Speisekarte im Urlaubsort ohne Verzögerung in seine Sprache übersetzen. Ein Blick durch die App in ein Wohnviertel zeigt, welche Wohnung im Haus noch zu welchen Konditionen zu haben ist. Die Möglichkeiten sind schier unendlich.

Digitaliserung in der Live-Kommunikation 249

7 Chancen und Herausforderungen

Digitalisierung in der Live-Kommunikation bietet die Chance, Technologie und Daten miteinander zu verknüpfen, um ein persönlicheres Erlebnis beim Gast zu erzeugen. Das Maß nehmen passiert dabei im Vorfeld der Veranstaltung. Um auch tatsächlich verschiedene Interessen bedienen zu können, müssen die Medien auf so genannte Personae abgestimmt und anschließend erstellt werden. Es geht darum, vom Besucher her zu denken und die verschiedenen Zielgruppen in Prototypen einzuteilen. Die haben jeweils ihre eigenen Interessen, stammen aus einer Altersgruppe und üben vielleicht auch einen typischen Beruf aus. Je feiner dabei die einzelne Persona definiert wird, desto individueller ist am Ende das Empfinden des Besuchers.

Die Gesellschaft hat sich durch die Digitalisierung stark verändert. Durch soziale Vernetzung findet ein jeder leicht Gleichgesinnte oder Gleichinteressierte und fühlt sich damit als Teil einer Gruppe, die wahrgenommen werden muss. Er fordert Berücksichtigung. Während es früher nur einige wenige, dafür große Gruppen gab, sind sie in der heutigen Zeit wesentlich vielfältiger und spezialisierter.

Zwar prasseln auf den einzelnen immer mehr Informationen in immer kürzeren Abständen ein, dennoch hat der einzelne auch gelernt, für sich zu filtern. Durch das Umgeben mit Gleichgesinnten ist es dabei schwer, von außen neue Impulse zu setzen. Die Herausforderungen für die Live-Kommunikation sind vielfältig, aber die Lösungen ebenso. Denn die Spezialisierung von Gruppen ist genau das, was individuelle Ansprache erst ermöglicht. Die Verfügbarkeit von Informationen über die Interessen der Verbraucher wächst in gleichem Maße wie der Wunsch der Verbraucher nach Individualität. Durch die Möglichkeit des persönlichen Kontakts und das öffentliche Kundtun der eigenen Meinung durch den Kunden sind Trends in der Wahrnehmung des eigenen Unternehmens quasi in Echtzeit möglich. Die Live-Berichterstattung über die eigne Veranstaltung findet längst nicht mehr nur durch gesteuerte Kanäle statt, sondern geschieht durch die Besucher selbst, was die Glaubwürdigkeit und Authentizität der Beiträge um ein vielfaches erhöht.

Individuell und emotional sind dabei die beiden Schlüsselbegriffe zum Erfolg, neueste Technik bietet das Werkzeug dazu. Und auch hier gilt, es geht immer schneller. Der erste zu sein, ist wichtig, denn gerade durch die Vernetzung in den sozialen Kanälen werden Trends schnell weitergetragen. Nur als einer der Ersten, kann man sicher sein,

Aufmerksamkeit zu erregen. Am Ende geht es nach wie vor darum, dass der Besucher seinem Netzwerk sagen kann: „Großartig. So etwas habe ich noch nie gesehen."

Dirk Hagen, Stefan Luppold
Matchmaking:
Steuerungsinstrument für Interaktion und Netzwerkbildung –
Ansatz zur Incentivierung und Emotionalisierung

1 Abstract

2 Events und Meeting-Formate als heterogenes Untersuchungsfeld

    2.1 Meetings als Orte temporärer Cluster und Face-to-Face-Interaktion

    2.2 Netzwerke und Organisationsforschung

3 Fehlende soziale Interaktion als Problemfeld

4 Technologischer Wandel und Matchmaking

    4.1 Technologischer Wandel als Treiber für die Meeting-Industry

    4.2 Matchmaking als innovatives Steuerungsinstrument

5 Vom online-basierten Matching zum Erlebnis- und Incentive-Charakter

6 Conclusio und Ausblick

Literaturverzeichnis

1 Abstract

Die verschiedenen Tagungsformate in der Meeting Industry wie Kongresse, Konferenzen, Gipfel etc. bieten den Teilnehmern durch Vorträge, Keynotes, Diskussionsrunden o. Ä. einen wichtigen Beitrag zur Wissensvermittlung bzw. zum Wissenstransfer. Diese Meetings stellen Zusammenkünfte dar, sind aber auch gleichzeitig Orte für soziale Interaktion und Kontaktbildung. Meetings können in einer wirtschaftsgeographischen Perspektive als temporäre Cluster verstanden werden und sind Orte der „schwachen Verbindungen" (weak ties), damit sind sporadische, nur selten stattfindende Kontakte gemeint. In der netzwerktheoretischen Sichtweise können sich daraus innovations- und produktivitätsfördernde Impulse – und letztendlich Netzwerke entwickeln. „Matchmaking" bzw. „Matching", das Abgleichen von komplementärem Wissen bzw. vergleichbaren Interessen von Teilnehmern, steuert gezielt Kontakte – bis hin zur Vermittlung und Terminierung von „Vier-Augen-Gesprächen". Matching-Verfahren können dabei aus einem organisatorisch-ökonomisch orientierten Blickwinkel gesehen werden, da sie z. B. zur Unterstützung der Geschäftsanbahnung mit beteiligten Lösungsanbietern bzw. Sponsoren dienen. Sie unterstützen aber auch die Vernetzung zwischen den Teilnehmern bzw. Stakeholdern. Mit einem auf der Grundlage von komplexen Themen- und Fragebögen durchgeführten Matching entstehen zudem neue Qualitäten. Im Kontext hybrider Events und mit Blick auf das Substitutionspotenzial von virtuellen Veranstaltungen wird möglicherweise die persönliche Begegnung der Teilnehmer das wesentliche Argument für ein reales Treffen und stellt gleichzeitig auch die incentive Belohnung für den zeitlichen und finanziellen Aufwand dar.

2 Events und Meeting-Formate als heterogenes Untersuchungsfeld

Events in unterschiedlichsten Ausprägungen können als äußerst heterogenes Phänomen angesehen werden, genauso wie die Eventforschung eine bemerkenswerte Heterogenität in möglichen Forschungsansätzen aufweist (vgl. Getz/Page 2016; Drengner/Köhler 2013; Zanger 2010). Vom Festival über die Tagungswirtschaft, von Sport-Events bis hin zu Mega-Events wie die Kulturhauptstadt Europas; Letztere wird dann auch schon in Verbindung mit städtebaulichen Entwicklungen und den Creative Industries gebracht (vgl. Hagen 2009; Hitzler et al. 2013, S. 110ff.). Genauso wie die verschiedenen Event-Bereiche ist auch die Tagungswirtschaft durch unterschiedliche Ausprägungen bzw. „Brandings" geprägt, vom Kongress über die Konferenz bis hin zum Summit, kann aber mit dem Begriff „Meeting" zusammengefasst werden, mit der Gemeinsamkeit einer geplanten, organisierten, temporären Zusammenkunft verschiedener Teilnehmer bzw. Stakeholder, einschließlich von Sponsoren oder Ausstellern. Meeting-Themen sind zwar vorwiegend in ökonomischen Feldern zu finden, aber auch medizinische/pharmazeutische, politische oder verbandsorientierte Zusammenkünfte werden hier miteingeschlossen (vgl. zu Veranstaltungsformaten u. a. Bühnert 2013). Entscheidend ist dabei die Sichtweise, dass auf der einen Seite Informationsgewinnung bzw. -vermittlung als zentrales Element solcher von einigen Stunden bis mehrere Tagen dauernden Meetings zu sehen ist, auf der anderen Seite soziale Kontakte entscheidend für die Branche sind (vgl. Zenk/Smuc/Windhager 2014). Dabei beschränkt sich diese Abhandlung auf Meetings bzw. "Business-Events" mit Tagungscharakter wie der praxisnahe, wissenschaftliche Ansatz sich vorwiegend auf Disziplinen wie Organisation bzw. ökonomische und wirtschaftsgeographische Felder konzentriert.

2.1 Meetings als Orte temporärer Cluster und Face-to-Face-Interaktion

In der einschlägigen wirtschaftsgeographischen Diskussion erlangten in den letzten Jahren gerade internationale Messen eine zunehmende Aufmerksamkeit (vgl. Bathelt/Golfetto/Rinallo 2014; Maskell/Bathelt/Malmberg 2004); zuletzt aber sind auch Konferenzen, Kongresse oder Summits im Sinne von B-to-B-Meetings verstärkt in den einschlägigen wissenschaftlichen Fokus gerückt (vgl. Henn/Bathelt 2015; Lange/Power/Suwala 2014). Gemeinsam ist hier in der wirtschaftsgeographischen Sichtweise, dass solche Zusammenkünfte als „temporäre Cluster" verstanden werden können (vgl. Maskell/Bathelt/Malmberg 2004). Solche Business-Events können als eine Kumulation von verschiedenen Akteuren aus Industrie, Dienstleistung, Verbänden oder Politik gesehen werden, wo Wissen vermittelt und ausgetauscht wird, wo es zu Projektkollaborationen und zu Geschäftsanbahnungen kommt. Gerade in der Wirtschaftsgeographie wird solchen Projektbildungen eine hohe Relevanz bez. wettbewerbsfähiger Innovationen zugestanden (vgl. Grabher 2004). Entscheidend ist dabei der persönliche Kontakt, der im Rahmen solcher Meetings entsteht, die als sogenannte Face-to-Face-Kontakte bezeichnet werden (vgl. Storper/Venables 2004). Aufgrund ihrer räumlich und zeitlich verdichteten Struktur und Organisation ermöglichen und forcieren solche Zusammenkünfte derartige Kontakte zwischen den verschiedensten Akteuren und Stakeholdern. Dabei ist es nicht relevant, ob der Meeting-Rahmen national, international oder global ist.

2.2 Netzwerke und Organisationsforschung

Einen Übergang von der wirtschaftsgeographischen Forschung hin zur Organisationsforschung stellen netzwerktheoretische Ansätze dar (für einen Überblick dazu vgl.

Grabher 2006). Netzwerke bzw. die Netzwerkforschung bis hin zur netzwerkorientierten Szeneforschung, die z. B. für die Creative Industries und deren strukturierende Events in den letzten Jahren eine zunehmende Bedeutung erlangt haben (vgl. Hagen 2016, S. 61ff.; Lange 2011). Netzwerke werden dabei vorwiegend als Treiber von wirtschaftlicher Dynamik und Innovationsentwicklung verstanden (vgl. Grabher 2006). Nach dem netzwerktheoretischen Ansatz von Granovetter (1973) weisen dabei sogenannte „weak ties", schwache Beziehungen, im Vergleich zu den „strong ties", den starken Beziehungen, die durch häufige und feste Kontakte geprägt sind, ein hohes Potenzial an innovationsfördernden Impulsen auf. Tagungen, Kongresse, Konferenzen etc. sind dann bevorzugt Orte solch „schwacher", sporadischer Beziehungen. Die Vernetzung bzw. Netzwerkbildung zwischen den verschiedenen Teilnehmern und Stakeholdern weist insgesamt Potenziale für innovative und produktionsfördernde Entwicklungen auf. Business-Events können die Funktion von Brücken zwischen verschiedenen Netzwerken außerhalb des temporären Clusters eines Meetings übernehmen (vgl. Hagen 2017; Zenk/Smuc/Windhager 2014). Die Organisationsforschung beschäftigt sich dabei mit der ganzen Breite von Eventausprägungen (vgl. Lange/Power/Suwala 2014, S. 189ff.), aber auch mit praxisnahen – technisch orientierten – Umsetzungen verbesserter sozialer Interaktion im Rahmen von Meetings (vgl. Zenk/Smuc/Windhager 2014).

3 Fehlende soziale Interaktion als Problemfeld

Entscheidend für den Aufbau von „weak ties" bzw. einer Netzwerkbildung ist, dass es überhaupt zu sozialen Interaktionen zwischen den verschiedenen Teilnehmern bzw. Stakeholdern kommt. Dafür stehen i. d. R. Kaffeepausen, Lunch, Dinner bzw. Gettogether zur Verfügung. Hier können – eher zufällig und unstrukturiert – solche Beziehungen aufgebaut werden. Dabei sind für viele Teilnehmer genau diese Kontakte von hoher Bedeutung für die „erfolgreiche" i. d. R. zeit- und kostenaufwendige Beteiligung an solchen Meetings. Dabei stehen die nach wie vor relevanten Keynotes oder Best-Practise-Präsentationen auch online bzw. als Video zur Verfügung. Die soziale Interaktion hingegen, der Face-to-Face-Kontakt, ist in diesem temporären Cluster aufgrund der zeitlichen Limitierung nur begrenzt in der realen, physisch verorteten Veranstaltung möglich. Der Aufbau neuer Kontakte stellt aber auch für viele der Teilnehmer wiederum ein Problem dar: Hemmnisse wie Hierarchien, Geschlecht, Alter oder das Ansprechen eines Unbekannten, dessen Interessen bzw. Wissen nicht einmal bekannt sind, verhindern oft die Kontaktaufnahme. So stellen Ingram und Morris (2007) in einer empirischen Studie fest, dass es wesentlich leichter fällt, schon bekannte Personen anzusprechen und sich nur der geringere Teil aller Kontakte als neue (schwache) Beziehungen ergeben. Damit werden aber letztendlich die Potenziale dieser Zusammenkünfte der Meeting Industry häufig nur unzureichend genutzt (vgl. Ingram/Morris 2007).

4 Technologischer Wandel und Matchmaking

4.1 Technologischer Wandel als Treiber für die Meeting-Industry

Kongresse, Tagungen, Gipfel etc., Meetings mit politischer, medizinischer, vor allem aber wirtschaftlicher Ausrichtung weisen trotz zeit- und kostenaufwendiger Investitionen eine unverändert hohe Dynamik auf. Insbesondere technologische Innovationen (Stichwort Digitalisierung) führen dazu, dass Unternehmen und Institutionen im Rahmen dieser Transformation ständig einen kontinuierlichen Bedarf an Wissensvermittlung aufweisen. Technische Innovationen in nahezu allen sozioökonomischen Bereichen sind damit letztendlich Treiber der Meeting-Branche, weil sie diesbezüglich einen vorhandenen Informationsbedarf stillen; der technologische, digitale Wandel verändert Meetings und Business-Events aber auch selbst. Matchmaking geht mit diesem technologischen Wandel einher, verändert bzw. entwickelt neue Strukturen und Potenziale, z. B. dadurch, dass Qualität und Handhabung von onlinebasierten Matchmaking-Assistenzsystemen weiter gesteigert werden. Trotz der Entwicklung hin zu solchen hybriden Events als eine Art Mischform von physisch-digitalen Veranstaltungen (vgl. Dams/Luppold 2016, S. 1) bleibt aber der persönliche Austausch, die soziale Interaktion, weiterhin Element menschlichen Handelns. Insbesondere dann, wenn dabei durch – technologisch unterstützte – Steuerung Projektkollaborationen, Geschäftsanbahnungen und der Aufbau von Netzwerken entstehen (vgl. Hagen 2017; Luppold 2011).

4.2 Matchmaking als innovatives Steuerungsinstrument

Obwohl mit dem sogenannten Matchmaking Möglichkeiten zur Verfügung stehen, die sich in den letzten 10 bis 15 Jahren kontinuierlich mit unterschiedlichen Qualitätsansprüchen auch im deutschsprachigen Raum weiterentwickelt haben, setzt sich eine einheitliche Form der Anwendung erst langsam durch. Zwar kann der Begriff „Matchmaking" im wissenschaftlichen Kontext völlig unterschiedlich definiert werden, ist aber für die Meeting Industry am ehesten mit den Matching-Systemen der Partnervermittlung zu vergleichen (vgl. Hagen 2017; Luppold 2016): Ziel ist es, einen Abgleich zwischen inhaltlichen Interessen und Themen von Teilnehmern zu generieren und auf dieser Grundlage ein zumeist passendes Zusammenführen von Personen zu ermöglichen. Im Kontext der Organisationsforschung wurden so zuletzt z. B. technologische Ansätze wie ein „Event Explorer" vorangetrieben (vgl. Zenk/Smuc/Windhager 2014, S. 223ff.), wobei hier hinsichtlich inhaltlicher Information bzw. Interessensabgleich z. T. noch eine fehlende Tiefe erkennbar ist. Ausgehend von einem „Matchen" und dem darauf folgenden „Terminieren", d. h. einem Zusammenführen von Teilnehmern auf der einen Seite und Lösungsanbietern, Beratern auf der anderen Seite durch „Vier-Augen-Gespräche" bzw. „One-to-One Meetings" während eines Kongresses, hat sich eine gerade auf Basis software- und onlinebasierter Systeme aufwendige Steuerung der Meetings entwickelt. Obwohl es im deutschsprachigen Raum eine Reihe von Unternehmen in der Meeting Industry bzw. im Bereich der Messewirtschaft gibt, die solche Matchmaking-Verfahren anwenden bzw. anbieten, bleiben aber inhaltlich tief gehende Anwendungsformen immer noch eine Ausnahme bzw. werden kaum in der Öffentlichkeit kommuniziert.[1] So werden als Informations- und Interessenssammlung bez. der Teilnehmer nicht einige wenige Stichworte abgefragt, sondern im Vorfeld der Veranstaltungen mehrseitige, fach- und themenorientierte Frage- bzw. Informationsbögen ausgefüllt, die z. B. in Form von Priorisierungen online in nur wenigen Minuten bearbeitet werden können. Direkte gesteuerte One-to-One-Meetings im Rahmen der Tagungen können online priorisiert werden; letztendlich wird über das softwaregestützte Matching eine Terminierung mit Raumangabe in hochgradig effizienter Ausnutzung der temporären Zusammenkunft entwickelt. Damit entstehen für die Teilnehmer individuelle Agenden bzw. Programmabläufe, z. B. im dreistelligen Bereich, die noch kurzfristig vor dem Meeting angepasst werden können (vgl. Project Networks GmbH 2016).

5 Vom online-basierten Matching zum Erlebnis- und Incentive-Charakter

Als wichtigsten Grund für die Teilnahme an realen Events hören wir zunehmend: Die Erweiterung des eigenen Netzwerks, den Auf- und Ausbau von Kontakten und die Zusammenkunft mit existierenden „Buddies" zur Pflege bestehender Verbindungen. Content im Sinne von Lernen, Wissen etc. spielt dabei eine nachrangige Rolle, da dies

---

[1] Eine anschauliche Durchführungsbeschreibung eines qualitativ aufwendigen Matchmakingverfahrens findet sich bei dem Veranstalter Project Networks GmbH (vgl. Project Networks GmbH 2016).

über andere Kanäle konsumiert und zur besten und angenehmsten Zeit verarbeitet werden kann, sich unter Umständen im Livestream verfolgen lässt oder in der Mediathek durch einen kurzen Klick nach-gehört bzw. nach-gesehen werden kann. On Demand, dorthin entwickeln sich Medien gleichwohl. Was bleibt ist die Begegnung „Face-to-Face", deren Outcome incentivierende Elemente beinhalten muss. Zu verfolgen bereits heute bei vielen Branchen-Veranstaltungen: Edukative Formate reichen häufig alleine nicht mehr aus. Und: Hohe Teilnahmezahlen dort, wo man sich trifft. Kongresse, Tagungen und Konferenzen im Meet-and-Greet-, im Wiedersehens- oder Kennenlernen-Style. Dass diese Aussage belastbar ist, zeigen die Konzepte neuer Veranstaltungs-Stätten, ob kommunale Kongresszentren oder Locations von Unternehmen und Verbänden, mit mehr räumlicher Flexibilität für Begegnungen und weniger reinem Plenum (vgl. Luppold 2016). Ohnehin ist eines der Szenarien das des kaum besetzten Großen Saales bei gleichzeitig gefüllten Foyers; mit Teilnehmern, die das Geschehen auf der Bühne via Tablet-PC verfolgen, während sie sich mit Kollegen, Freunden, mit anderen Teilnehmern unterhalten.

Matchmakingverfahren, Steuerung von sozialen Interaktionen, schließt eine Erlebnisorientierung bzw. einen Incentive-Charakter von solchen B-to-B-Meetings aber gerade nicht aus. Neben außergewöhnlichen Locations und exklusiven bzw. erlebnisorientierten Get-togethers kann auch das passgenaue, effiziente Matching zu emotionalisierenden Events führen: Auf Basis von fünf Meetings mit jeweils dreistelligen Teilnehmerzahlen konnten durch teilnehmende Beobachtung, unstrukturierte Ad-hoc-Befragungen sowie qualitative Kurz-Statements, die strukturiert gesammelt wurden, Tendenzen erkennbar gemacht werden. Neben der Wissens- und Informationsvermittlung, die z. B. durch herausragende Keynotes bzw. Workshops entsteht, werden Erfahrungsaustausch und die (gesteuerten) Kontakte bzw. sozialen Interaktionen häufig als „inspirierend" und „motivierend" gewertet. Letztendlich deutet sich an, dass ein erfolgreiches Matchmaking mit incentivierenden, emotionalisierenden Erlebnissen verbunden wird. Empirische Erhebungen bei solchen i. d. R. zwar branchenübergreifenden, aber auch auf Exklusivität abzielenden Meetings bleiben aber schwierig und weiterhin die Ausnahme. Gerade deshalb, weil die Differenzierung zwischen – gesteuerten wie auch ungesteuerten – Face-to-Face-Kontakten im Rahmen der zeitlichen Limitierung in der Praxis nur schwer möglich erscheint.

6 Conclusio und Ausblick

Damit bilden sich zusammenfassend aus der Steuerung von Interaktion durch Matchmaking drei unterschiedliche Qualitäten heraus:

- Der inhaltlich qualitative Informations- und Interessensabgleich führt zur verbesserten, optimierten sozialen Interaktion in verschiedensten thematisch-orientierten Formaten wie Workshops, Round Tables bzw. Vier-Augen-Gespräche, was mit der Entstehung von komplementärem Wissen einhergehen kann.

- Verschiedene Hemmnisse bez. des Aufbaus neuer „schwacher" Verbindungen werden bereits im Vorfeld der Meetings vermindert und damit die Chance auf Netzwerkbildung – im Rahmen des realen Meetings – erhöht.

- Im Sinne der Organisation und Planung werden gerade durch die individualisierten Agenden die Steuerung von Raumkapazitäten und das effiziente Zeitmanagement erleichtert und qualitativ verbessert.

Begegnung in dieser Form ist, Stand heute, nicht substituierbar. Deshalb müssen die Veranstaltungs-Schaffenden, die Event-Gestalter, Konzepte und Inhalte noch mehr auf die sogenannten Zwischenräume ausrichten. „Warum sind unsere Bildungsveranstaltungen so voll mit Programm und so arm an Zwischenraum für Prozesse des Begegnens, der Beziehung, der Reflexion?" fragt Hans-Joachim Gögl (2014) in dem von Michael Gleich herausgegebenen Buch „Der Kongress tanzt". Sein Beitrag heißt sinnigerweise „Das einzige was stört, ist die Zeit vor und nach der Pause".

Um nun diese Zwischen- oder Freiräume sinnvoll zu füllen, können weiterhin die traditionellen Rahmenprogramm-Punkte eingebaut werden. Besser ist es, den Fokus auf das „Matching" zu richten – die Teilnehmer zusammenzubringen, deren Interessen passen, die sich etwas zu sagen haben, deren Profile übereinstimmen. Und das nicht in der Tradition von quantitativen Speed-Dating-Sessions (möglichst viele Kontakte in vorgegebener Zeit), sondern vielmehr mit der Eleganz und Qualität eines „Parship für Events".

Matchen, das Terminieren von Kontakten und das Erstellen individueller Programmabläufe sind Vorschläge, Meeting-Events weisen immer auch eine Eigendynamik auf, wenn zum Beispiel aus einem – ungesteuerten – Kontakt am Kaffeetisch eine

Verabredung für ein späteres Vier-Augen-Gespräch oder einen gemeinsamen Besuch eines interaktiven Workshops spontan entsteht. Damit können sich ungesteuerte und gesteuerte Kontakt- und Vernetzungsoptionen sogar ergänzen. Eine qualitativ höhere Themen- und Fragebogenentwicklung bedeutet auch eine passgenauere Steuerung von Kontakten. Bisher richtet sich das Matchmaking bei Veranstaltungen mit z. B. dreistelligen Besucherzahlen und einem homogenen Teilnehmerfeld noch häufig auf die Lösungsanbieter bzw. Aussteller aus.

Mit dem Konzept des Matchmakings muss sich zweifelsfrei intensiver beschäftigt werden, um die optimalen Ansätze in der Planung von Kongressen, Tagungen und anderen Veranstaltungen zum Einsatz zu bringen. Lernen lässt sich das durch einen Blick auf die hochrangigen Wirtschafts- und Wissenschafts-Konferenzen unserer Zeit, bei denen genau dies im Mittelpunkt steht. Begleitet werden sollte das unbedingt von einer qualitativen Diskussion, die über „Zufall oder Absicht" geführt wird. Effizienz durch gezieltes und ausgewähltes Zusammenbringen ist angesichts knapper Zeit angesagt; die richtigen, passenden Teilnehmer miteinander vernetzen, zusammenführen. Damit stellen derartige Matchingsysteme neue Potenziale für die verschiedensten Formate der Meeting-Branche dar, die innovative, qualitätsverbessernde Prozesse in der Event-Branche vorantreiben können.

Anmerkung: Teile des Beitrages finden sich in der Veröffentlichung „Hagen, Dirk (2017): Matchmaking – Innovative Ansätze zur Steuerung sozialer Interaktion, Netzwerkbildung und Geschäftsanbahnung in der Meetingbranche", die in dem von Claus Bühnert und Stefan Luppold herausgegebenen „Praxishandbuch Kongress-, Tagungs- und Konferenzmanagement", Wiesbaden 2017, erschienen ist.

Literaturverzeichnis

BATHELT, H.; GOLFETTO, H.; RINALLO, D. (2014): Trade shows in the globalizing knowledge economy, Oxford 2014.

BÜHNERT, C. (2013): Veranstaltungsformate, in Dinkel, M.; Luppold, S.; Schröer, C. (Hrsg.): Handbuch Messe-, Kongress- und Eventmanagement, 2013, S. 199-212.

DAMS,C. M.; LUPPOLD, S. (2016): Hybride Events. Zukunft und Herausforderungen für Live-Kommunikation, Wiesbaden 2016.

DRENGNER, J.; KÖHLER, J. (2013): Stand und Perspektiven in der Eventforschung aus Sicht des Marketing, in: Zanger, C. (Hrsg.): Events und Sport, Wiesbaden 2013, S. 89-132.

GETZ, D.; PAGE, S. J. (2016): Event Studies. Theory, research and policy for planned events, 3rd Ed., Milton Park, New York 2016.

GRANOVETTER, M.S. (1973): The strengh of weak ties. American Journal of Sociology, Vol. 78, 1973, No. 6, pp. 1360-1380.

GÖGL, H.-J. (2014): Das einzige was stört, ist die Zeit vor und nach der Pause, in: Gleich, M. (Hrsg.): Der Kongress tanzt, Wiesbaden 2014, S. 45–57.

GRABHER, G. (2004): Learning in projects, remembering in networks? Communality, sociality, and connectivitity in projects ecologies, in: European Urban and Regional Studies, Vol. 11, 2004, No. 2, pp. 103-123.

GRABHER, G. (2006): Trading Routes, Bypasses and Risk Intersections: Mapping the Travels of Networks between Economic Sociology and Economic Geography, in: Progress in Human Geography, Vol 30, 2006, No. 2, pp. 163-189.

HAGEN, D. (2009): Ruhr.2010: 53 Städte korrigieren ihr Image, in: Der Standard vom 28.12.2009. Wien 2009.

HAGEN, D. (2016). Kreativwirtschaft und Szeneviertel. Marburg 2016.

HAGEN, D. (2017): Matchmaking – Innovative Ansätze zur Steuerung sozialer Interaktion, Netzwerkbildung und Geschäftsanbahnung in der Meetingbranche, in: Bühnert, C.; Luppold, S. (Hrsg.): Praxishandbuch Kongress-, Tagungs- und Konferenzmanagement: Konzeption & Gestaltung, Werbung & PR, Organisation & Finanzierung, Wiesbaden 2017, S. 747-752.

HENN, S.; BATHELT, H. (2015): Knowledge generation and field reproduction in temporary clusters and the role of business conferences, in: Geoforum 58, 2015, pp. 104-113.

HITZLER, R.; BETZ, G.; MÖLL, G.; NIEDERBACHER, A. (2013): Mega-Event-Macher. Zum Management multipler Divergenzen am Beispiel der Kulturhauptstadt Europas Ruhr. 2010, Wiesbaden 2013.

INGRAM, P.; MORRIS, M. W. (2007): Do people mix at mixers? Structure, homophily and the "Life of the Party", in: Administration Science Quarterly, Vol. 52, 2007, No. 4, pp. 558-585.

LANGE, B. (2011): Field configuring events. Spatial politics and professional scene formation in the design segment of Berlin, in: Koch, G. (Hrsg.): Arbeit und Alltag, Frankfurt am Main 2011, S. 59-80.

LANGE, B.; POWER, D.; SUWALA, L. (2014): Geographies of field-configuring events, in: Zeitschrift für Wirtschaftsgeographie, 58. Jg., 2014, Nr. 4, S. 187-201.

LUPPOLD, S. (2011): Keytrends und Entwicklungen im Eventmarketing, in: Luppold, S. (Hrsg.): Event-Marketing, Sternenfels 2010, S. 9-18.

LUPPOLD, S. (2016): Match me if you can!, in: Convention International 2/2016, S. 66.

MASKELL, P.; BATHELT, H.; MALMBERG, A. (2004): Temporary clusters and knowledge creation: The effects of international trade fairs, conventions and other professional gatherings. Marburg 2004 (Spaces 2004/4).

PROJECT NETWORKS GMBH (2016): Online-Matching – welchen Mehrwert bietet das Gipfelformat?, Berlin 2016, online verfügbar unter: http://project-networks.com/matching, zuletzt abgerufen am 10.12.2016.

STORPER, M.; VENABLES, A. J. (2004): Buzz: face-to-face contact and the urban economy, in: Journal of Economic Geography, Vol. 4, 2004, No. 4, pp. 351-370.

ZANGER, C. (2010): Stand und Perspektiven der Eventforschung – Eine Einführung, in: Zanger, C. (Hrsg.): Stand und Perspektiven der Eventforschung, Wiesbaden 2010, S. 1-12.

ZENK, L.; SMUC, M.; WINDHAGER, F. (2014): Beyond the name tag, in: Lutz, B. (Hrsg.): Wissen nimmt Gestalt an, Krems 2014, S. 215-225.

Ulrike Michalski, Oliver Gehlert, Peter Tandler, Florian Dieckmann
Erlebnis Inszenierte Digitale Moderation: Wertschätzende Partizipation in großen Gruppen

Abstract

1 Übersicht der IDM-Elemente im Gesamtablauf/Vortrag

2 Erlebnis Inszenierte Digitale Moderation: Wertschätzende Partizipation in großen Gruppen (Vortrag)

    2.1 Heranführung an das Thema: Einstieg in den Vortrag

    2.2 Inszenierung, Moderation, Digitale Medien: so hängt's zusammen

    2.3 Aus Zuhörern werden Teilnehmer: Themenzentrierte Interaktion. Ein Modell für Inszenierung und Moderation

3 Interventionen: Elemente und ihre Wirkungen

4 Praxiserfahrungen und -erkenntnisse

    4.1 Vernetzung und Beschleunigung der Informationsweitergabe

    4.2 Steuerung von Interaktion und Kommunikation zwischen Teilnehmern

    4.3 Erhöhung der Quantität und Qualität von Beteiligung und Beiträgen

    4.4 Effizienzsteigerung der Ergebnis-Weiterverarbeitung

5 Theoretische Verortung und Ausblick

Literaturverzeichnis

Erlebnis Inszenierte Digitale Moderation

Abstract

Inszenierte Digitale Moderation unterstützt wertschätzende Partizipation. Sie ermöglicht auch sehr großen und über verschiedene Standorte verteilten Gruppen den Einsatz und Erfolg bewährter Moderationstechniken. Sowohl die Aktivierung der Teilnehmer durch Interaktion als auch die inhaltliche Einbindung der Teilnehmer wird ermöglicht, die ohne Digitale Medien nicht in vergleichbarer Qualität zu erreichen ist.

Jeder kennt das: Sie sind auf einer Veranstaltung und die Inhalte sind sehr interessant. Am Anfang ist Ihre Konzentration noch hoch und die dargebrachten Inhalte fesseln Sie. Doch nach einer gewissen Zeit merken Sie, dass Sie den inneren Anschluss suchen und die Relevanz der Informationen abzunehmen scheint.

Inmitten einer großen Gruppe Menschen sitzend, steigt die Frage auf, warum und für wen es eigentlich wichtig ist, dass Sie zu der Veranstaltung angereist sind. Hätte der Tagungsband nicht auch gereicht? Wo sind die Mehrwerte Ihrer physischen Anwesenheit? Wann ist die nächste Kaffeepause, um die Gelegenheit zu haben, Kontakte wieder aufzufrischen?

Häufig fehlt bei Veranstaltungen auf der einen Seite die adressatengerechte und –einbindende Inszenierung der Gesamtveranstaltung *und* der einzelnen Inhalte. Auf der anderen Seite fehlt das Ausschöpfen der möglichen Mehrwerte für und durch die Teilnehmer. Kurz: es fehlen Interaktionspunkte und Partizipation, und damit indirekt Wertschätzung den Teilnehmenden gegenüber.

Wie diese durch Inszenierte Digitale Moderation (IDM) geschaffen werden kann, theoretische und praktische Grundlagen, Elemente und tatsächliches Erleben im Tun, war Gegenstand unseres am späten Nachmittag gehaltenen Live-Workshops/Vortrags.

Der Artikel ist wie folgt gegliedert:
Unter Punkt 1 wird zunächst anhand der IDM-Elemente ein Überblick über den Ablauf gegeben. Auf diese bezieht sich Punkt 2 weitestgehend mit den Inhalten des bei der Konferenz durchgeführten interaktiven Live-Workshops. Aufbauend auf die IDM-Inhalte wird unter Punkt 3 „Intervention: Elemente und ihre Wirkungen", der Überblick der Elemente durch die intendierten Wirkungen ergänzt. „Praxiserfahrungen und -erkenntnisse" sind unter Punkt 4 zu finden. Der Beitrag schließt mit dem Punkt 5 „Theoretische Verortung und Ausblick".

1 Übersicht der IDM-Elemente im Gesamtablauf/Vortrag

Bei der Konferenz „Events und Erlebnis" wurden in dem Live-Workshop folgende Elemente Inszenierter Digitaler Moderation zum zielgerichteten Gestalten und Erleben eingesetzt:

Tab. 1: Übersicht der gewählten IDM-Elemente

Vor dem Vortrag
1. Umfrage zu den Erfahrungen der Teilnehmer mit Tablets.
   In der Mittagspause mit Tablets durchgeführte Umfrage (110 Teilnehmende)
2. Persönliches Verteilen von Handzetteln zur Einwahl.
   Zur aktiven Beteiligung während des Vortrags waren in diesem Fall die Teilnehmer-eigenen Geräte mit der Cloud-basierten Software für Digitale Moderation zu verbinden. Über Internet war im Browser eine URL einzugeben und sich dann mit einem Passwort zu verbinden. Zu Beginn des Vortrags waren 160 Teilnehmende mit ihrem Smart Phone/Tablet eingeloggt.

Vortrag
3. Darstellung Zielsetzung/Anliegen des Vortrags/ der Moderatoren
4. Digitale Umfrage zu Assoziationen zum Vortragstitel/Wordcloud
5. Darstellung Persönlicher Themenbezug der Moderatoren
6. Umfrage-Ergebnisse aus der Mittagspause
7. Analoge Umfrage „Kennen Sie ..." anhand von Handzeichen
8. Sachinput TZI
9. Digitale Umfrage zum Persönlichen Themenbezug der Teilnehmenden
10. Fortsetzung Sachinput TZI
11. Digitale Umfrage mit Icons zur Arbeitsfähigkeit
12. Darstellung Praxisbezüge
13. Digitales Eingeben der Fragen zum Vortrag
14. Analoge Kleingruppenbildung zum Digitalen Quiz

Nach dem Vortrag
15. Elektronische Beantwortung der zusammengestellten Fragen und Antworten

Quelle: eigene Erstellung

2 Erlebnis Inszenierte Digitale Moderation: Wertschätzende Partizipation in großen Gruppen (Vortrag)

2.1 Heranführung an das Thema: Einstieg in den Vortrag

Inszenierte Digitale Moderation ist eine Strategie, um großen Gruppen Partizipation zu ermöglichen. Bei der Erstellung des Vortrags hatten wir unsere Vorstellungen von Partizipation verwendet. Ob dieser sich mit dem deckte, was die Teilnehmer assoziierten, nutzten wir als Einstiegsfrage und gleichzeitig als erste digitale Interaktion: innerhalb von 30 Sekunden konnten Begriffe über das Smart Phone eingegeben werden. Zeitgleich entwickelte sich anhand jeden eingegebenen Begriffs und sichtbar für alle folgende Wordcloud:

Abb. 1: Live-Wordcloud

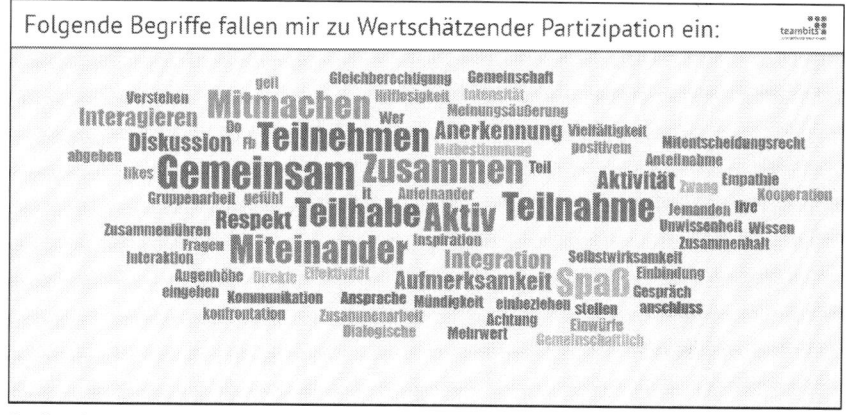

Quelle: eigene Darstellung

Die Begriffe Mitmachen und Teilnehmen verwendeten wir als Überleitung zu unserer Motivation, den Vortrag zu halten, motiviert aus den Bereichen Event und Organisationsentwicklung.

Bei Events geht es schwerpunktmäßig um Effizienz und Sinn, häufig wird viel Geld investiert in Reisekosten, hochkarätige Speaker und Catering. Demgegenüber gibt es fast keinen Fokus, ob und wie der Teilnehmer erreicht, abgeholt und eingebunden werden kann. Ebenfalls sehr selten werden diese Aspekte anhand von Feedback überprüft. Dabei könnte mit geplanter Inszenierung und Digitaler Moderation durch vergleichsweise geringe Kosten ein großer Mehrwert bei der Nachhaltigkeit von Events erreicht werden.

Organisationsentwicklung beschäftigt sich zunehmend mit dem Abbau von Hierarchie und dem Aufbau partizipativer Prozesse verschiedener Modelle. Diese Zielstellung ist vermehrt auf allen Hierarchieebenen, von der Vorstandsebene bis zu den Mitarbeitern, anzutreffen. Und doch nutzen Organisationen noch überwiegend das Konstrukt von Hierarchien als Strategie zur Handlungsfähigkeit, da es oft an funktionsfähigen Werkzeugen fehlt, die echte Alternativen zu bekannten Handlungsmustern ermöglichen. IDM kann hier einen wertvollen Beitrag leisten, um größere Gruppen nicht nur zu informieren, sondern tatsächlich wertschöpfend und –schätzend partizipieren zu lassen.

Wie die in der Mittagspause mit drei Interviewerinnen durchgeführte persönliche, digital per Tablets erfasste Umfrage zeigt, war das Thema dem Auditorium relativ unbekannt. Einhundertzehn Teilnehmende beantworteten die Fragen: 1. Haben Sie schon mal von Digitaler Moderation gehört? 2. Haben Sie schon mal als Teilnehmer oder Gastgeber mit Digitaler Moderation gearbeitet? Die Ergebnisse stellten sich wie folgt dar:

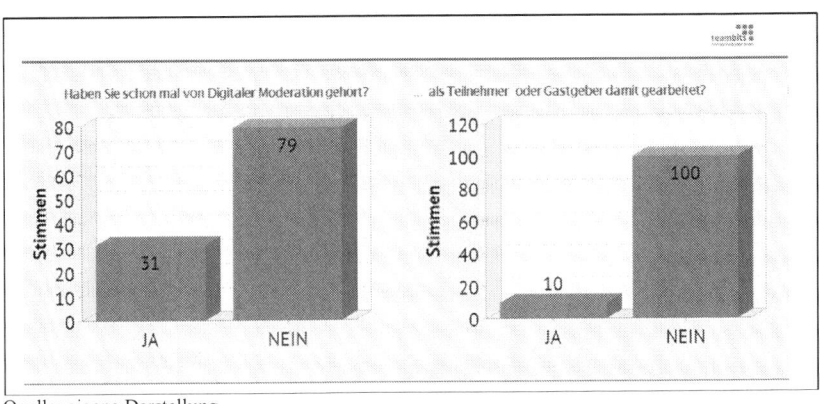

Abb. 2: Umfrageergebnisse

Quelle: eigene Darstellung

2.2 Inszenierung, Moderation, Digitale Medien: so hängt's zusammen

„Im Zeitalter ... der digitalen Begegnung wollen Menschen aktive Partizipation auf der einen Seite sowie die emotional richtige Ansprache auf der anderen Seite." (Clausecker 2015, S. 299). **Erlebnis IDM** ist eine Strategie, um Wertschätzende Partizipati-

Erlebnis Inszenierte Digitale Moderation 269

on in großen Gruppen zu ermöglichen. Sie ergibt sich aus den drei Dimensionen: Moderation, Inszenierung und Digitale Medien.

Abb. 3: Zusammenhang Moderation, Inszenierung, Digitale Medien zu Wertschätzender Partizipation

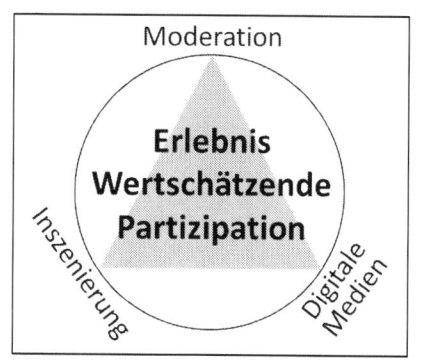

[Diagramm: Dreieck mit den Eckpunkten "Moderation" (oben), "Inszenierung" (links unten), "Digitale Medien" (rechts unten) und der Mitte "Erlebnis Wertschätzende Partizipation"]

Quelle: eigene Darstellung in Anlehnung an Kügler 2010, S. 108

„Wenn die Teilnehmer selbst gestalten, sich beteiligen und mitmachen, braucht es einen **(Moderations-)Rahmen**, der immer noch vom Veranstalter selbst festgelegt und während des ganzen Prozesses nicht aus den Augen verloren wird." (Varga 2016, S. 24) – ohne zielführende Moderation bleibt das Erlebnis aus. Bereits im Jahr 1995 spricht zur Bonsen im Kontext Organisatorischen Wandels davon, „Das ganze System in einen Raum [zu] holen" (1995, S. 32), zu einem Zeitpunkt, an dem dieses Moderieren und Arbeiten mit Gruppengrößen von bis zu mehreren hundert Teilnehmern „kaum durchführbar" zu sein scheint (vgl. ebd.). Der Ansatz des Ganzen-Systems-in-einem-Raum ist hingegen insbesondere unter dem aktuellen Aspekt von „Augenhöhe" (vgl. Filmprojekt AUGENHÖHE – Eine NEUE Arbeitswelt gestalten, 2016) hoch aktuell. Damit dies gelingt, muss der Einzelne mit seinen Bedürfnissen in gerade diesen Rahmenbedingungen gesehen und berücksichtigt werden, insbesondere um den in organisationalen Kontexten verbreiteten Dominanzstrategien entgegenzuwirken und Wertschätzung authentisch und kongruent mit Leben zu füllen. Die implizite Haltung des Moderators ist hier von wesentlicher Bedeutung (vgl. Michalski 2014, S. 191, S. 209) und von Bedeutung hinsichtlich Glaubwürdigkeit und damit des Erlebnisses selbst.

Unter **Inszenierung** versteht man jede eingerichtete Darstellung, im Fall von Events, die Darstellung des Gastgebers und der Inhalte mit und für die Zielgruppe. „Um ein bidirektionales Medium wie eine Veranstaltung konzeptionell zu erfassen benötigen wir eine Dramaturgie, die systematisch geplant ist und deswegen Reaktionsmöglichkeiten vorhalten sollte." (Gundlach 2007, S. 88). „Im Gegensatz zur Szenischen Dramaturgie geht es bei der Interaktionsdramaturgie nicht allein um die lineare Inszenierung einer Geschichte, sondern um die Schaffung von Optionen entlang eines **Roten Fadens**." (ebd.). Begünstigt wird die Entwicklung und Verbreitung digitaler Moderationsmethoden durch die Innovation von Event-Formaten seit den 1990er Jahren, in denen die Notwendigkeit und technische Möglichkeit einer Ordnung und Steuerung von individuellen Interaktionsprozessen zwischen Veranstaltungsteilnehmern im Sinne einer Inszenierung und im Kontext soziologischer wie auch psychologischer Theorien erkannt worden ist. Dazu trägt auch die technische Möglichkeit Bild und Ton betreffend bei. Wir sprechen heute von 360° Projektionen so selbstverständlich wie vor 25 Jahren über den Overheadprojektor. Diese Mittel ermöglichen Gruppen auf Events immer wieder durch inszenierte Abläufe mit dramaturgischen Bögen ihre Lust auf das Event, das Erleben und somit auch Partizipation zu wecken und aufrechtzuerhalten. Die beste Event App ist in einer tristen Umgebung fast nichts wert.

Veranstalter schätzen die Bedeutung digitaler Technik sehr hoch ein, insbesondere die Nutzung mobiler Anwendungen während Veranstaltungen (vgl. EITW, S. 24). **Digitale Medien**, wie internetfähige Smartphones, Handhelds und Tablet-PC haben mittlerweile einen hohen Verbreitungsgrad bis hin zur Omnipräsenz. „Digitale Moderation bedeutet synchrone Moderation in Echtzeit mit Hilfe digitaler Medien." (Tandler et al. 2013, S. 431). Digitale Moderation setzt sich daher aus zwei Bestandteilen zusammen: Der Informations-Technik und den entsprechenden Moderationsmethoden. Die digitalen Moderations-Technologien ermöglichen die Visualisierung und das Zusammentragen von Ideen und Meinungen mittels digitaler Medien. An die Stelle von Plakaten, Moderationskarten und Stiften tritt „technisches" (oder „digitales") Moderationsmaterial wie Computer, Notebooks, Tablets (z.B. iPad), Smartphones, Beamer oder digitale Whiteboards. Dieses Moderationsmaterial wird mittels Datennetzen (meist WLAN oder Internet) und spezieller Software-Produkte verbunden und ermöglicht so einen sehr schnellen Informationsaustausch.

Digitale Moderation kann sowohl „Vor-Ort" als auch „Online" eingesetzt werden. In der „Vor-Ort"-Variante befinden sich die Beteiligten an einem Ort und können ihre Beiträge mittels Laptops, iPad oder Smartphone in den Prozess einspeisen. Im Vergleich zur „klassischen Moderation" besticht die Digitale Moderation in der Schnelligkeit der Informationsübermittlung und Dokumentation. Diese Aspekte sind insbesondere bei Großgruppen-Veranstaltungen „Vor-Ort" von Bedeutung. In der „Online-Variante" befinden sich die Beteiligten an verschiedenen Orten (siehe auch Tandler/Hartung 2010). Die „technischen Moderationsmaterialien" sind hier über das Internet miteinander verbunden, so dass die Kommunikation in Echtzeit auch standortübergreifend erfolgen kann. Diese beiden Varianten können natürlich auch kombiniert werden. So können mehrere Veranstaltungsorte per Internet zusammengeschaltet werden oder einzelne Teilnehmer wählen sich per Internet in eine „Vor-Ort"-Veranstaltung ein.

Inszenierte Digitale Moderation in Live-Events kommt vorzugsweise in großen Unternehmen und anderen großen Organisationen zum Einsatz, die eine von den Teilnehmern im Event generierte Produktivität zum Ziel haben. Vorreiter der digitalen Moderation ist in beiden Fällen der Erfolg der klassischen Moderation als einer Methodik zur Befähigung von Gruppen, gemeinsam zu lernen, einen Konsens zu entwickeln und gemeinsam zu entscheiden.

2.3 Aus Zuhörern werden Teilnehmer: Themenzentrierte Interaktion. Ein Modell für Inszenierung und Moderation

Wie oben beschrieben, ist IDM eine Strategie für Wertschätzende Partizipation, und diese wiederum eine Strategie um Gruppenleistung und damit eine zielgerichtete Wirkung zu ermöglichen. Den beiden Elementen Inszenierung und Moderation kann über das Modell der Themenzentrierten Interaktion von Ruth Cohn Rechnung getragen werden. Zur genaueren Darstellung und dem Erleben der Wirkung nutzten wir Digitale Medien, genauer die Smart Phones der Teilnehmer, mit Ausnahme des Einstiegs: wir fragten zur Aktivierung der Teilnehmer ab, wem Ruth Cohn und die TZI ein Begriff ist, indem wir um Handzeichen baten, derer es zwei gab.

Ruth Cohn wurde 1912 in Berlin geboren, hat Deutschland in die Schweiz flüchtend 1933 verlassen und emigriert von dort aus 1941 in den USA. Dort arbeitete die Psychoanalytikerin viel mit Gruppen und kam, wie sie selbst schreibt, in einem Traum auf ihr Modell der vier Faktoren: Ich, Wir, Es und der Globe.

Abb. 4: TZI-Modell allgemein und spezifisch

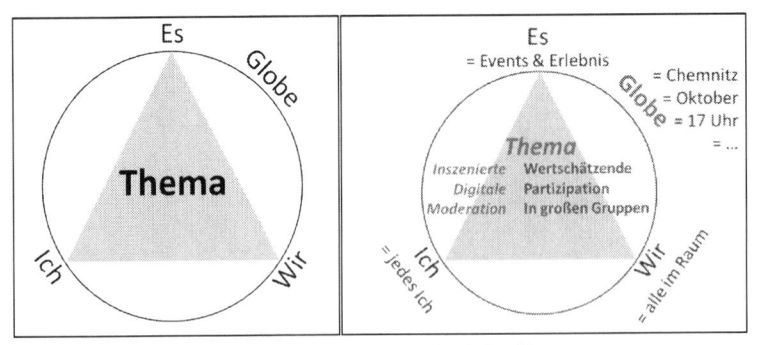

[Linke Grafik: Kreis mit Dreieck, beschriftet mit **Es** (oben), **Thema** (Mitte), **Globe** (rechts außen am Kreis), **Ich** (links unten), **Wir** (rechts unten)]

[Rechte Grafik: Kreis mit Dreieck, beschriftet mit:
Es = Events & Erlebnis
Thema: Inszenierte Digitale Moderation: Erlebnis Wertschätzende Partizipation In großen Gruppen
Globe = Chemnitz = Oktober = 17 Uhr = ...
Ich = jedes Ich
Wir = alle im Raum]

Quelle: eigene Darstellung in Anlehnung an Kügler 2010, S. 108

Die Berücksichtigung der vier Faktoren und die Balance von Ich, Wir und Es bestimmen Arbeitsfähigkeit und Wirksamkeit von Gruppen. Bezogen auf unsere Situation stellte sich das Modell folgendermaßen dar:

- Das **Ich** war jedes anwesende Ich.
- Das **Wir** war die Gruppe der einzelnen Ichs, die bei dieser Einheit zusammen saßen.
- Events und Erlebnis als Sachkontext, das übergeordnete **Es**, zu dem häufig auch das Thema gleichgesetzt wird. Wir arbeiten mit der Differenzierung von Es und Thema, die zu einem späteren Entwicklungsstadium von TZI hervorgebracht wurde, nicht allerdings als weiterer, sondern als differenzierender Faktor.
- Das **Thema**, an dem gemeinsam gearbeitet wurde, war „Inszenierte Digitale Moderation: Erlebnis Wertschätzende Moderation".
- Der **Globe** war all das, was uns beeinflusste. Als gemeinsamen Globe gab es beim Vortrag beispielsweise, dass wir in Chemnitz waren, im Stadion, um 17 Uhr etc. Der individuelle Globe kann gewesen sein, dass man schlecht geschlafen hatte, zuhause ein krankes Kind hatte, gerade vom Lottogewinn erfahren hatte etc.

Die Balance über die Faktoren gilt es über den Gesamtzeitraum der Interaktion im Blick zu halten. Und zwar anhand von Schwerpunktsetzung auf die einzelnen Faktoren und die Aktivierung der einzelnen Bezugsachsen, also der Ich-Es-Achse, der Ich-Wir-Achse, und der Wir-Es-Achse (der eigentlichen Gruppen-Arbeitsfähigkeit).

Erlebnis Inszenierte Digitale Moderation 273

Im Vortrag baten wir um Rückmeldung zum Ich-Es-Bezug und nutzten hierzu eine weitere digitale Interaktion. „Was ist Ihr Bezug zu dem übergeordneten Thema ‚Events und Erlebnis'?" lautete die Frage. Innerhalb von sieben Sekunden war zu entscheiden, welcher Kategorie man sich am meisten zugehörig fühlt.

Abb. 5: Umfrage Persönlicher Bezug zum Thema

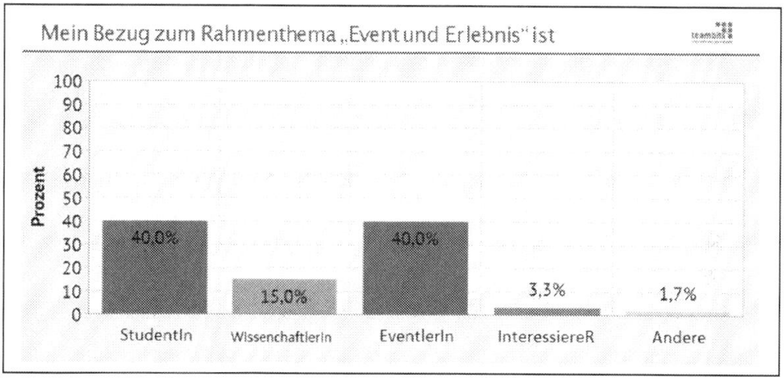

Mein Bezug zum Rahmenthema „Event und Erlebnis" ist

Kategorie	Prozent
StudentIn	40,0%
WissenschaftlerIn	15,0%
EventlerIn	40,0%
InteressiereR	3,3%
Andere	1,7%

Quelle: eigene Darstellung

Ich-Es-Achse Ohne einen Bezug vom Ich zum Sachthema gibt es kein dauerhaftes Einlassen auf das Thema. Fast alle kennen es zu einem Thema „geschickt" worden zu sein, wir müssen uns nur an Schulzeiten erinnern.

Ich-Wir-Achse Wenn es keinen Bezug zwischen den Ichs gibt, es also kein wirkliches Wir gibt, dann fragt man sich, warum man physisch zusammen ist. Wozu braucht es da Reisen? Dazu gibt es heute Alternativen wie Audio-Aufzeichnungen, Video-Mitschnitte oder auch Live-Übertragungen.

Wir-Es-Achse Wenn es keinen Bezug gibt von der Gruppe zum Thema (als Teilmenge des übergeordneten Sachkontextes), dann wird sich keine Arbeitsfähigkeit einstellen. Abitreffen stellen beispielsweise eine Form des Wir-Es dar, bei dem es das Es nicht mehr gibt. Entweder gelingt es der Gruppe der sich Treffenden sich ein neues Thema zu suchen, oder die Gruppe wird nicht dauerhaft existieren können – sehr wohl hingegen punktuell zusammen kommen. Das hat allerdings nichts mit Arbeitsfähigkeit zu tun.

Globe Der Globe als vierter Faktor ist ein verbindender und trennender. Dieser wirkt immer und wird in der TZI über das Postulat „Störungen nehmen sich Vorrang" abgebildet. Zu einer aktuellen Bedeutung nutzten wir eine weitere digitale Interaktion.

Berücksichtigend, dass es zum Zeitpunkt unseres Beitrags etwa 17 Uhr und unser Beitrag der Zwölfte in Folge war, fragten wir uns aus der Moderatorenrolle: Wie arbeitsfähig ist denn unsere Gruppe gerade oder noch? Für die Beantwortung gab es fünf Sekunden Zeit – für Klarheit und eine Wirkung, die vorher nur mutmaßend zu greifen gewesen wäre. Inszenierung versucht, diese Parameter zu antizipieren und sie zu berücksichtigen.

Abb. 6: Umfrage Arbeitsfähigkeit aktuell

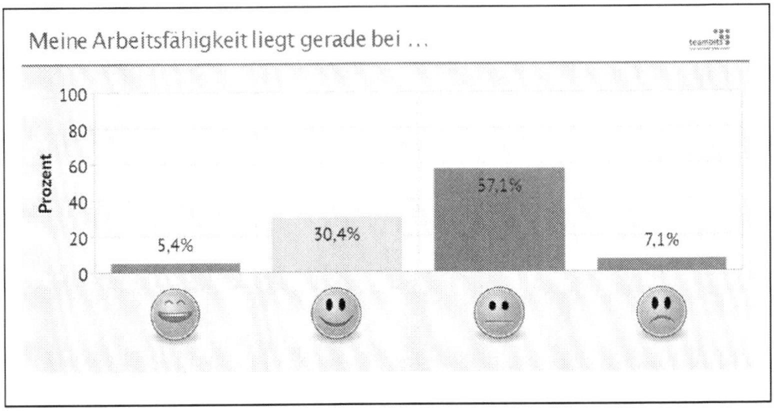

Quelle: eigene Darstellung

Da wir ein derartiges Ergebnis erwartet hatten, hatten wir zur Erhöhung der Aufmerksamkeit und der Aktivierung die drei folgenden und den Vortrag abschließenden Elemente gewählt:

An erster Stelle folgte zunächst ein Moderatorenwechsel zur Vorstellung von IDM-Praxisbeispielen. Die Inhalte finden Sie hier unter Punkt 4, Praxiserfahrungen und -erkenntnisse.

Als zweites Element konnten interaktiv Fragen abgegeben werden, die auf der Leinwand eingespielt wurden. So konnten zum einen einige Fragen aufgegriffen und direkt beantwortet werden, zum anderen konnten alle Fragen anschließend schriftlich beantwortet an die Teilnehmenden verteilt werden. Die Anzahl an Fragen, die abgeben wurden ist im Vergleich des direkten Fragenstellens aus unserer Sicht immer wieder beeindruckend. Die Screenshots der in Summe siebenundzwanzig Fragen zeugen von hoher Beteiligung – trotz Uhrzeit und bestehendem Zeitdruck zum Abschluss.

Erlebnis Inszenierte Digitale Moderation 275

Abb. 7: Überblick abgegebener Fragen zum Vortrag

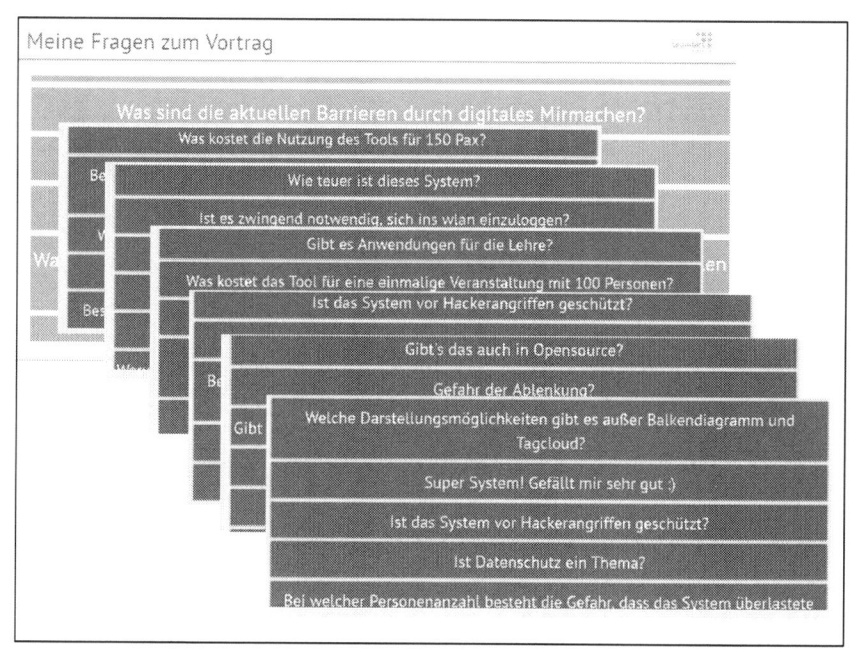

Meine Fragen zum Vortrag

- Was sind die aktuellen Barrieren durch digitales Mitmachen?
- Was kostet die Nutzung des Tools für 150 Pax?
- Wie teuer ist dieses System?
- Ist es zwingend notwendig, sich ins wlan einzuloggen?
- Gibt es Anwendungen für die Lehre?
- Was kostet das Tool für eine einmalige Veranstaltung mit 100 Personen?
- Ist das System vor Hackerangriffen geschützt?
- Gibt's das auch in Opensource?
- Gefahr der Ablenkung?
- Welche Darstellungsmöglichkeiten gibt es außer Balkendiagramm und Tagcloud?
- Super System! Gefällt mir sehr gut :)
- Ist das System vor Hackerangriffen geschützt?
- Ist Datenschutz ein Thema?
- Bei welcher Personenanzahl besteht die Gefahr, dass das System überlastete

Quelle: eigene Darstellung

Als Schlusselement hatten wir ein Gewinnspiel angelegt, als Beispiel für die Aktivierung der Ich-Wir-Achse und als energetische Aufladung für den nächsten und damit den Tag abschließenden Vortrag: Die Bitte an die Teilnehmenden war, sich mit dem jeweils linken und rechten Sitznachbarn zusammen zu tun, sich innerhalb von 90 Sekunden einen Gruppennahmen zu wählen und gemeinsam eine Schätzung abzugeben, wie oft sie während des Gesamtvortrags das Bild des Dreiecks im Kreis gesehen hatten.

Abb. 8: Vortragsfolie zur Eingabeunterstützung

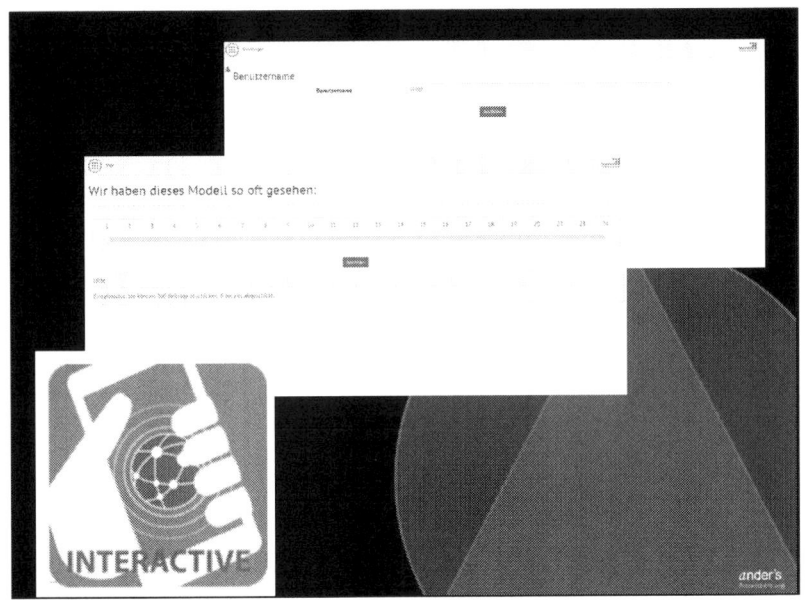

Quelle: eigene Darstellung

Es gab drei Gruppen mit richtigem Ergebnis, die jeweils ein Präsent bekamen.

Abb. 9: Endergebnis Quiz

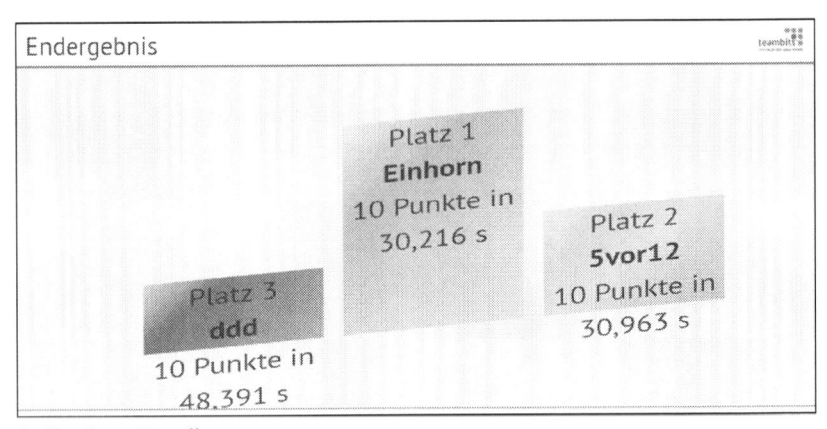

Quelle: eigene Darstellung

3 Interventionen: Elemente und ihre Wirkungen

Die Zielsetzung war es, innerhalb des gegebenen Zeitfensters von 30 Min. Inszenierte Digitale Moderation mit den verschiedenen Facetten wirklich *erlebbar* zu machen und nicht nur *darüber* zu berichten.

Die deutlichen Mehrwerte von Partizipation innerhalb großer Gruppen, hinsichtlich der Arbeitsfähigkeit als Gruppe und der Gestaltung von Inhalten, waren unter den gegebenen Umständen nur im Ansatz erfahrbar, da es weder einen Arbeitsauftrag an die Gruppe gab noch die verfügbare Zeit dies zugelassen hätte.

Trotz dieser Beschränkungen kann die große Anzahl an Fragen der Teilnehmer zu den Inhalten als Maß der Beteiligung interpretiert werden.

Die folgende Übersicht stellt die im Live-Workshop verwendeten Elemente mit ihren Wirkungen, also der Interventionen/zur Inszenierung aufgrund der erwarteten Wirkungen, zusammen.

Tab. 2: Übersicht Interventionen: Elemente und ihre Wirkungen

(VORHER)
1. Umfrage zu den Erfahrungen der Teilnehmer mit Tablets.

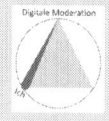

Verbindung ICH zu Thema herstellen, Spannungsbogen beginnen.
Persönlicher Beziehungsaufbau.
Erwartungshaltung erzeugen durch persönliche Ansprache.

2. Persönliches Verteilen von Handzetteln zur Einwahl.

s.o.
Spannungsbogen beginnen.
Persönlicher Beziehungsaufbau.
Erwartungshaltung erzeugen durch persönliche Ansprache.

3. Darstellung Zielsetzung/Anliegen des Vortrags.

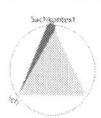

Sachinformation.
Zu Beginn benötigen Gruppen Klarheit über Ziel, Richtung und Weg.
Erwartungshaltung abholen/Spannungsaufbau Partizipation zu IDM.

4. Digitale Umfrage zu Assoziationen zum Vortragstitel/Wordcloud.

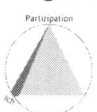

Aktivierung ICH-ES-Achse.
Aktive Beteiligung erhöht Aufmerksamkeit.
Ermöglichen Innerer (Erlebnis-) Bezüge zum Thema.

5. Darstellung Persönlicher Themenbezug der Moderatoren.

Aktivierung des ICH in Bezug zu den Vortragenden (WIR):
Vergleichende Positionierung (bei welchen Aspekten gibt es Resonanz?)
Verbindung herstellen zu Teilnehmern.

6. Umfrage-Ergebnisse aus der Mittagspause.

Spannungsbogen fortsetzen:
Wie gehöre ICH zum WIR (wo finden sich meine Antworten wieder).
Sachbezug/Verbindung zwischen Theorie und Praxis herstellen (Umfrage erfolgte bereits digital, Erleben des Effekts im Vortrag).

7. Analoge Umfrage „Kennen Sie …" anhand von Handzeichen.

Aktivierung ICH-WIR: wo stehe ich in der Gruppe?
Transparenz über Sachbezug (ICH-ES-Achse).
Direktes Erleben/Umschauen so nicht digital möglich.
Vielfalt der Interventionen erlebbar machen.

8. Sachinput TZI.

Inhalt nachvollziehbar und erlebbar aufzeigen.
Vorbereiten auf interaktiv gestalten Erlebnis-/Wissenstransfer.

9. Digitale Umfrage zum Persönlichen Themenbezug der Teilnehmenden.

ICH-ES-Bezug: Wertschätzung des Einzelnen.
ICH-WIR: Sichtbarkeit von Gruppen, Zugehörigkeit ermöglichen.
(ES-ICH Nachvollziehbare Statistiken aufgrund Beteiligung erzeugen)

10. Sachinput TZI.

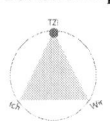

Inhalt nachvollziehbar und erlebbar aufzeigen.
Vorbereiten auf interaktiv gestalteten Erlebnis-/Wissenstransfer.

11. Digitale Umfrage mit Icons zur Arbeitsfähigkeit.

Raum aufmachen für Störungen (GLOBE), die wirksam sind.
Indem sie sichtbar werden, können sie aufgegriffen und verändert werden.

12. Darstellung Praxisbezüge.

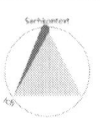

Praxistransfer anhand verschiedener Beispiele für individuelles, thematisches Anknüpfen.

Erlebnis Inszenierte Digitale Moderation

13. Digitales Eingeben der Fragen zum Vortrag.

Sicherheit herstellen, um alle Fragen stellen zu können, die bewegen.
Anschlussfähigkeit zum individuellen Transfer herstellen.
Ermöglichen, dass alle Fragen beantwortet werden.

14. Analoge Kleingruppenbildung zum Digitalen Quiz.

Aktivierung ICH-WIR durch Vernetzung zur Teambildung.
Gemeinsames Erleben und Erhöhung der Aufmerksamkeit.
Aktivierung ICH-THEMA durch Auseinandersetzen mit Teil-Inhalt.

(NACHHER)
15. Elektronische Beantwortung der zusammengestellten Fragen und Antworten.

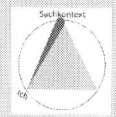

Wirksamkeitsspanne verlängern (nicht nur während des Vortrags).
Spannungsbogen (Beginn mit 1. Umfrage) schließen.
Wieder vom THEMA beim ICH ankommen.

Quelle: eigene Erstellung

Häufig ist eine eindeutige und damit auch ausschließende Zuordnung von Elementen zu Wirkungen nicht möglich, da mehrere Ebenen mit angesprochen werden, wie bei der neunten Intervention.

Eine Planung oder auch Analyse von Gruppenveranstaltungen anhand dieses Instruments erhöht allerdings mit ausreichender Kernprägnanz das Berücksichtigen und Herstellen der für die Wirkung notwendigen Balance der Einzelfaktoren.

4 Praxiserfahrungen und -erkenntnisse

Durch den inszenierten (!) Einsatz digitaler Moderationstools zeigen sich vor allem vier Effekte in der Praxis, auf die wir im Folgenden näher eingehen:

4.1 Vernetzung und Beschleunigung der Informationsweitergabe

Wenn Teilnehmer zu einer Veranstaltung zusammen kommen, möchten wir nicht, dass jede/r nur noch auf ein Gerät „starrt" und über dieses kommuniziert. Wenn es von den Gegebenheiten möglich ist, nutzen wir Kleingruppen an Tischen, die sich gemeinsam ein digitales Eingabegerät teilen. Eine Kleingruppe von bis zu 6 Personen hat eine gewisse Meinungsvielfalt, regt zu neuen Ideen an und ist in der Regel ohne Leitung arbeitsfähig: sie ist klein genug, dass alle zu Wort kommen und alle Meinungen eingebracht werden können. Es sind keine externen Gruppen-Moderatoren nötig, wodurch Kosten gespart werden. Da die Lautstärke der Gespräche durch die kleine Gruppengröße recht gering ist, können alle Gruppen gut in demselben Saal bleiben. Dies hat den entscheidenden Vorteil, dass durch die zentrale Moderation ein sehr schneller Wechsel zwischen Phasen in der Großgruppe und in den Kleingruppen erfolgen kann. Dadurch ist immer wieder Vernetzung mit der Gesamtgruppe möglich, sowie die Fokussierung auf wichtige Themen gewährleistet.

Dank der heutigen Vielfalt der technischen Eingabegeräte, kann für die Kleingruppenarbeit ein der Gruppengröße und Gruppenaufgabe angepasstes Eingabegerät ausgewählt werden. Gute Lesbarkeit der gemeinsamen Ergebnisse für alle ist vor allem dann wichtig, wenn es um das gemeinsame Ausarbeiten inhaltlicher Formulierungen geht.

4.2 Steuerung von Interaktion und Kommunikation zwischen Teilnehmern

In der Praxis haben wir immer wieder die Erfahrung gemacht, dass eine Tischgruppe, die beispielsweise mit einem Gruppen-iPad ausgestattet ist, auf dem eine Fragestellung mit Eingabe-Formular angezeigt wird, sich genau mit dieser Fragestellung auseinandersetzt und ein gemeinsames Ergebnis erarbeitet. Durch den Austausch in Echtzeit lässt sich so ein neuer Gedanke im Saal diskutieren. Die auf diese Weise „live" entstandenen Erkenntnisse oder Fragen werden sichtbar, erlebbar und wertschätzen die Gruppe.

Dabei lassen sich verschiedene Stufen von Interaktionen nach Partizipationsgrad unterscheiden:

- Bei einem Vortrag oder einer Panel-Diskussion kann ein Rück-Kanal für die Teilnehmenden vorgesehen werden, über den (nicht alle) Beiträge zurück auf die Bühne gespielt werden können.
- Nach einem Vortrag können sich die Zuhörer bspw. in „Murmelgruppen" zusammensetzen, das Gehörte reflektieren und vertiefen und über die Digitale Moderation eine gemeinsame Frage einbringen.
- Zur Vertiefung wichtiger Punkte können Meinungsabfragen gezielt in Präsentationen eingebaut werden, oder auch um in sehr großen Gruppen Einschätzungen in kurzer Zeit für alle sichtbar zu machen.
- Auch Formate zur Diskussion in Großgruppen können mit digitaler Moderationstechnik angereichert werden, um noch mehr Meinungen einzuholen: Beispielsweise bei einem „Fish-Bowl" kann eine Co-Moderatorin im Innenkreis die wich-

tigsten Beiträge aus der Gesamtgruppe von einem Redaktionsteam eingespielt bekommen und so für eine schnelle Einbeziehung von mehr Meinungen sorgen.
- Mehrstufige Moderations-Prozesse können so inszeniert werden, dass sie die „kollektive Intelligenz" der Gruppe sichtbar machen.

4.3 Erhöhung der Quantität und Qualität von Beteiligung und Beiträgen

Eine Beobachtung, die wir immer wieder machen konnten, ist, dass die Hemmschwelle sich einzubringen durch die zur Verfügung stehenden Medien sehr stark beeinflusst wird. Da viele Menschen Hemmungen haben vor großen Gruppen zu sprechen, insbesondere wenn Experten, Vorgesetzte oder die TOP-Führungskräfte auf der Bühne sind, steigt die Anzahl von Beiträgen erheblich, wenn Teilnehmer ihre Fragen oder Kommentare beispielsweise per Smartphone anonym absenden können. So ist es nicht unüblich, dass in einer Gruppe von 300 Personen schnell über 100 Beiträge abgeschickt werden. Dies liefert für die Veranstalter sehr wertvolle Informationen, was z.B. bei der vorangegangenen Präsentation für Fragen offen geblieben sind. Da diese Rückmeldungen in Echtzeit schon während eines Events erhalten werden, gibt dies den Veranstaltern die Möglichkeit gegebenenfalls nachzusteuern und auf wichtige Punkte nochmals einzugehen.

Bei größeren Gruppen können so schnell mehr Fragen und Beiträge zusammen kommen, als in der Veranstaltung direkt im Plenum beantwortet werden können. Oft wird daher ein Redaktionsteam damit beauftragt, die häufigsten und relevantesten Beiträge auszuwählen und der ModeratorIn auf ihr iPad zu spielen. Fragen, die nicht direkt beantwortet werden, können im Nachgang geclustert und gebündelt beantwortet werden. Wichtig ist in jedem Fall, dass gewählte Prozesse allen Teilnehmenden transparent kommuniziert werden, um nicht eine falsche Erwartungshaltung zu wecken.

4.4 Effizienzsteigerung der Ergebnis-Weiterverarbeitung

Ein essentieller Vorteil Digitaler Moderation besteht darin, dass alle Inhalte, die von Teilnehmenden erarbeitet und digital erfasst werden, sofort für die digitale Weitergabe zur Verfügung stehen. Damit kann man Ergebnisse direkt allen anderen im Saal, oder auch weiteren Teilnehmern per Internet, in Echtzeit zur Verfügung stellen. Gerade im B2B-Umfeld ist das „Follow-Up" für den Auftraggeber ein wesentliches Kriterium: Als Gastgeber kann er direkt nach dem Event Kontakt aufnehmen, um die Ergebnisse zu veröffentlichen, und pflegt so die Kommunikation mit den Teilnehmern auch nach dem Event. Auftraggeber sind durch die digitalen Lösungen sofort in der Lage eine erste Erfolgsmessung ihrer Maßnahme einzuholen. Besonders bei mehrtägigen Events oder besonders auch auf Messen kann dieser schnelle Erkenntnisgewinn entscheidende Auswirkungen auf den Erfolg einer Maßnahme haben. Die Einbettung in digitale Vorwelten/Nachwelten, also umgebende Prozesse, wird zukünftig als Standard anzusehen sein.

5 Theoretische Verortung und Ausblick

Soziale Beziehungen und die Interaktion mit anderen ist für uns Menschen als soziale Wesen notwendig (Myers 2008, S. 541; Buunk 2007, S. 335), in der Interaktion mit anderen erleben wir uns selbst.

Dieses Bedürfnis nach Interaktion kann als einer der zentralen Treiber sämtlicher Geschäftsmodelle und Formate digitalisierter Kommunikation genannt werden. Der Erfolg webbasierter „sozialer Netzwerke" und webbasierter Mitmachplattformen aller Art, einschließlich der Intranets in Organisationen, kann dahingehend interpretiert werden, dass ihre Nutzer sich selbst zum Ausdruck bringen und die Reaktion des Anderen auf das eigene Sein, das eigene Denken und das eigene Handeln erfahren können, das heißt, sie sich in der Interaktion selbst erleben.

Sich selbst einbringen zu können im Sinne von „Beteiligung"/„Partizipation"/ „Mitmachen" wird in immer größeren Teilen der Gesellschaft als **selbstverständlich** angesehen und auch in über das Internet hinausgehenden Bereichen erwartet, sowohl im öffentlichen, politischen Umfeld (wie z. B. Sächsische Staatskanzlei & Bertelsmann Stiftung 2013) als auch in der Wirtschaft (BITKOM 2008, S. 30f).

So findet das Einbringen des Einzelnen faktisch auch dann statt, wenn es nicht planerisch vorgesehen ist:

Veranstaltungs-Teilnehmer „machen sich ihre Erlebnisse selbst" (vgl. Clausecker 2015, S. 296), sind während Vorträgen dahingehend aktiv, dass sie ihre Eindrücke und Fotos per Twitter, Facebook oder Instagram teilen, sogenannte virtuelle Parallel-Kommunikation, „Hybrid-Events" (Zanger 2011, S. 11), entsteht. Denn „In der Kommunikation zwischen Menschen geht es um Verständigung, nicht um Informationsübertragung" (Wünsch 2010, S. 112) und der Aspekt der Erlebnisorientierung, „Events als erlebnisorientierte Veranstaltungen" (Zanger 2010, S. 5), bricht sich Bahn.

Ein Teilbereich inszenierter Partizipation ist die **Großgruppenveranstaltung**, sei es mit Arbeitnehmern, wie Betriebsversammlungen, oder als Kundenveranstaltungen, wie viele Unternehmen sie durchführen.

Großgruppenarbeit ist eine *Strategie*, möglichst viele Menschen miteinander ins Gespräch zu bringen und sie damit in Prozesse einzubinden. Es geht „gerade darum, die Isolation des Individuums in der Masse aufzuheben und einen Rahmen für Dialog zu schaffen." (Seliger 2008, S.14).

Großgruppenformate, beginnend mit Harrison Owens „Open Space", werden seit den 80er Jahren im Bereich Organisationstransformation angewandt (vgl. Egger und Hauser 2012, S. 274) und sind für heutige Organisationen in Form von Kollaboration eine große Herausforderung (Foegen & Kaczmarek 2015, S. 15).

Damit das Sich-Einbringen in Gruppen genutzt werden kann, ist **Moderation erforderlich**. Moderation liefert das methodische Handwerkszeug, sowohl die Bedeutung des Einzelnen innerhalb der Gruppe, als auch das produktive Zusammenspiel der Gruppe zu fördern, indem die Bedürfnisse der Einzelnen in Gruppen, wie Information, Struktur, Effizienz, als auch Interaktion antizipiert werden. Für die Interaktion stehen neben verschiedenen dramaturgischen Mitteln vor allem Möglichkeiten des haptischen Tuns und der Visualisierung zur Verfügung, wie das Anfertigen von Textkarten und Skizzen, und das Abbilden von gemeinsamen, aus individuellen Beiträgen entwickelten, Analyse-, Synthese- und Entscheidungsprozessen an Flipcharts oder Metaplanwänden.

In den 1980er Jahren wurden die ersten Computer-Systeme entwickelt, die Gruppen bei Meetings, Diskussionen und Entscheidungsprozessen unterstützen sollten. Da zu Anfang die Entscheidungsfindung im Zentrum des Interesses gestanden hat, wurde bereits in den 1980er Jahren in der Forschung der Begriff der "Group Decision Support Systems" (GDSS) geprägt und später mit "Electronic Meeting Systems" (EMS) auf den Anwendungsbereich in Meetings erweitert. Heute hat sich der Begriff **Digitale Moderation** durchgesetzt.

Dass für den **Erfolg der Arbeitsleistung** von Gruppen der Einzelne relevant in den Kontext miteinbezogen werden muss, hat nicht zuletzt Ruth Cohn (z.B. Cohn 2009, S. 113f) mit Ihrem Ansatz der Themenzentrierten Interaktion in der Arbeitswelt verankert. Und auch die Praxis klassischer Moderationsmethoden bzw. Organisationskonferenzformate (wie Open Space, World Café, BarCamp, Appreciative Inquiry) zeigt: Ohne die *Einbindung* des Einzelnen in einen konzeptionellen und von einem Moderator gesteuerten Arbeitsprozess und ohne die *Aktivierung* des Einzelnen mittels einer im Moderationsablauf angelegten Inszenierung sozialer Interaktionen bleibt die Arbeitsleistung einer Gruppe hinter ihren Möglichkeiten zurück. Darüber hinausgehend wird der **Wert des Events** in Frage gestellt, sowohl seitens der Veranstalter als auch durch die Teilnehmer.

Abb. 10: Zusammenhang Strategien und Anliegen von IDM

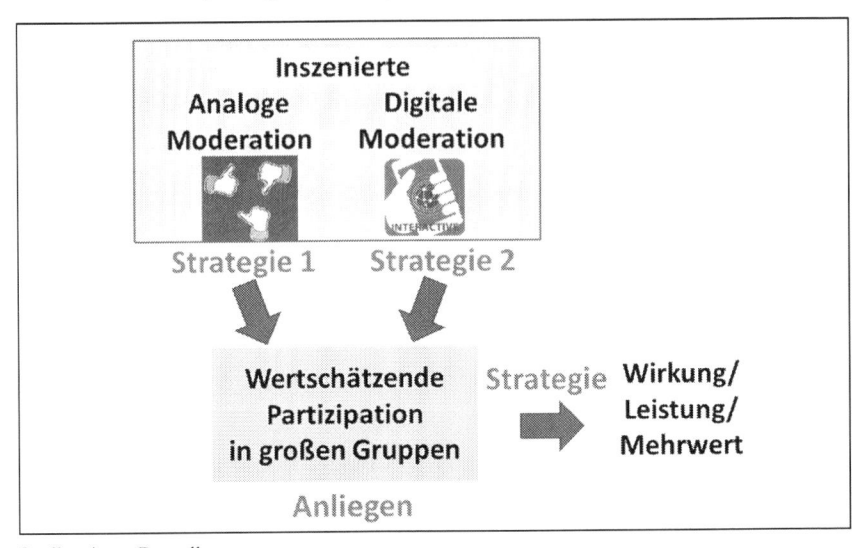

Inszenierte
Analoge   Digitale
Moderation   Moderation

Strategie 1   Strategie 2

Wertschätzende   Strategie   Wirkung/
Partizipation   ➡   Leistung/
in großen Gruppen   Mehrwert

Anliegen

Quelle: eigene Darstellung

Zusammengefasst: Um eine Wirkung zu erzielen, braucht es emotionale Aktivierung.

Das Erlebnis Inszenierter Digitaler Moderation, die in Ergänzung zur Analogen Moderation zu verstehen ist, dient hier als eine Strategie. Damit – als Strategie zur Erreichung von Wirkung/Leistung/Mehrwert – ist sie selbst auf Passung und Wirkung zu hinterfragen.

Hier ist die Zusammenarbeit von Wissenschaft und Praxis gefragt, zur Überprüfung konventioneller Events hinsichtlich Wirkungen, in Gegenüberstellung zu inszenierten und gegebenenfalls mit Digitaler Moderation unterstützten Events.

Literaturverzeichnis

AUGENHÖHE – EINE NEUE ARBEITSWELT GESTALTEN, online verfügbar unter: http://augenhoehe-film.de/de/events/augenhoehe-eine-neue-arbeitswelt-gestalten/, zuletzt abgerufen am: 04.07.2016.

BITKOM (HRSG.): Die Zukunft der digitalen Consumer Electronics - 2008. Bitkom Studie, Berlin 2008.

CLAUSECKER, S. (2015): Touch Me If You Can. Von der Kunst, Menschen mit Events wirklich zu berühren und warum das heute wichtiger denn je ist, in: Zanger, C. (Hrsg.): Events und Emotionen. Stand und Perspektiven der Eventforschung, Wiesbaden 2015, S. 293–301.

COHN, R. C. (2009): Von der Psychoanalyse zur themenzentrierten Interaktion. Von der Behandlung einzelner zu einer Pädagogik für alle, 16. Aufl., Stuttgart 2009.

EGGER, E.; HAUSER, H.-G. (2012): Worauf Berater achten. Kompetenzen, Methoden, Trends in der professionellen Beratung, 3. Aufl., Wien 2012.

EITW (2015): Meeting- & EventBarometer 2015, online verfügbar unter: http://eitw.de/drupal_6_22/node/19, zuletzt abgerufen am: 04.05.2017.

FOEGEN, M.; KACZMAREK, C. (2015): Organisation in einer Digitalen Zeit. Ein Buch für die Gestaltung von reaktionsfähigen und schlanken Organisationen mit Hilfe von Scaled Agile & Lean Mustern, Darmstadt 2015.

GUNDLACH, A. (2007): Gelungene Geschichten - Grundzüge der Eventdramaturgie, in: Nickel, O. (Hrsg.): Eventmarketing. Grundlagen und Erfolgsbeispiele, 2. Aufl., München 2007, S. 81-96.

KÜGLER, H. (2010): Vier-Faktoren-Modell der TZI, in: Schneider-Landolf, M., Spielmann, J., Zitterbarth, W. (Hrsg.): Handbuch Themenzentrierte Interaktion (TZI), 2. Aufl., Göttingen 2010, S. 107-114.

MICHALSKI, U. (2014): Gewaltfreie Kommunikation in der Organisationsentwicklung, in: Maurer, I. (Hrsg.): Organisationsentwicklung. Konzepte und Anregungen für prozessorientierte Beratung, Marburg 2014, S. 169–218.

MYERS, D. G. (2008): Psychologie, 2. Aufl., Berlin 2008.

SÄCHSISCHE STAATSKANZLEI UND BERTELSMANN STIFTUNG (HRSG.) (2013): Bürger-Kompass Sachsen 2012.

SELIGER (2008): Einführung in Großgruppenmethoden, Heidelberg 2008.

TANDLER, P.; HARTUNG, G. (2010): Online-Meetings für den Wissenstransfer in Unternehmen, in: Wissensmanagement: das Magazin für Führungskräfte, 12 Jg., 2010, Nr. 1, S. 52–53.

TANDLER, P.; KÖNIGSTEIN, K.; SCHNITZLER, S. (2013): Digitale Moderation - An jedem Ort und zu jeder Zeit Betroffene zu Beteiligten machen, in: Freimuth, J.; Barth, T. (Hrsg.): Handbuch Moderation. Konzepte, Anwendungen und Entwicklungen, Göttingen 2013, S. 431–450.

WÜNSCH, U. (2010): Event(s) - Eine kommunikationswissenschaftliche Betrachtung, in: Zanger, C. (Hrsg.): Stand und Perspektiven der Eventforschung, Wiesbaden 2010, S. 110-118.

VARGA, C. (2016): Event der Zukunft. Vom Erlebnis zur Orientierung, Wien 2016.

ZANGER, C. (2010): Stand und Pespektiven der Eventforschung. Eine Einführung, in: Zanger, C. (Hrsg.): Stand und Perspektiven der Eventforschung, Wiesbaden 2010, S. 2–12.

ZANGER, C. (HRSG.) (2011): Events im Zeitalter von Social Media. Tagungsband 2. Eventkonferenz, Wiesbaden 2011.

ZUR BONSEN, M. (1995): Simultaneous Change. Schneller Wandel mit großen Gruppen, in: Zeitschrift für Organisationsentwicklung und Change Management, 14. Jg., Nr. 4, S. 30–41.

24256643R00168

Printed in Poland
by Amazon Fulfillment
Poland Sp. z o.o., Wrocław